[西] 弗朗西斯科 · 加西亚 · 帕拉梅斯 著
(Francisco García Paramés)
孔令一 朱淑梅 李子晗 译

长期投资

INVESTING FOR THE LONG TERM

中信出版集团 | 北京

图书在版编目（CIP）数据

长期投资 /（西）弗朗西斯科·加西亚·帕拉梅斯著；
孔令一，朱淑梅，李子晗译 .-- 北京：中信出版社，
2020.4（2021.3重印）

书名原文：Investing for the Long Term

ISBN 978-7-5217-1376-3

Ⅰ .①长… Ⅱ .①弗… ②孔… ③朱… ④李… Ⅲ .
①投资 - 研究 Ⅳ .① F830.59

中国版本图书馆 CIP 数据核字（2020）第 021558 号

长期投资

著　　者：［西］弗朗西斯科·加西亚·帕拉梅斯
译　　者：孔令一　朱淑梅　李子晗
出版发行：中信出版集团股份有限公司
（北京市朝阳区惠新东街甲 4 号富盛大厦 2 座　邮编　100029）
承 印 者：天津丰富彩艺印刷有限公司

开　　本：787mm×1092mm　1/16　　印　　张：24.5　　字　　数：291 千字
版　　次：2020 年 4 月第 1 版　　印　　次：2021 年 3 月第 10 次印刷
京权图字：01-2019-7606
书　　号：ISBN 978-7-5217-1376-3
定　　价：69.00 元

服务热线：400-600-8099
投稿邮箱：author@citicpub.com

本书献给玛丽亚·安吉尔斯——我的坚强后盾并给我创作灵感，也献给我远在天堂的父母。

目　录

推荐序一

弗朗西斯科·加西亚·帕拉梅斯是我以前的学生，在读了他的著作后，我感到非常骄傲。能写出如此优秀的作品，他可谓我的老师。长期投资是一个越来越重要的话题。企业的生命周期持续延长，企业唯一有效的应对策略是要长远地考虑问题。那么，如何做到让存款保值增值呢？如何做到为商业投资乃至商业收购融资呢？

过度负债是导致2008年全球金融危机的重要因素之一。在某些地区，直到2014年，金融危机的影响都没有结束。在那场金融危机中，一些公司破产，甚至消失；一些公司通过与债权人重新谈判，达成新的债务协议，从而幸存了下来；还有一些公司没有陷入过度负债的陷阱，它们似乎没有让债权人担心，反而顺利地摆脱了金融危机的影响，因为它们做到了成功管理其采购、销售、投资中最重要的因素——资本。

弗朗西斯科·加西亚·帕拉梅斯以一种有趣、清晰以及引人入胜的方式，从金融理论到人的情感等不同视角出发，深入探讨长期金融投资。尽管近年来金融理论的基本概念变化不大，但随着技术的重要影响和业务流程的不断加快，我们需要对金融理论在国际环境中的具体应用进行充分和专业的分析。

要想做到专业的金融投资过程管理，我们需要很好地了解经济形势，了解当前市场（包括上市公司、顾问、银行债务、其他债务来源以及财务经理等）的运作规律。上述提到的所有方面，在弗朗西斯科·加西亚·帕拉梅斯的著作中都得到了充分的体现。

在我们的企业管理活动中，周转速度不断加快。2008年的金融危机警示我们，追随他人的从众做法可能会使我们犯下严重的错误。我们必须努力分析、考虑各种备选方案。对不完全清晰甚至负担不起的问题，我们或是进行反思，或是寻求帮助。《长期投资》一书为这种反思打下了良好基础。

中国公司的管理层对弗朗西斯科·加西亚·帕拉梅斯的著作可能会有很大的阅读兴趣。在中国，金融体系在国家的管理下曾有效地刺激了中国企业的发展，使得经济发展良好。在过去几年中，经济增长实现了优化配置，贫困人口数量大大减少。但显而易见的是，这导致了国有企业和民营企业的高负债水平。

因此，随着中国政府逐步减少对金融的干预，并逐步将责任与市场转移给民营金融机构，深入研究企业融资对中国公司管理层而言具有重要的意义。

佩德罗·雷诺（Pedro Nueno）

中欧国际工商学院名誉院长

2020年1月

推荐序二
西班牙版彼得·林奇的自学成才之路

我读完弗朗西斯科·加西亚·帕拉梅斯这本书，有三个没想到。

一是没想到作者的投资业绩这么好。2005年，我翻译了彼得·林奇（Peter Lynch）最有名的书《彼得·林奇的成功投资》（*One Up on Wall Street*），后来一直关注有哪些人成功地学习和模仿了林奇。没想到在西班牙股市出现这样一位自学彼得·林奇的投资高手，彼得·林奇的投资业绩是13年29倍，而帕拉梅斯从1989年到2014年25年的投资业绩是30倍。林奇管理的基金资产规模最高达到140亿美元，而帕拉梅斯管理的资金资产规模最高达到65亿欧元。你要知道西班牙的GDP（国内生产总值）和所有股票总市值不到美国的十分之一，而帕拉梅斯管理的基金资产规模却能达到林奇的一半，不得了。

二是没想到作者的投资思考这么深。帕拉梅斯一入行学的是彼得·林奇，在此基础上进一步拓展，学习本杰明·格雷厄姆（Benjamin Graham）、沃伦·巴菲特（Warren Buffett）等多位投资大师的经验，形成了自己的价值投资套路。十年之后，他开始精心研究奥地利经济学，以人的行为为中心，又受到乔尔·格林布拉特（Joel Greenblatt）的启发，融合多位投资大师的经验，结合西班牙股市家族企业多的实际情况，形成自己一套逻辑严密、实用有效、简单易懂的投资框架。价值投资大师多是实务派，讲的都是个人实践经验，少有人如此系统总结投资思考框架，且以经济理论为基础，这样的价值投资书我还是第一次看到。

三是没想到作者读的书这么多。我觉得自己读的价值投资方面的书还算比较多，但是和帕拉梅斯这位读书狂人相比，还差很多。他推荐的精读书单91本，泛读书单95本，合计接近200本，其中有好几本是千页大书。他能花这么多时间精力来读书，实在少见。

帕拉梅斯完全可以称得上是西班牙的彼得·林奇，投资业绩25年30倍，管理的基金资产规模最高达到65亿欧元，在西班牙甚至整个欧洲的股市业绩排名中也能笑傲江湖。本书虽然不如林奇写得那么风趣活泼，但是有三个方面写得更好一些：一是叙述自己25年投资管理经历更详细；二是总结投资思考框架更系统、严密，特别是加入了奥地利学派的思想，一下子有了求真务实的深层理论支撑，比多数从投资来讲投资的投资书上了一个层次，以人的行为为中心的奥地利经济学几乎贯穿了投资的整个链条和所有层面；三是深入阐述读书如何促进投资思考，列出的书单很长很详细，这是林奇书中所没有的。

本书分为三大部分：成长经历，思考框架，精读书单。其实，所有投资高手的时间精力都投向了这三大块：行动、思考、读书。巴菲特也是如此，查理·芒格（Charlie Munger）也是如此。巴菲特说他的工作是阅读，芒格的孩子说芒格是长着两条腿的书架。其实，很多其他行业的高手也是如此。有两个行业和投资非常相似，没有精确理论和模型，只能不断思考和不断试错：一是政治，二是打仗。有两个人在这两方面都很厉害：一是毛泽东，狂爱读书是出了名的，非常擅于独立思考和果断行动；二是邓小平，独立思考和果断行动也是出了名的，也很爱读书。这两个人有个共同特点，不是科班出身，而是在干中学。

其实，很多年轻人都以为，应该先读书，再思考，后投资；但现实是，先投资，遇到问题，遇到困难，遇到挫折，你不得不思考（想不通也要想，必须想），带着问题不断读书，无意中受到启发，想到几个办法，于是尝试在投资中使用，结果有的行有的不行，再思考，再读书，再尝试。其实，行动、思考、读书三者要合而为一——先有行动，再有问题，后来读书受到启发，想到办法，不断尝试，不断完善，逐步形成自己的套路。投资人看似一招鲜，其实只需十八般武艺样样“粗通”，无须样样精通。很多年轻人在工作后，当领导布置任务时，会说“我不懂，我没学过，我没做过”。记住，你出生之前没有上过生活大学，你当父母之前也没有上过父母培养大学，所以你只能干中学和摸着石头过河，且最有效的办法就是模仿，特别是模仿那些高手，但是不能照搬，因为你过的河和摸的石头与大师绝对不会完全一样。

本书的结构安排很清楚，三个部分各有各的精彩。我个人的感受有三点。

第一部分是投资成长之路。

在疫情暴发的当下，我重读了《黑天鹅》一书，感叹：历史不会爬行，只会跳跃。正好我又读到本书第一部分，不由感叹：投资不会爬行，只会跳跃。

一是投资相对业绩不会爬行，只会跳跃。普通投资人追求的是绝对业绩，专业投资人追求的是相对业绩。通俗地说，学生在高考时看似靠的是绝对成绩，即总分多少，其实靠的是相对成绩，即排名多少——学校录取人数有限制，先按名次定人数，后按成绩划录取线。专业投资人其实比的是相对业绩排名，但投资相对业绩不会爬行，只会跳跃。我们回看帕拉梅斯管理贝斯因特（Bestinver）的国内基金和国际基金20多年的历史业绩，牛市中其相对业绩一般，甚至有时还小幅落后，但在熊市中大幅领先。最突出的是在2000年到2002年网络股泡沫破裂那三年大熊市中，股市大跌40%，他却大赚49%。这是价值投资人最明显的特点之一，正如巴菲特所说，“在牛市中尽量追上市场，不要太落后；而在熊市中尽量战胜市场，努力大幅领先”。

二是投资管理规模不会爬行，只会跳跃。帕拉梅斯最初在1992年管理的国内基金规模只有300万欧元，在2002年达到1.5亿欧元，10年增长了50倍；在全球金融危机之前的三年大牛市中，他管理的基金规模又涨了30倍，最高达到65亿欧元。想想巴菲特的财富——65岁赚到100亿美元，现在快90岁了，一年能赚到150多亿美元，再想想你自己，你也是自己个人财富的投资经理，你攒到人生的第一个10万元用了多少年，而现在的你一年能赚多少钱。

三是投资管理功力增长不会爬行，只会跳跃。我们的体重是缓慢增长的，但是我们的能力是跳跃增长的——人出生一年不会走，突然一下子会走好远了；人出生一年多甚至两年也不会说话，突然一下子会说一大串了。帕拉梅斯的投资功力的增长不是一天一天渐进式的，而是长时间积累后的顿悟式和跳跃式的。

帕拉梅斯本来对投资也不懂，上的大学也不是什么名校，学的专业是大杂烩专业——经济管理，大学毕业在百货公司总部办公室打杂一年多，然后到西班牙一流商学院IESE读了两年MBA（工商管理硕士）。他于1989年毕业，不久便拿到全球四大会计师事务所之一的录取通知。他闲着没事又面试了一家投资公司，结果那家会计师事务所因为他没有及时回复而没有录取他，他只好进入投资这一行。他于1990年用心研究西班牙所有上市公司，于1991主动申请做投资经理，于1992年发行股票基金，最后成了公募基金经理。从上学开始到研究生毕业，他根本没有想过做投资，也没好好学过投资。他一下子进入这一行，三年三个台阶，从分析师到投资经理，再到基金经理，他的投资之路不是爬行，而是跳跃。

帕拉梅斯做投资25年，其投资功力不是逐日逐步增长的，而是厚积薄发、跳跃式增长的。对他来说，最重要的是三本书引发的三次顿悟。

1989年，帕拉梅斯进入投资行业工作。一开始，公司分给他的工作是做股权投资找并购项目，而他自作主张开始研究上市公司，并提供投资建议。1990年，在读到林奇的新书时，他产生了第一次顿悟，即投资要以价值投资为本。后来，他做了10年投资，国内基金涨了接近6倍。

帕拉梅斯先干了10年，也只是从投资来看投资。2000年，在读完哈耶克的《通往奴役之路》（*Road to Serfdom*），他开始阅读奥地利学派大师的著作，突然一下子开窍了。这是他的第二次顿悟，即经济运行之道都是以人的行为为中心的，投资也是经济的一部分。他开始从经济的角度来看投资。后来，他逐步把经济、企业、市场和投资联系在一起，形成了自己的思想框架。2000—2002年，网络股泡沫破裂，三年大熊市大跌40%，他却大赚49%。

2005年，帕拉梅斯读了乔尔·格林布拉特的《股市稳赚》（*The Little Book That Beats the Market*），这给他带来了第三次顿悟，即投资要以高质量企业为本，适当兼顾高质量与低估值。此后，他逐步从小公司转向大公司，从国内转向国际。他的基金熬过了全球金融危机期间的大熊市，2008年一年暴跌62%，2009年大幅反弹71%。回头来看，能够经历危机依然长期表现良好的股票，都是高质量企业的股票。从此他更加坚定地集中投资少数高质量个股。我个人觉得，帕拉梅斯有些像巴菲特——一开始学习格雷厄姆，最重视的是低价格，后来逐步融合菲利普·费雪（Philip Fisher）的风格，更加重视高质量。他早期一直学的是林奇，分散投资很多高成长或者低估值的小公司，后期更多融合巴菲特的风格，开始更多集中投资高质量的大公司。

另外，帕拉梅斯前10年都在单打独斗，其投资功力只体现在个人能力上。后来，他发行了一只国际基金，同时要管国际投资，其选股范围大了很多倍。他一个人根本覆盖不过来，于是招聘了第二位基金经理，后来又招聘了第三位基金经理，其分析师队伍也在不断扩大。从此，帕拉梅斯开始带投资团队。此时他才发现，团队作战和单打独斗有很大不同。他认为，并不是找到基金经理就能合作，找到合适的基金经理并不容易，找到能长期合作的基金经理更不容易。2014年，他移居英国伦敦，想和公司协调在英国生活的同时做好西班牙的基金投资工作，但是双方没有谈拢。随后，他毅然辞职并独立创业。从单打独斗到带领投资团队，再到创业带领整个公司团队，帕拉梅斯也是十年一个大跳跃。

帕拉梅斯自贝斯因特基金（Bestinfond）成立以来一直参与其管理工作，直到2014年9月23日辞去贝斯因特首席投资长一职。图1是1993年至2014年贝斯因特基金绩效与指标详情。

帕拉梅斯辞职后，有两年的竞业禁止期，不能做投资管理。结果，从来没有想过写书的他，经朋友一劝，就写出了这本书。做投资管理的人很多，能写出投资书的人却很少，写的书受到欢迎的投资人更少。写作不会爬行，只会跳跃，这一点我深有体会。

其实，在投资行业待久了，你就会明白，投资世界不同于我们日常生活中的世界，投资只会爬行，不会跳跃。

第二部分是投资思考框架。

我觉得跟别的投资书相比，本书的投资思考框架整理得更加系统，更加实用。读书人喜欢读书，也擅长读书，容易以书为本，一切从理论出发。帕拉梅斯非常喜欢读书，但他并不是理论派（为读书而读书），而是实践派（为投资而读书）。他在做了10年投资之后，才接触到奥地利学派——以人为本，一切从实际出发，实际上就是一切以研究和分析人的行为为中心。我在读完这本书后，受到启发，逐步把经济、企业、市场三者的关系想通了，把三者与投资的关系也想通了。

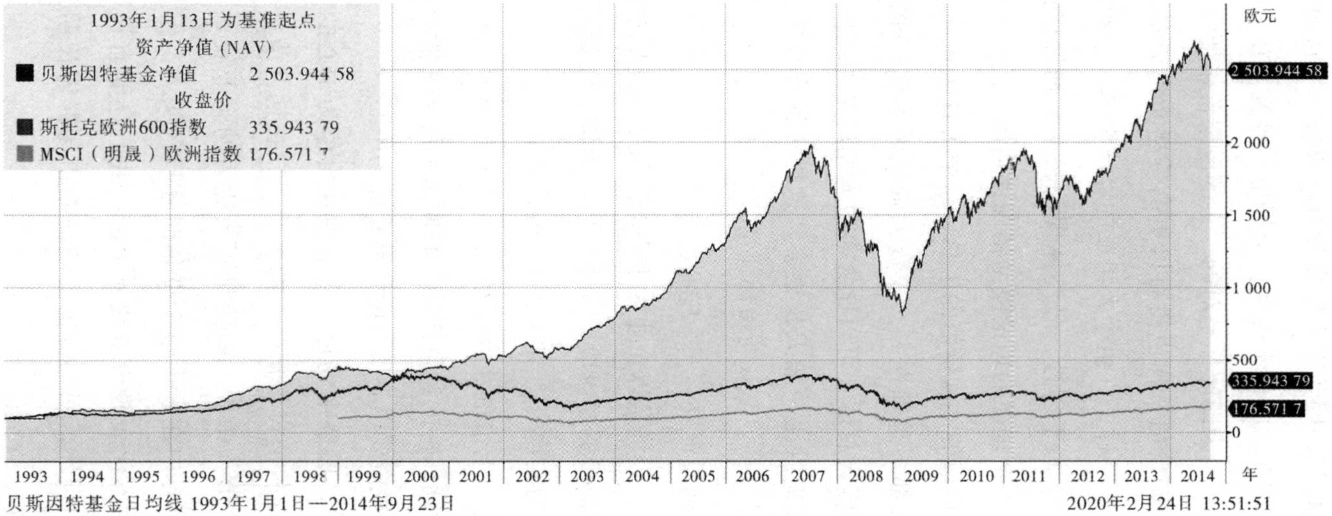

图1 1993年至2014年贝斯因特基金绩效与指标

资料来源：2020 年彭博金融。

为什么要长期投资，因为个人短期投资不理性——从短期来看，经济不理性，企业不理性，股价不理性，市场也不理性。在短期市场，即使你理性也没有用，因为即使你是对的，买的股票价格便宜，短期市场就是不理性，不回归价值，你也没有以更高价格卖出股票而获利的机会。但长期市场就不一样了，由个人组成的经济整体、企业整体、市场整体长期会在波动中趋于理性，最终体现为长期平均价格接近合理价值。因为价值不是一个理性的理论模型精确评估值，而是一个长期以来很多人很多次估值形成的主观价值的汇总，是个大致区间。

我们大部分人都不是理性人，投资大师也做不到完全理性，但是长期而言，专业投资人总体上可以比大多数人相对更加理性一些。专业投资人选择的投资期限比一般人长很多，这样理性在投资上就派上用场了。

简单地说，长期投资要有三个中心。

一是长期来看，经济是以企业为中心的。代表企业股权的股票长期升值最多，所以我们投资要以股票为主，债券为辅。作者用奥地利学派的术语，分别称其为实物资产与货币资产的代表。

二是长期来看，上市的企业是以高质量企业为中心的。高质量是指具有可以长期持续保持的竞争优势，高质量的好公司股票长期升值最多，所以我们长期投资要以高质量的优秀企业为中心。

三是长期来看，股票市场是以企业内在价值为中心的。估值便宜（市场价格相对内在价值过于低估）的企业股票长期升值更多，所以我们长期投资要以价值为中心。即使是买入优秀的企业股票，我们也只能在其市场价格相对内在价值过于低估时才选择买入。但是，我们的买入价格便宜，并不代表股价很快就会涨，我们还要有长期投资的耐心，等待市场回归理性，回归价值，即回归市场群体长期公认的主观价值。

补充说明一点，对于基金经理来说，组合管理（我们经常说的股票加仓和减仓）也很重要，但是作者在思想框架中谈组合管理那一节讲得相当简略。我建议有心的读者细读第一部分投资成长之路——作者几乎每年都谈到自己的管理组合是如何调整股票仓位的。前有行，后有言，你可以言行对照，更加容易理解。

我很喜欢第二部分最后关于投资心理的那一章。帕拉梅斯将投资心理归纳为人的三个不理性行为：明知股票长期升值潜力最大，为什么还是选择投资看似更加安全的债券？明知长期投资运用价值投资策略来选择高质量且低估值的个股收益更高，为什么还是用技术分析搞短线投机，追逐概念和风潮去炒成长股？明知有些优秀基金经理长期业绩更加稳健、优秀，为什么还是追逐短期业绩一时突出的流行基金？我们很多时候知道问题的答案却做不到。我们什么道理都懂，但是我们是人，天生不理性，控制不住自己的那颗心：容易激动而过于贪婪，也容易惊慌而过于恐惧。你可以选择指数投资，也可以选择基金投资，还可以自己选股投资，但共同的前提是，控制好你的情绪，让自己的行为更加理智一些，这样长期投资才有可能更成功。

第三部分是投资读书清单。

帕拉梅斯建议读者精读91本投资好书，有时间和精力的读者再进一步研读95本投资好书。想要把这近200本书读完，对大多数投资人来说，是个巨大的挑战。看看帕拉梅斯这位西班牙著名基金经理讲述的他日常工作生活的安排，你会发现，他看股市行情的时间极少，参加内部开会和接待客户的时间极少，而把大量的时间集中到读书上。

在过了50岁之后，我减少了读书的数量，只精选少数极品好书，多读几遍。最近，我重点读的书是《黑天鹅》和《水浒传》，一个准备读五遍，另一个准备读三遍。当然，《水浒传》一定要是金圣叹评点的那个版本。

各位读书人一开始不要太急，我建议先选15本精读，这些书也多是作者在书单中加粗标注推荐重点阅读的好书。

三本对作者启发最大的书：彼得·林奇的《彼得·林奇的成功投资》，哈耶克的《通往奴役之路》，乔尔·格林布拉特的《股市稳赚》。

三本价值投资经典必读书：格雷厄姆的《聪明的投资者》（*The Intelligent Investor*），费雪的《怎样选择成长股》（*Common Stocks and Uncommon Profits*），巴菲特的《巴菲特致股东的信》。

三本分析企业竞争优势的好书：波特的《竞争优势》，格林沃德和卡恩的《企业战略博弈：揭开竞争优势的面纱》，多尔西的《巴菲特的护城河》。

三本关于投资心理学的好书：卡尼曼的《思考快与慢》，丹·艾瑞里的《怪诞行为学》，查尔斯·麦基的《大癫狂：非同寻常的大众幻想与群众性癫狂》。

三本讲奥地利经济学与投资的入门书：赫苏斯·韦尔塔·德索托（Jesús Huerta de Soto）的《奥地利学派》（*The Austrian School*），塔格扎德根（Tagizadegan）等人著的《基于投资者理念的奥地利经济学》（*The Austrian School for Investors*），马克·斯匹兹纳戈尔（Mark Spitznagel）的《资本之道》（*The Dao of Capital*）。

备选三本奥地利经济学巨著：米塞斯的《人的行为》（*Human Action*），哈耶克的《致命的自负》（*The Fatal Conceit*），赫苏斯·韦尔塔·德索托的《货币、银行信贷与经济周期》（*Money, Bank Credit and Economic Cycles*）。

实话实说，后面这6本书我也没读过，从这里你就可以知道我对奥地利学派的了解程度了。然而，作者也是管理投资10年之后才读哈耶克的作品，15年后才读了千页大书《人的行为》。我们现在读也不晚。

我经常听到有人怀疑：学习林奇和巴菲特坚持价值投资和长期投资，在中国股市能成功吗？

昨天晚上，我陪孩子看了日本电影《垫底辣妹》。影片中，坪田老师用竖鸡蛋来激励想要放弃努力的沙耶加。如果你觉得不可能竖起鸡蛋，你就会放弃尝试，也就永远竖不起鸡蛋来。如果你知道有人竖起来过鸡蛋，这是完全有可能的，你就会一再尝试，就有机会成功。

你可以看看书架上我翻译的《彼得·林奇的成功投资》，林奇的投资业绩是13年29倍；看看我读的《巴菲特2018年致股东的信》，巴菲特的投资业绩是53年10 000倍；再看看这本书，帕拉梅斯模仿林奇和巴菲特等投资高手，博取众长，又独具特色，他的投资业绩是25年30倍。

林奇和巴菲特让帕拉梅斯相信，长期投资、价值投资和理性投资，能够创造投资奇迹。希望帕拉梅斯的这本书也能让中国投资人相信，在本土市场模仿价值投资大师的策略，不断努力尝试，不断适应，不断进化，也能创造长期投资奇迹。

武汉加油！各位喜欢投资喜欢思考的读书人，加油！

刘建位

汇添富基金管理公司首席投资理财师

巴菲特长期价值投资策略研究者和传播者

2020年2月22日于上海

推荐序三
以敬畏市场之心学习价值投资理念

长期投资必然是以价值投资为基础的，本书是一个长期遵循价值投资理念，并持续实践的成功的投资者的心路历程展示。

作者通过自身的投资成长经历，给我们提供了一个观察欧洲市场和经济发展的窗口。中国读者可能受美国资本市场及其投资理论影响较多，实际上，欧美资本市场（包括经济）既有共性，也有各自独特的地方。作者在书中也说美国和西班牙市场是不同的。他在书中展露出来的、未明言的成功经验，实际上就是读“书”不唯“书”，根据不同市场学习和运用不同专业知识。这实际上就是中国人熟悉的“理论联系实际”。国内很多立志在金融投资事业中一展宏图的年轻人，热衷于追求CFA（特许金融分析师）证书。实际上，CFA是标准的北美体系，体现的是美式市场运作风格、投资规则等；而欧洲市场则是CIIA（注册国际投资分析师）体系，CIIA是与CFA既有共性又有差异的金融投资分析行业标准。有兴趣的读者可到SAC（中国证券业协会）网站上了解CIIA的具体情况。截至目前，CFA在中国只能算是一项民间认证，并无和SAC的官方合作。

在2008年全球金融危机后，西方经济至今未走出危机阴影。危机对经济思想的一项重大影响就是，重新提升了奥地利学派在经济理论和实践领域的地位，引发了经济理论界对奥地利学派的重新审视及日益升高的重视。奥地利学派的经济认识和中国读者熟悉的一些常规认识有很大区别。奥地利学派不认可总需求等一些总量概念，注重经济影响的结构和过程，重视时间因素，强调动态分析，比如中国资本市场把货币和物价的对应关系视为“铁律”，毕竟货币数量论深入人心；但奥地利学派认为货币数量变动主要影响价格结构，同时也认为成本不推升价格，而是价格决定成本，因为如果成本高于市场价格的，那么供应将不会产生。从金融危机后西方普遍量化宽松的货币政策实践来看货币对价格和经济的效应，奥地利学派理论确实对其能较好地解释。

作者不仅与读者分享了投资经验，对掌握投资方法和取得成功需具备的专业储备和性格培养也做了详细阐述，并把奥地利学派理论作为其投资的专业基础。奥地利学派和新古典学派的主要差别在于其更注重逻辑和过程，较少注重理论的“完美性”，而学术界一度存在“非数学”“不科学”的看法，各高校的经济学教程中更是充满了各类复杂的模型和数学公式。实际上，经济过程和投资事件是难以事先精确计量的。很多中国读者也愿意系统地学习一些经济学知识，但也和作者一样，经常被经济学中的复杂数学公式吓倒。其实，中国非专业读者在学习经济学时，可从奥地利学派经济学入手，这样也许会因此喜欢上经济学，并对以后投资和日常生活产生裨益。

作者根据自身投资经历，以股票投资为主线，和读者分享投资心得，在娓娓道来中也涉及了对房地产和实物投资等其他领域的看法，全领域配置的思想是投资者适应未来趋势首先要树立的理念。在当前低利率的时代背景下，低利率环境（甚至是负利率，欧元区多个经济体已经实行了负利率）对投资配置的影响是全方位的。首先是资产配置的全球化趋势，低利率意味着收益基准普遍下移，各路资金均需以国际视角寻求更高收益；其次是配置的全领域化趋势，为了获得更高收益，跨市场配置也是一个不错的选择，因而也将成为新趋势。权益、固收、商品、衍生、另类等各类投资市场都会成为低利率环境下投资者的选择，市场间的分割性将下降。作者在书中详细展示的投资分析“套路”或许想告诉大家：未来即使你们只在资本市场中的股市里“游泳”，你们也要知道其他市场的“风浪”和变化。

在投资案例展述时，作者在字里行间充满了对市场的“敬畏”。作者最后总结了自己的投资成功经验（其实更大程度上是人生心得），但读者也不可机械地照搬照抄。无论何种市场，何种投资，我们都要抱着对市场的“敬畏”之心，遵循经济和市场发展规律。虽然我们有现成的经验法则可供参考，但其运用成功与否还在于投资人自身，运用之妙，存乎一心！

胡月晓

上海证券研究所注册国际投资分析师、首席分析师

2020年2月

中文版序

本书起初是为西班牙语读者准备的。因为很多投资大家都把自己的投资过程与经验写成英文版的著作出版发行，所以本书在问世之后，也被陆续翻译成英文、法文、意大利文和葡萄牙文，现在终于轮到中文版发行了。

本书被翻译成不同版本，究其原因，投资者的投资过程具有普遍性。换句话说，不同文化背景下的投资行为存在共性。本书用到的案例往往是基于欧洲的公司，尤其是西班牙的公司。然而，不管公司在哪里，其投资行为的规则是相似的。

事实上，通过阅读"盎格鲁-撒克逊"，我学到了很多。而我却将我学到的经验应用到非"盎格鲁-撒克逊"的欧洲，竟也获得了成功。

我要在书中至少强调三个有意义的想法或者三个普遍要素：

- 投资类的书很少谈论经济学，更不用说奥地利经济学了，本书填补了这方面的空白。书中概述了奥地利学派的基本观点以及如何将这些观点应用于投资。
- 一个重要的应用实操是需要将资金投资于实物资产（如房地产、公司股票等），以保持储蓄的购买力水平。当货币价值得不到诸如金本位制等强力支撑时，投资实物资产是抵御货币贬值的唯一有效屏障。

- 在金融领域，风险被歪曲了。本书纠正了一些被歪曲的问题，揭开了某些神秘的面纱。

正如我在书中所阐述的，中国在过去的40年里经历了一场不可思议的改革开放，其改革的经济基础认为合理、自由的市场是分配稀缺资源的最佳方式。我相信这是正确的观点，而且基于有效市场假说的基础，我在投资中获得了一些盈利。显然，欧洲文化与中国文化大相径庭，但不断寻求获得超常回报的机遇却是普遍存在的，它建立在不同文化的共性原则基础之上。

我希望我多年的投资经验能对中国的读者和投资者有所帮助。

弗朗西斯科·加西亚·帕拉梅斯

2019年12月

前　言

我以前从来没有想过我会写一本书，更不用说写一本关于投资的专业书了。但生活中总会有大量的惊喜在等着我们，我们最好不要暴殄天物。虽然这听起来理所当然，但是你必须把问题转化为机会。因此，自然而然，本书可以作为一种人生写照，它贯穿了你生活的方方面面，既包含了你的个人生活，也包含了你作为一个充分利用市场波动的专业投资者的职业生涯，还包含了周围与你相关的世间万物。

在我职业生涯开始时，当第一次读到彼得·林奇写的《彼得·林奇的成功投资》[①]时，我便感觉这本书对如何投资提供了一个如此简单明了的解释，以至其他书都是画蛇添足，甚至我以后多年的经验也基本上未改变我的这一想法。我一路走来看过的其他书，尤其是一些经典著作，似乎都在补充和重申这一观点。这条投资之路似乎已臻化境。

然而，渐渐地，个人理念似乎在不知不觉中开始变化。也许是由于经验，或带有些许虚荣，无论出于哪种原因，近年来让我思虑的是，这些书并不是对我们的投资理念或工作方式的精确写照。[我说“我们”是因为虽然本书反映了我的想法和经验，但在投资道路上我并不是在

---

① 林奇（1989年）。

单打独斗。多年来，我的投资理念和方法无论是在开始的贝斯因特投资公司，还是现在所在的科巴斯（Cobas）资产管理有限公司，均是和一支投资团队来一起实践的，我们都取到了可观的投资回报。］例如，它们极少谈及正确看待总体经济的投资方式。以人为本的投资理念在某些关键时刻特别有用。于是，渐渐地，一个新的想法开始在我的脑海中萌生。

巧合的是，2010年10月，我受邀在纽约的价值投资大会（Value Investing Congress）上发表演讲。我很高兴能有机会在现代投资的摇篮讲述我们的投资冒险经历，于是欣然受邀。在准备发言稿时，我试着比较我们的投资方法与其他价值投资者的异同——因为在美国，价值投资方式比在我的祖国西班牙更为普遍。通过比较，我找出一些差异，而这些差异构成了我们投资方式的标志。事实上，虽然我们中的许多人都被称为价值投资者，但没有一个人在做着完全相同的事情。

我在那次会议上阐释过的这一分析结论构成了我们投资方法的基础。确实，我们与其他价值投资者在投资方法上有着一些显著的不同之处。或许最重要的是，我们的指导框架是基于奥地利学派的观点，我们把耐心发挥到了极致，这正是价值投资的关键特征之一。

但是，如果不是环境原因，那么我写书的念头很可能还只是处于萌芽状态，因为我没有充足的时间去完成这项工作。我是一名全职的投资经理，写书所付出的代价意味着要远离家人，而这是我一直都不愿意接受的。

然而，在离开贝斯因特公司后，我被迫休了两年的“园艺假”[①]，这为我提供了一个写作机会。朋友们也一直鼓励我，尽管对于我来说，写书

---

① 园艺假（gardening leave）是指员工在离职后，公司继续为其支付薪水但在一定时间内禁止其在别处供职。——编者注

不是一件容易之事，但我已经开始认真考虑此事了。因为除了有点畏难情绪，写书对我来说也从来都不是一件容易之事，尽管我一生都热爱读书。

2015年年初，我在伦敦接待了两位访客，他们点燃了我写作梦想的火花，尽管我仍然不确定我是否能最终完成本书。不自信是一件不容易克服的事情，尤其是当你首次涉足写作世界时。

第一位访客是一个前客户的儿子，即小安赫尔·帕尔多（Ángel Pardo junior），他是一位哲学家、作家和投资家。我们相约在切尔西一家极棒的小酒馆里吃饭，聊天期间我明确了写书的想法——尽管不像司汤达[①]那样，我们俩建立了长期的友谊。事实证明，这段友谊既深厚又必不可少。他建议我把自己从思想束缚中解脱出来，不要过多考虑文字表达，应该着眼于对真实想法的记录，让思想自由地表达。而这样，书就会自然而然地成形。

我喜欢这个主意。一本关于投资的书是不需要宏大的序幕或尾章的，也不需要主题，甚至不需要引人入胜的情节。更重要的是，我是一个不具有写作天赋的人，这让我从白纸或iPad（苹果平板电脑）屏幕的折磨中解脱了出来。我只是写下我想到的，并没有任何奢望。事实上，我已经感觉到本“书”无论如何对我都会有意义，即使它最终没有出版。它将集合我在投资方面的思路、遗忘的事件及市场应变等，给我的投资前景注入新的生命。

小安赫尔在这一努力中起到了关键作用，对此我非常感激。他不仅点燃了我写作的导火索，还从侧面提供了有力的支持和宝贵的建议，特别是保证会阅读我的手稿并发表看法。如果没有他和我妻子（她是本

① 司汤达（Stendhal，1783—1842）原名为马里－亨利·贝尔，是19世纪法国批判现实主义作家，其代表作为《阿尔芒斯》《红与黑》《帕尔马修道院》。——编者注

书的第一个读者）的支持，本书将不会问世，而只是一些个人的潦草笔记。

第二位来访的是编辑罗杰·多明戈（Roger Domingo），他来自行星集团（Grupo Planeta）下的德乌斯托出版社（Ediciones Deusto）。丹尼尔·拉卡勒（Daniel Lacalle）在成功地与这家出版社合作出版了几本书之后，与我取得了联系。这家出版社不仅最适合我从事的投资行业，而且罗杰在投资和经济方面的观念也与我志同道合，这将有助于消除书中可能出现的分歧。此外，他乐于让我按照自己的想法去发挥，无论是在内容结构还是市场推广方面。我对本书有着控制权，我甚至可以选择不予出版，这是一个基本的先决条件。

此外，罗杰还为我联系了威利出版社（John Wiley）合作出版本书的英文版。鉴于威利出版社在投资经典著作方面有着悠久的历史，这似乎是一个完美的搭配。

在他们的支持下，我开始伏案写作，很快脑子里就有了一个清晰的结构，这被证明是对奥地利学派最重要的著作之一（在任何意义上）——路德维希·冯·米塞斯（Ludwig von Mises）的《理论与历史》（*Theory and History*）[①]的致敬。

本书的第一部分是背景故事，即我作为一个投资者的教育情况和职业历程，并介绍了发生的一些事件以及我与同事对这些事件的应对措施。其间，我和同事经历了20世纪最长牛市的终结、21世纪初的科技股泡沫，接下来则随着全球股市自20世纪30年代以来最大的崩盘，西班牙历史上最大的楼市和信贷泡沫连同其他市场一起破灭。

这些故事可能会激起那些想从过去吸取教训的读者的兴趣。然而，这些故事的价值是相对的，因为最终，这是一个属于个人的故事，不应

① 冯·米塞斯（1975年）。

该成为任何人的典范。对我而言，这也是一个在20年后反思快被遗忘的事件的很好的机会。

事后看来，或许我们最大的成就是成功地抓住了1996年、1997年和1998年年初的牛市——西班牙股市的股票价格在这36个月内上涨了两倍。我们不但取得了与市场指数差不多的回报，而且只承担了非常有限的风险（持有大量头寸的现金，约20%），这使得我们能够避开在如此明显的大牛市余波中出现的问题。

本书的第二部分阐释了我们投资的基础——经济理论（套用米塞斯的话）。经过一番思考，第四章专门讨论了经济学中的奥地利学派。这不是一本投资著作的典型做法，从时间上看，它也不是最早浮现到我脑海中的内容。但现在，当我坐下来梳理这些想法时，我相信从基础理论开始是合乎逻辑的。

建筑物是建立在地基上的，拥有正确的经济理论框架总是有益的。在投资过程中，经济理论不会总是被用到，但它能让我们安心地对可能出现的替代经济情景有所了解——尽管我们不知道究竟会发生何种情景，它只是偶尔会帮助我们预测将要发生的事情。

建筑的第一层在投资资产方面展开，第五章进入实战，解释了实物资产和货币资产之间的区别。对长期投资者来说，实物资产是唯一明智的选择。正如我所解释的，在不同类型的实物资产中，投资上市股票有着显著的优势。对那些持怀疑态度的人来说，如果他们愿意接受逻辑和经验证据，那么读这本书可能是一个转折点。

长期来看，黄金等一些实物资产的表现并不比货币资产理想。然而，实物资产将始终保持我们的购买力，这会使我们安心，即使出现了最糟糕的情况，投资实物资产也优于投资货币资产。

我们将在第六章深入探讨股票市场投资，阐释投资者如何在被动、半主动和主动投资之间做出选择。主动投资可以通过共同基金或直接投资股票的方式来实现。这不是一个简单的选择，读者需要努力选择正确的路径，这将取决于我们作为投资者愿意付出多少努力。只有那些准备用最少的时间来进行谨慎投资的人，才适合选择主动投资，无论是通过基金投资还是直接投资。

第七章和第八章为那些选择直接投资的人列出了应该寻找的股票类型以及如何发现它们。这是很困难的，成功的机会很小（打败市场），但任何想尝试一下的人，在阅读了我们选股的经验后，其胜算的把握可能会更大。

第九章解释了为什么这一切都是可能的，为什么机会是存在的，以及作为人类，我们应如何在非理性的时候（当我们无法控制自己的情绪时）创造机会。我们将尝试是否能对此做些什么。归根结底，投资是对市场参与者（包括我们自己）的心理与社会分析。了解我们如何以及为什么采取行动对这个过程至关重要。

第四章到第九章构成了我们投资过程的基础。这是一个简单且直观的过程，但应用起来却不容易，因为它需要具备一系列的性格特征。如果人们天生就不存在这些特征，那么他们很难经后天发展获得。有时，人们对这种类型的书持怀疑态度：为什么要公开披露一个成功的投资过程？为何不保守秘密呢？除了涉及某种不能否认的慷慨成分外，事实是这些“秘诀”并不容易掌握。我们很有可能必须先改变自己才能有所作为，这通常是一个宏伟的目标，但我们往往做不到。

本书的第二部分从对经济的总体看法开始，然后聚焦到选股上，每一章都集中在前一章最重要的内容上。读者如果对更深奥的内容不感兴趣，那么可以跳过它们。但很显然，我不建议这样做。

在简短的综述和对未来的展望之后，我以两个附录为本书的结尾。附录一是针对那些不愿意读完整本书的读者，我鼓励他们至少花几分钟的时间来阅读这些“建议”，即对书中一些关键观点的简要总结，并对其进行反思，他们做到这些可能就足够了。如果他们还不能做到这一点，那么我希望他们至少能把“指导原则”内化于心，这是最重要的一点。附录二介绍了一些阅读材料，列出了对理解本书所讨论的问题有用的书单。

我不会声称自己在投资过程中发现了新的惊天启示，事实上一切都已经被发现了。但我认为本书在整体上是有关联的，它或许对刚开始投资的年轻读者或非专业的读者有用，或许对经验丰富的投资者也有用，我希望他们能从中学到一些东西。

长期投资意味着不同寻常——避开传统观念，避开显而易见的东西，逆流而上。它需要我们常读书、常思考，并拥有冒险和不过度妥协的精神，同时必须对周围的环境保持高度警惕。我很可能没有足够资格来拥有这些品质，因为正如康德（Kant）所言，任何有价值的东西都是有价格标签的。而就我本身而言，我很幸运，它没有让我付出太多……

无论如何，我不会自负到认为我的投资之路是唯一正确的途径，甚至是最好的途径。显然，世界上存在很多明智的投资过程。我也不渴望成为别人的榜样。我想做的只是简单地分享我的故事和我作为一名投资者的经验，并试图提供一些有用的见解，这可能使其他投资者采取一些更好的方法来进行他们的投资决策。我认为自己是幸运的，因为无论是个人的还是更广泛的生活环境对我来说都还不错，所以我没有资格去评判别人。引用沃伦·巴菲特的话，如果我出生在非洲的一个村庄，我的故事可能就没有任何意义了。

尽管如此，如果我最终能为一些年轻读者或我自己的孩子树立榜样，那么我会备受鼓舞。我们身边总有一些令人难以理解的人，他们的投资行为在我们这些专业理财人士看来是错误的，甚至他们所拥有的某些错误的投资观点已经得到了某种程度的认可。而我们中的一些人，也许是大多数人，一直在努力做正确的事情。

最后，我套用胡安·拉蒙·希门尼斯（Juan Ramón Jiménez）的话，本书是为了让我的家人能够理解，让所有的读者能够接受。我尽量避免在书中使用金融术语（这些术语让原本应该很容易理解的东西变得晦涩难懂），从而让读者在面对投资时不再恐惧。我相信自己做到了，而且效果不错。

01

第一部分
背景故事

第一章　早年生活

我决定从头讲起，这样可以避免自吹自擂。我觉得在陈述我作为一个投资人的经历时，自然而然就要先简单介绍一下个人。本章并没有令人特别惊奇的经历，但是我觉得首先介绍一下我早年的生活是叙述全部个人经历所必需的。

启　蒙

我成长于一个相当普通的家庭。我的父亲是一名海事工程师，算是公务员，他在经历了20世纪80年代沸沸扬扬的“海军重组”事件并担任海事工程学院项目教授后，以工业部海事工业署主任的身份退休。我的母亲则是一名家庭主妇，生育了5个孩子，她的厨艺相当不错。我不记得父母曾向我传授过什么人生大道理，或许他们尝试过，但是我以非常不合作的态度拒绝了他们的好意。应该是我内向的性格阻止了某些“重要”谈话的发生吧！

即便如此，随着时间的推移，当回顾自己的人生经历时，我反而明白了自己的某些品质正是源自父母。比如，我对坚持正确的事情怀有一种难以名状的执着。我的父亲也是如此，他在做正确的事情上毫不迟疑，对外界不管不顾，我们俩在这个方面有着同样的信念。还有，最近我觉得我需要把我母亲的不少乡间智慧传授给我自己的孩子——虽然我曾经对这些话嗤之以鼻。显而易见，我这样做是受到了他们潜移默化的影响，不论是通过基因传承还是行为模仿。不管怎样，他们的品质在我的血液里流淌。

我的学生生涯也很普通，我总能通过各种考试——除了大学入学考试我考了两次才通过（西班牙大学入学考试一年有两次机会）。我的成绩平平，平日里没什么学科能够特别吸引我，体育是我平时最喜欢的学科，物理则始终令我头痛——最近我在学习诺贝尔物理学奖得主理查德·费曼（Richard Feynman）的理论，但同样没什么进展。

也许我对物理的厌恶是一种预示。目前主流经济学理论的最严重问题之一便是将自然科学尤其是物理学科应用到了社会科学中，而社会科学就包括了经济学，所以主流经济学在看待和分析人类行为时就如同要去解一个方程式一样。

我的童年没有经历过剧变，没有受过严重创伤，也没有一点点迹象表明自己是一个金融神童，我只是忙于和同学们玩耍。总之，我的童年和大部分人的一样，平淡无奇。

然而，我在16岁后爱上了阅读，这也成为我的突出特点和生活常态。现在，当我看到我13岁的儿子被强迫着阅读500多页厚的书时，我才觉得我在少年时期看的书太少了。16岁之前，我几乎不看书，因为读书并不是我生活节奏的一部分。但我每天会读读父亲的报纸，这有助于我了解这个世界都发生了什么。

说起全球性问题，那时我对柏林墙——就是那堵阻止了民主德国和联邦德国人民自由往来的墙——的存在尤其感兴趣。我震惊于人们在跨越墙的另一边之前已做好了牺牲的准备。直到那时，我开始懂得，自发和自由组织的市场如何能更有效地满足大众的需求，也包括穷困潦倒者的需求。众多事实都指证了墙那边人民的生活并不愉悦，但当时理性的世界却没有对这堵墙提出过多的批评，这无疑令我费解。之后我才有所领悟，这是雷蒙·阿隆（Raymond Aron）、冯·米塞斯和其他思想家帮我理清楚的。

我迷上读书可以说是源自我父亲一位朋友的儿子。一天晚上，他对我说，书可以展现一个无边无际的世界，在这个世界里，我们可以发现我们在平淡无奇的生活中看不到的事情。当时作为一个害羞、内向甚至孤僻的男孩，我很自然地就沉溺于书中千奇百怪的故事里。通过和他聊天，一个名字也深深地印在了我的脑海里——马塞尔·普鲁斯特①。我的这位朋友在14岁时就成为普鲁斯特的书迷，而我成为普鲁斯特的粉丝则略晚一些。

这种对阅读的热情在戏剧、影视或新闻等所谓的知识界中并不是奇珍异宝，但在投资领域中，热爱阅读绝对能让你从普通水准的专业人士中脱颖而出。我们能通过阅读接触无穷无尽的人物和故事，无论这些人或事是真实存在的还是想象出来的，我们能够培养出一种开放的心态，而这种心态可以帮助我们深入研究自己的兴趣点，使我们不仅仅专注于书中的这些角色，更多的是专注于我们圈子里的人物。普鲁斯特便是如此，他可以在书中用好几页来描述一个极不起眼的次要人物，或者对一个他感兴趣的名字进行词源学分析。这种态度在我的研究过程中显得尤为重要。

我在16岁以后读了很多小说，尤其是西班牙和法国的名著，比如加尔多斯（Galdós）、塞万提斯（Cervantes）、“九八年一代”（西班

---

① 马塞尔·普鲁斯特（Marcel Proust，1871—1922）是20世纪法国最伟大的小说家之一，是意识流文学的先驱与大师，其代表作有《追忆似水年华》等。——编者注

牙文学史上一个重要的流派）、司汤达、维克多·雨果（Victor Hugo）等众多作家。文学可以说是我阅读的基础，随着时间的推移，我的阅读爱好也从小说类作品转向非小说类作品，而我在大部分的职业生涯里也都有这类书的陪伴。事实上，我对非小说类作品的涉猎非常广泛，而这些书的内容常常和我的工作没有直接关系。历史、心理学、社会学、政治学及自然科学等都是我经常阅读的类别。后文也会提到，其中一些学科对我的性格和职业发展产生了重大影响。

正如我所说——后文也会不断提到，研究经济学和投资的正确方法是研究人，这也就意味着小说类作品和非小说类作品都是建立起自己世界观的良好基础。

我的大学生活

说实话，那时我并不清楚未来要从事什么工作。我在17岁时修读了马德里康普顿斯大学（Complutense University of Madrid）的经济与商业科学专业。和大多数的同龄人一样，我对这个专业一无所知，我能做的只是将最重要的决定拖到最后。我自认为在这样迷茫的情况下，修读一个包含法律、历史、数学、会计、工商管理的专业已经是相当明智的决定了。修读"大杂烩"专业可以帮助我厘清头绪，同时能避免我走错路，当然这条路肯定不会是修路建桥方面的工作。

我上的是一所不太有名的公立大学，我选择它有多种原因。一是6月第一轮大学入学考试的失利留给我在暑期思考未来的时间少之又少，况且我本就迷茫；二是我觉得仍要父母承担我的高昂学费不太合适。我自己并不相信读私立大学是走向事业成功的关键这种说法，正相反，我认为读大学只是人生道路必经的一道"程序"。大学期间，我还花了一些时间在语言学习上。我学习了英语、法语和德语，再申明一遍，这些语言基本都是在公立语言学校里学的。

在马德里康普顿斯大学学习的5年里，我没什么值得夸耀的，理由很明显，大学生活并没有帮我厘清我对未来的思路。虽然如此，大学生活还是为我埋下了兴趣的种子，这颗种子在以后孕育了我对商界的持续兴趣，后文对此会有详细介绍。

大学前4年在悄无声息中过去了。除了对主学位的修读，我还进行了语言学习和服兵役（可以说服兵役对了解西班牙的现实非常有用）。我所在的分队有10名海军士兵，我们住在一间宿舍。这10个人里有两个人不识字，而在100个人的连队里也只有4个人有大学文凭，这就是1984年安达卢西亚海军（Navy in Andalusia）的真实情况。但也就是这个事实改变了我对世界的看法，打破了我的美好幻想。我认识到我的国家不再只有我的朋友和家人，还有一个更广阔的世界，那里的人们过着与我们截然不同的生活。

与此同时，我曾考虑尝试从事外交事务。虽然我没有特别的爱国情怀或者政治使命感，但是我对于在异国旅游以及入学考试中各种各样的话题非常感兴趣。没错，我一直有一种倾向，那就是对生活中的各种选择抱有非常开放的心态。在此，我也要大力推荐这种心态。但对于从事外交事务这个念头，我很快就放弃了。

就在我完成学位的最后一年，一件意想不到的事情发生了——可以说完全是一个意外，源于我对运动的热爱，尤其是篮球。我在图书馆看书时，偶然翻阅了一本商业杂志——这本杂志现在已经停刊了。1985年，当我首次看到这本杂志时，它对我产生了很大的影响，并且影响至今。这本杂志就是《商业周刊》（*Business Week*）。一开始吸引我的是它的封面（见图1–1），上面有大学生篮球明星——帕特里克·尤因（Patrick Ewing），他当时签约了纽约尼克斯队。当时，篮球，尤其是NBA（美国职业篮球联赛），比起经济与商业科学，更能吸引和振奋到我，尽管当时我们还不能在西班牙的电视上观看比赛，只能通过一些非真实的图片来勉强了解这些赛事和球星。

《商业周刊》的这篇文章从经济层面阐述了尤因签约纽约尼克斯队的意义。在当时的整个体育界，这次签约可以说是史上金额最大的一次交易。我看得非常投入，顺便就读完了整本杂志。《商业周刊》总是能把复杂的商业知识用浅显甚至娱乐的口吻表达出来，也幸亏读了这篇文章，我才对商业产生了兴趣。我不确定这仅仅是一次偶然，还是我对阅读的热衷的结果。但我肯定的是，兴趣一旦培养起来就很难减退。也就是从这时起，我的兴趣点开始从小说类作品转向非小说类作品，我在阅读非小说类作品中会夹杂着文学作品来看。而且，后来我的这种阅读偏好发展到了极端，我有很多年就只看非小说类作品，因为我当时也不顾及以前所谓的开放心态了，认为看小说没什么意义。也就是最近，我的心态有所放松，我才开始重新看小说类作品。

图1-1 《商业周刊》封面

说了这么多，我认为关键在于要勇于尝试别人不理睬和不愿做的事情，要跳出事情表面或者所谓的常识来看待问题，以实现意想不到的结果。在接下来的几年里，我开始意识到，我的大学同学，甚至我第一份工作的同事们，根本就不会经常阅读国外经济类刊物或是看一些“严肃”的文学作品。

我必须声明，除了萌生了对商业的兴趣外，我在大学里几乎没有学到什么有价值的经济学知识，除了新古典经济学里面的供需曲线、理性人假设以及现实世界中并不存在的市场均衡以外，好像就没什么了。谢天谢地，20年后，哈耶克和冯·米塞斯就像经济学界的超级英雄一样拯救了我对经济学的认知。大学里的经济学教义并不能产生经得起时间检验的简洁、清晰的原理，这是真正的耻辱。由于有些人想给它一种它本没有的重要性，所以他们建立了大量数学公式来掩盖主导经济学教学的新古典经济学家（也包括货币学派和凯恩斯主义者）缺乏明确性和连贯性的症结。

然而，经济学是一门覆盖面很广的学科，这也使得我能够涉足一些令我感兴趣的领域，或者至少能排除掉一些我没必要涉猎的领域。大学刚开始时，我的学习成绩中等，但在我开始大量阅览与学科相关的书籍后，我的学习成绩得到了提升。

回顾过往，经过在这所普通公立大学5年的学习以及多年的专业实践，我得到的最重要的结论之一就是：知名大学甚至大学教育的重要性未免被夸大了。一个人在二十几岁学到的东西不如终身学习重要，当然我说的是终身自学。在三四年的时间里，由优秀教授指引着走向正确的方向或许是有益的，但关键是在特定的时间点有激发我们产生兴趣的火花，这种火花会开启一条有吸引力的无限之路。也许有一些知名大学能帮助我们实现这一目标，但我不确定是不是这样。我无法理解现在人们对名牌大学的崇拜，尤其是在英语国家。在我的祖国西班牙，我们还算幸运，没有如此重视名牌大学。

对我来说，兴趣的火花始于我十几岁时的阅读习惯和一名职业篮球运动员。

第一份工作

在大学的最后一年里，我参加了很多面试，企图借此提高我的面试能力。但我在第一次参加面试时就拿到了英格列斯百货公司（El Corte Inglés）的入职通知。我自知并不是面试能手，但如果一定要说我有某些方面的特长，那么它应该是我与生俱来的责任感。由于这次面试的意外成功，我开始考虑是否要在6月毕业之前就做一份兼职。我最后决定了在3月入职，在接下来的4个月里兼顾学业和工作。在这期间，我还可以看一届我们本土巨星布特拉格尼奥（Butragueño）和马拉多纳参赛的世界杯足球赛。

英格列斯百货公司是西班牙零售商的领头羊［直到ZARA（飒拉）出现］，我被分到了公司行政部门，在这里工作了一年时间。但是，我觉得这份工作充其量只是在个人层面对我有所帮助，却不能让我学到更多的专业知识。英格列斯百货公司只安排大学毕业生做行政工作，这明显是有问题的，结果大学生们一个接一个地离职。无论如何，在职业生涯开始时做一些你不需要为此感激的工作，会让你更有能力面对将来可能发生的困境。但令我惊讶的是，很多人对一份简单的、不用动脑的工作竟能安心落意，他们有可能是在心甘情愿地做那些他们认为非做不可的事。但从事一份简单轻松的工作确实也是我后来在生活中承担过多责任的时候脑海里一闪而过的念头。

对于英格列斯百货公司本身，我没有太大发言权，毕竟我在那里仅工作了15个月，而且我所在的岗位也无法让我得知整个公司的情况。虽然如此，我还是能明显感知到这家公司存在的一些冲突，谁会想到有着光鲜亮丽的商铺和无可挑剔的服务质量的一家企业，其内部组织架构却如此陈旧过时且高度等级化。30年后，随着“百货商店”概念的人气在全球范围内急剧下降，这家公司很可能进行了变革，转向更现代的销售配送模式。

我从未把在英格列斯百货公司的这份工作看作我毕生的职业，我告诉自己这仅仅是我职业生涯停滞期的一种尝试。当为从事什么工作而感到迷茫的时候，我们可以试着跳出固定思维，想想做什么能改变自己的人生。这并不容易，我们必须从与以往完全不同的角度去思考，甚至主动去打破原先的计划。我就是如此，我选择了修读MBA，虽然从英格列斯百货公司这样的大公司跳出来去读MBA看似并不是什么翻天覆地的变化，但我之所以这么做仅仅是因为当我参观巴塞罗那的MBA校园时，一切都令我耳目一新。因此，我遵从了这份触动。

有很多迷茫的年轻人会问我，要不要去修读MBA，要不要考取CFA证书或者其他证书，我的回答是因人而异，我会帮他们分析他们的伴侣情况、组建家庭的意愿、对未来的清晰规划、当前工作状况以及财务状况等。而我当时的情况很简单：我单身，手头上的工作对我也相对缺少吸引力，我对职业发展还拿不定主意。就因为如此，所有的条件都指向我应该去修读MBA。

IESE商学院

1987年9月，在美国跨国公司NCR［全球第四大ATM（自动取款机）供应商］实习了一个夏季（我当时动了心要换工作，想入职NCR，但是已经被IESE商学院[①]录取）后，我启程前往位于巴塞罗那的IESE商学院

① IESE商学院（Instituto de Estudios Superiores de la Empresa）是西班牙顶级私立大学纳瓦拉大学下设的独立商学院。——译者注

修读MBA。IESE商学院不论在当时还是现在都算得上是全球最佳商学院之一。西班牙倒是有多所高水平的商学院，比如IESE商学院、IE商学院[①]及Esade商学院[②]等，要是其他大学也向它们学习就好了！

我很好奇我竟然要重新进行数学入学考试，不过我猜测其他科目我的成绩应该还不错，不然校方也不会录取我。后文也会提到，成功的投资并不需要优异的数理知识，需要的是掌握动态商业竞争的知识和一些基本的计算。

鉴于西班牙储蓄银行加泰罗尼亚分行与IESE商学院签有协议——为IESE商学院的学生提供财务支持（在评估学生未来收入潜力的情况下），我申请了一笔贷款，并在巴塞罗那落了脚。我很满意巴塞罗那的研究生生活——无论是商学院的制度体系还是主要由教授和来自20多个不同国家的学生构成的学习氛围。在这之前，因为考试轻松，我一直有点自负；而在这里，我有了完全不同的体会。我发现我的一些同学要么比我更聪明，要么至少比我更刻苦——以前，我总是给自己找借口，认为自己还没有全力以赴地拼过。这个借口在巴塞罗那没用了，在这里我确实拼尽了全力。

IESE商学院最终让我开始关注我的未来，让我意识到我必须走我自己的路，也让我意识到不论是在专业领域还是个人生活里，总是有比我优秀或者逊色的人。

MBA课程给我留下的另一个印记是质疑精神。这或许源于IESE商学院的主要教学方法（大量的案例分析研究，还有和同样受过高等教育的年轻人之间的讨论），这些方法教会了我用质疑的态度去审视问题，

---

① IE 商学院（Instituto de Empresa）于 1973 年创办于西班牙，坐落在西班牙首都马德里。——编者注

② Esade 商学院成立于 1958 年，校园位于巴塞罗那和马德里，是西班牙三大商学院之一。——编者注

从此我便能系统地运用这项品质。案例总是有多个解决方案，我们的讨论中也从未只有一种声音，没有人能确定自己是正确的，更不要说在一群可以立即推翻自己的人面前了。作为投资者，总有人跟我们说一些极具吸引力的故事，实际上他们是在兜售希望、未来和胜利，而我们的工作则是要精心挑选那些有价值的故事或项目。

1987年10月，我第一次经历了股市崩盘。有意思的是，当时的我还嘲笑我的室友是狂热的股民，视他为无可救药的投机者。显而易见，我那时候还没有展现出“金融奇才”的一点点迹象。很难想象我到底是如何走上和金钱打交道的这条路的，以及什么事促成了这种转变。

在巴塞罗那攻读硕士的两年里，我明确了一件事情，那就是分析工作与我的性格非常匹配。我感到非常幸运，我通过自我认知看清了自己的方向；而有些人则一直都在寻找自己的方向，从未认清自己。对我来说，摆在我眼前的东西已非常清楚，我不适合做销售或者成为领导，我更适合潜心学习、反思，并不断地阅读。换句话说，我更适合做分析工作。

贝斯因特投资公司

我的性格和能力似乎更适合做金融分析，但我仍不确定应该专注于哪一个具体方向，因为同样类型的金融分析也有不同的用途，比如，能够为收购或出售企业提出战略上的建议，股权投资（投资上市公司），等等。

必须有什么因素来推动我做出抉择，而局势往往影响着决定。

我从IESE商学院毕业后直接去了贝斯因特上班，这得益于两次好运的降临。其实之前我已收到了知名咨询公司——永道会计师事务所①

① 永道会计师事务所（Coopers & Lybrand）是普华永道的前身。——译者注

的录取通知，但是我还是参加了贝斯因特的面试，因为我意识到其他应聘者要提前庆祝学期结束而可能会放弃这场面试。

我非常低调地参加了面试，因为我不想给同学们留下不合群的不良印象，我应该向他们表明我对此面试其实并没有太大兴趣。而命运的另一个转折点是，永道会计师事务所向四个人提供了三个职位，以防备其中一个应聘者会退出，结果没有人退出。因为我是最后回复的，所以我被排除在外。这么说吧，在夏季的求职高峰期，我别无选择，只能接受卡洛斯·普拉多（Carlos Prado）和何塞·伊格纳西奥·本胡梅亚（José Ignacio Benjumea）的邀请，到贝斯因特担任投资分析师。实际上，这不是一个理智的选择。而在IESE商学院，我没有表现出足够的决心加入麦肯锡（McKinsey）、所罗门兄弟（Salomon Brothers）、波士顿咨询公司（BCG）或当时的任何其他大公司，虽然这些公司都是我们梦寐以求的。所以，我的决定受到了环境影响，我接受了与分析相关的行业提供给我的机会。

当时，贝斯因特还只是恩特卡那雷斯（Entrecanales）家族企业的多元化业务的一个分部。贝斯因特的办公区位于马德里市中心的“金字塔”大厦，建筑物的色调是红色（或者说红褐色）。虽然这里的办公氛围不太好，但不得不说，它在整体上还是给我留下了很深的印象。还有公司总经理本胡梅亚先生，他自始至终对我都是和蔼可亲的——这些年来他一直这样。我突然意识到，除了这些吸引力之外，贝斯因特的确是我心目中理想的公司：环境简单，但有着众多有趣的同事以及能对分析师提供审慎支持的健全机制。

我在贝斯因特的工作是协助分析公司潜在的多元化投资标的。当时，贝斯因特有三大项业务领域。一是多元化投资业务，旨在将家族企业经营活动产生的利润用于投资新业务。公司在该领域已深耕多年。二是股票经纪业务。当时，股票经纪业务刚被放开，公司也在这个领域崭露头角。三是投资组合管理业务。

1989年8月，我开始上班，这个时间点很特殊，东欧的极权主义政权开始瓦解。这是一个普遍乐观的年代，媒体报道了很多逃离者的冒险经历，而我们在办公室也通过电视密切关注着这些时事。东欧剧变的同时，西班牙正在高速发展以赶上加入欧盟的步伐。对于准备在事业上大展拳脚的年轻人来说，这是一个不错的时期。

在最初的几个月里，我尝试去调研市场，挖掘未上市的私人企业，为公司寻找投资机会，也给这些企业带来在证券交易所上市的机会。在没有明确指导的情况下，我被授以决定权，并且我的工作也非常灵活，我觉得可能是公司想搞清楚我的能力和潜力吧！事实上，我一点都不喜欢这份工作的商务谈判部分，因为需要打电话及上门推销。这说明了我缺乏对谈判的热情，而我对潜在的交易所进行的有限的研究无法弥补这个缺陷。

事实上，我还不清楚我的老板到底是谁，也没有人给我布置任务。我开始主动研究上市公司，同时向三个股票经纪人和小规模的股权分析团队提供他们需要的信息。可能正是由于这段经历，在以后的生活中，我总是强调在不受任何指导之下的主动性。在我必须与别的同事共事时，这也是我做事的风格。如果等着别人来发号施令，来指导你解决问题，那么等来的更有可能是戈多[①]。

我最初的研究和投资

1989年年底，我实地考察了阿塞里诺克斯公司（Acerinox）——一家不锈钢行业的领头羊，这是我第一次调研巨头公司。一直以来，它给

① 戈多（Godot）是小说《等待戈多》中的人物。——译者注

我的印象是一家非同寻常的企业。然而，我那时还非常谨慎，我给出的建议是“持股”。渐渐地，我认识到我能给公司的研究增加价值。正因为我没有明确的职责，空闲时间较多，于是我给自己提出了一个挑战，就是熟悉西班牙的每一家上市公司。

当时，西班牙国家证券市场委员会（CNMV）出版了一本刊载了所有上市公司季报的书，我把书上列出的所有公司都看了一遍。我记得第一家是艾格如弗斯（Agrofuse）——一家从事农业的公司，我们也从未投资这家公司。1990年这一整年，我都在干这件事情——研究上市公司（我以阿塞里诺克斯公司调研报告为例，见表1–1），万幸我没有来自老板的压力，也不用担心短期业绩情况。

表1–1　阿塞里诺克斯公司调研报告

贝斯因特 投资公司	卡斯特亚纳大道 31 号 28046，马德里 传真：4195781 电话：4195663 座机：4198162
阿塞里诺克斯公司调研报告（持续更新）	上期报告：1988 年 1 月

阿塞里诺克斯公司（更新）上期报告：1988 年 1 月

日期：1989 年 11 月 30 日

价格：13.050 比塞塔，1989 年 11 月 30 日

集团合并报表	**1987 年**	**1988 年**	**1989 年（预测）**	**1990 年（预测）**	**1991 年（预测）**
销售额（亿比塞塔）	465.09	766.60	850.00	1 012.00	1 165.00
股本（亿比塞塔）	60.50	73.23	86.39	86.39	86.39
净利润（亿比塞塔）	50.78	103.06	86.00	141.00	167.30
净现金流（亿比塞塔）	121.88	163.47	126.00	186.00	212.30
每股收益（比塞塔）(*)	625	1 286	995	1 632	1 937
每股自由现金流（比塞塔）(*)	1 684	2 039	1 459	2 153	2 457
股息总额（比塞塔 / 股）	182	200	200	225	250

（续表）

集团合并报表	1987年	1988年	1989年（预测）	1990年（预测）	1991年（预测）
市盈率（*）	20.9	10.1	13.1	8.0	6.7
股价现金流比率（*）	7.7	6.4	8.9	6.1	5.3
股息收益率（%）（*）	1.4	1.5	1.5	1.7	1.9
市场总值（亿比塞塔）	1 127.38		市净率		2.2
近12个月					
报价分布（%）	95		最大值（%）		1 860
平均每日交易量（股）	14 762		最小值（%）		1 067.5

（*）股权发行调整后的数据。

利润表（亿比塞塔）

	1987年	1988年	1989年（预测）	1990年（预测）	1991年（预测）
销售净额	465.09	766.60	850.00	1 012.00	1 165.00
销售成本	207.49	409.34	535.50	617.00	699.00
毛利	257.60	357.26	314.50	395.00	466.00
人工成本	48.37	58.31	65.00	74.00	81.00
其他成本	62.17	70.32	78.00	85.00	92.00
折旧	71.10	60.41	40.00	45.00	45.00
计提减值损失	1.12	24.69	4.00	5.00	6.00
汇率变动	1.02	（5.71）	—	—	—
其他业务利润	4.94	4.79	5.00	25.00	5.00
息税前利润	80.80	142.61	132.50	211.00	247.00
利息支出	19.38	8.59	13.00	10.00	8.00
税前利润	61.42	134.02	119.50	201.00	39.00
所得税	10.64	30.96	33.50	60.00	71.70
净利润	50.78	103.06	86.00	141.00	167.30
净现金流	121.88	163.47	126.00	186.00	212.30

1990年年初，我在《商业周刊》上看了一篇对《彼得·林奇的成功投资》的书评。没错，从大学开始我就坚持在看这份杂志。林奇的这本书解释了价值投资（或明智的长期投资）的基本原理。事实上，我始终认为这本书是如此的完整和清晰，以至很难再在其基础上增加新内容。

价值投资的目的就在于能够长期开展理性的投资行为，要去分析标的公司产生未来收益的能力，并为这些公司提供有竞争力的报价。虽然这听起来像是所有投资者都清楚的逻辑，但是其实他们也并没有按这样的逻辑去投资。所以，实际上价值投资者就只是理性的投资人而已。

也多亏了林奇，他让我了解到其他投资大师：本杰明·格雷厄姆、沃伦·巴菲特、菲利普·费雪、约翰·邓普顿等。我还写信到奥马哈市，我得到了所有已刊出的沃伦·巴菲特写给股东的信件。我始终认为，巴菲特这种永不过时的智慧对研究生来说，是除了修读MBA以外最好的了解商业世界的教材。不论是从专业角度，还是他本人的角度来说，巴菲特的智慧都是非常值得借鉴和学习的。

1990年无疑是我成为投资分析师和投资经理关键的一年，原因可以归纳为以下五点。

1. 我找到的工作与自己的关键性格特征——分析能力和耐心——相吻合。对我来说，这是一个相对快速而清晰的过程。
2. 与我共事18个月的上司桑托斯·马丁内斯–孔德（Santos Martínez-Conde）在1991年1月离职，研究主管的职位就空了出来，我因此主动提出接替该职位。桑托斯现在是阿尔瓦公司（马奇家族企业的投资控股公司）的首席执行官，虽然他在离职之前并不熟悉美国投资大师的投资逻辑，但他具有非常清晰的“价值”分析理念，对所有的投资机会都采用了最基本的投资估值方法。
3. 我可以根据自己的兴趣自由选择标的公司并按照自己的节奏进行研

究。后文会提到，这一点和我之前的教育所得相辅相成。

4. 我发现了彼得·林奇、沃伦·巴菲特和其他投资大师的智慧。
5. 我第一次设身处地地感受了波动率和不确定性。那是1990年8月2日，伊拉克入侵科威特，引发了一场波及全球市场的危机。标准普尔500指数（S&P 500）在3个月内暴跌了20%，从7月的高点跌至10月的低点。事实表明，这段不确定期却是买入股票的最佳时机。1991年1月17日，以美国为首的多国部队向伊拉克发起大规模空袭，随后股价上扬，不到一个月就恢复了入侵前的高峰。正如传统投资者所坚持的那样，利用坏消息买入是利用"不确定性"的最佳手段。

关于"价值投资"的逻辑，我在工作中能切实感觉到西班牙与美国之间的差距。西班牙的股票市场受大型银行和接替各个老股票和交易经纪公司的新公司控制，尤其受到西班牙AB投资咨询公司（Asesores Bursátiles）和FG投资咨询公司（FG Inversiones Bursátiles）这两家公司的控制。在这样的情况下，明智的资金管理是极其缺乏的。

以上几点为我的投资实践奠定了基础。这些经验一直伴随着我，直到现在，我也没有理由去质疑这些宝贵的经验。我本可以为这部分经历添砖加瓦，着力描述我的困惑不安以及事业的跌宕起伏。但是，我不用这样做，因为这一年的经历很快就解决了我在上班之前的疑惑。这样说来，我就是司汤达笔下的"少数幸运儿"——26岁就已经对长远未来有了一个清晰的愿景。

当年轻人问我如何开启投资生涯时，我总是告诉他们必须从眼下开始。他们有两种选择。第一种选择是市场上的一些宽厚的企业家愿意提供与投资分析或管理相关的工作机会。一份对口的工作会让一切变得容易，前提是不要养成坏习惯，因为一旦养成这些坏习惯，我们在日后就很难将其改掉。第二种选择则更有可能发生，那就是自学。做其他工作来养活自己，同时学习如何在业余时间正确投资。这听起来很难，但好在我们能在当今社会找到很多资源来自学。

我就非常幸运，我在贝斯因特的一年里介于这两种选择之间，我拿着薪水，也有权自主选择想要研究的东西。但其实，不管是哪种情况，关键在于从一开始就建立起自己的投资组合。投资额度是无关紧要的，更重要的是能够找到一个适合自己的有效投资节奏，并且最好是可行的。如果我们连自己都不相信，那么我们怎么去说服别人给自己一个机会呢？

我职业生涯另一个重要的里程碑是1990年2月，当时我买了第一只股票，这在以前是我从没想过的。前文也提及，我不像其他投资人，我从小就没什么商业头脑。相反，我觉得遥远的商业世界充斥着投机者，而我的世界却是属于读书人的。我买了桑坦德银行的股票。当时，这家银行的情况比现在好分析多了，这得益于其激进的商业政策。这家银行在西班牙的业务增长很快。那一年，它发起了第一场名叫“超级账户”（superaccount）的存款战，还进行了一次小规模的海外“突袭”。当时，它的交易价格很合理——只有9倍市盈率，并没有反映其过去或未来的盈利增长能力。我记得整个上午我都很紧张，直到订单最终得以确认。这是一个很小的订单——只有50股，但它标志着我生命中的一个转折点（此外，这也表明，尽管我在1998年至2012年没有投资银行股，但从这件事上看，我并不排斥投资银行股）。

我无法想象一个研究市场、提供买方建议和进行财富管理的金融从业者，会不愿意成为他所看好的公司的股东。至少我愿意，当我研究了一家公司时，如果我看好这家公司，那么我根本无法克制住要买进其股票的冲动，哪怕只买一点点。

有时会有法律上的限制，但你的操作只要是透明的，就不会有问题。后来，有了免税基金转换，我投资组合的侧重点就逐渐偏向基金，这是符合逻辑的（在那之前我担心，如果我被贝斯因特炒鱿鱼而要换公司的话，那么在出售基金时，我需要缴纳相应的资本利得税）。

第一次投资就意味着建立股票投资组合过程的开始。柏林墙倒塌，西班牙加入欧盟，市场环境一片乐观，这是非常理想的投资时点。适中的价位也意味着我可以以合理的价格购买到优质资产。我甚至开始考虑利用融资去投资。我算了算我在接下来的两到三年里的储蓄能力，我还要偿还在IESE商学院读MBA时向西班牙储蓄银行申请的助学贷款。此外，我又借了三笔款，每笔价值100万比塞塔（6 000美元）——借款方分别是我的父亲、朋友米格尔·德尔·列戈（Miguel del Riego）以及银行。

这是我仅有的一次举债投资，好在我没有家庭负担，我还有两位非常灵活的支持者。保守来看，我的可支配收入能够支撑起贷款。我总是告诫人们在负债时一定要倍加谨慎，当然也有例外，但前提一定是我们能够在非常负面的情况下——比如资产损失超过50%——仍能够积极履行还款义务。

我将这笔钱以小额分散的方式投资到不同的西班牙股票上：恩斯[1]、塔飞萨[2]、日产伊比利亚汽车公司（Nissan Motor Ibérica）、斯瓦萨[3]、印加萨纺织（Inacsa）、帝陀（Tudor）、法莎雷诺（Fasa Renault）等。作为一个散户的好处就是，我可以用很少的钱就持有对一组股票有影响的仓位。通过这个投资组合，我确信了一点，我喜欢理财，并且我能把它做得相当好。我犯过一个非常严重的错误，很幸运我亏损得不是太多，也

---

① 恩斯（Ence）是西班牙的一家纸浆和木材公司。——译者注

② 塔飞萨（Tafisa）是国际大众健身体育公司。——译者注

③ 斯瓦萨（Cevasa）是私人开发政府补贴租赁住房的先驱。——译者注

没有影响到自己的信心。这个错误就是日产伊比利亚汽车公司。

日产伊比利亚汽车公司是日本跨国汽车制造商日产汽车在西班牙的子公司，它在汽车制造领域极负盛名，它的汽车在西班牙生产并销往欧洲各地。在学习了林奇的著作后，我相信自己对如何按照行业周期进行投资以及如何识别成长型公司已经有了很深的理解。在我看来，日产伊比利亚汽车公司是一家从西班牙逐步扩张到整个欧洲的成长型公司，尤其是即将上市的乘用车车型将推动其扩张进程。附带一提，日产在欧洲的乘用车市场渗透率极低，该公司最近的业绩记录也足以支持这一增长理念。

但是，在1992年巴塞罗那奥运会和塞维利亚世博会后，西班牙经济开始放缓，周期性股票大幅下挫。日产伊比利亚汽车公司作为我心目中理想的成长型公司，其汽车销量暴跌，其股票变成了很普通的周期性股票。

在1990年和1991年的日产伊比利亚汽车公司股价下跌期间，我还在增仓，日产伊比利亚汽车公司的股票一度达到我个人投资组合的40%（见表1–2）。后面也会提到，在股市暴跌时增仓是投资者需要做的最艰难的决定之一，因为有时候，股价真的很难完全从低谷中复苏。尽管如此，但对于情况一直在周而复始地变化的周期性企业的股票来说，如果我们坚持买入的话，那么这通常会有不错的结果。

表1–2 我投资日产伊比利亚汽车公司的仓位变化和损失

买入

日期	股数	每股价格（比塞塔）	总额（比塞塔）
1990年4月18日	100	814	81 400
1990年12月10日	400	378	151 200
1990年12月27日	500	339	169 500

（续表）

买入			
日期	股数	每股价格（比塞塔）	总额（比塞塔）
1991年2月18日	700	495	346 500
1991年2月19日	50	500	25 750
总计	1 750		774 350
日期	股数	每股价格（比塞塔）	总额（比塞塔）
卖出			
1994年1月27日	1 750	260	455 000
损失：319 350			

注：加上三年牛市的机会成本，投资日产伊比利亚汽车公司的亏损占了总投资额的40%。

日产伊比利亚汽车公司最后因为出了大问题几近破产，其母公司在1994年进行了一次救助性收购，这才使得我的损失控制在最初投资的50%左右。

我从自己超配日产股票的投资组合中学到了一个重要的教训：即使当我们完全被自己的信念说服时，我们也可能犯错，这也就显得分散投资是格外重要的。还好我在其他投资上的成功，能够充分弥补日产伊比利亚汽车公司带给我的损失，也没有让我对自己选择股票的能力失去信心。

彼得·林奇

《彼得·林奇的成功投资》是我开始学习投资最为重要的阅读资料，它教会我如何使用非常有用的工具，也帮助我巩固了许多当时还处于萌芽状态的观点。我也通过林奇先生认识了沃伦·巴菲特、约翰·内夫、约翰·邓普顿等顶级投资人。

在此值得简单总结一下我从林奇的书里学到的10点通用知识：

1. 投资你熟悉的领域。虽然这是老生常谈，但我们需要不断重申。林奇说过，一个非投资专业人士可以在购物中心闲逛，然后发现有好货的商店。或许这些公司是上市公司，并且交易价格很不错。我投资的印第纺织集团（Inditex）就是一个很好的例子，这家公司曾经是我忽视和错过的最好标的，尤其是考虑到我就出生在离这家公司总部30千米的地方。
2. 投资专业人士受制于巴菲特所谓的“机构强制力”——我们倾向于效仿大多数人的做法来将我们自己的风险降到最低水平，而非客户的风险。在我的一生中，我目睹了这种情况发生在董事长、总经理、政治家、一般人等很多人身上。套用凯恩斯的话（他偶尔也会说些明智的话），我们宁愿一起犯错，也不愿成为唯一对的人。
3. 股票投资是一场有风险的游戏，在概率论的作用下，知识可以实现合理分配，从而降低股票投资的风险。还有一些赌徒，他们通过努力，甚至能够将概率转化为对自己有利的因素，并持续获得不错的回报。作家查尔斯·布考斯基（Charles Bukowski）在赛马方面就是一个很好的例子。
4. 你必须进行自我分析。问问自己有房子吗？需要钱吗？有投资的技能吗？这些问题的答案并不像说起来那么简单。买一套房子是人生具有里程碑意义的事，虽然从长远来看股票确实表现得更好，但房子却是一种我们熟悉并且知道如何估值的资产（暂时不考虑房地产泡沫）。我会在第五章中对此进行更详细的讨论。不用解释，人们都会将暂时闲置的储蓄拿来投资，这也是规避市场波动的唯一方法。稍后我也会讨论投资所需的技能，但我只能说这是最难回答的问题，在某些情况下需要数年时间才能得到答案，更多时候这个问题没有答案，或者答案是错误的。

5. 没有必要去预测经济或者预测短期内的市场情况，除非出现特殊情况。在投资公司的时候，更重要的是去分析公司的质地和股价，这能使我们避开短期投机行为，从而专注于真正重要的指标。
6. 不同类型的公司必须进行区分。公司可以用不同的方法进行分类，林奇的分类方法非常有用，他将公司分为缓慢增长型公司、稳定增长型公司、快速增长型公司、拥有隐性资产的公司、转困型公司和周期型公司。这显然是一种简化过的分类方法，还有些公司属于两种或多种不同的类别，但这样分类是区分不同类型公司很好的起点。对于不同的公司，我们都需要采取不同的方法，我们的预期也应相应地做出调整。
7. 理想公司的几个特征是：没有热点，没有分析师的持续关注，也没有机构投资者；没有增长，却有被重复购买的产品；拥有技术含量；员工持有公司股份。

   当然，如果一家公司的股票满足了这些条件，我们对其进行投资就很容易赚钱。烟草公司的股票就是一个典型。
8. 与上述“没有热点”的公司相反，我们要尽量避开诸如新成立的“微软”或新成立的“可口可乐”，这些公司以不切实际的营销或当月新话题为卖点，轻易就能够实现多元化经营。
9. 公司盈利与股价之间存在一种特殊的长期相关性。林奇在书中以图表的形式进行了非常简单的阐释。
10. 林奇最厉害的一点是他的“鸡尾酒会”理论。随着市场股价的上涨，鸡尾酒会或晚宴上的客人会对基金经理更感兴趣，向其讨教投资技巧。但当市场处于非常活跃的状态，股价接近生命周期的顶部时，客人们便开始推荐他们自己的想法，这些想法或许已经成功了一段时间。然后当市场崩盘时，这些客人就消失了……直到新的周期开始。

我们或许都在酒吧里经历过类似彼得·林奇所说的情况，而值得庆幸的是，我们未来仍会经历。

在图1–2中，林奇解释了公司盈利与股价之间的关系，完美阐释了长期股价是如何反映出盈利增长的。我们也尝试由此做出西班牙公司的图表（见图1–3 ~ 图1–5）。

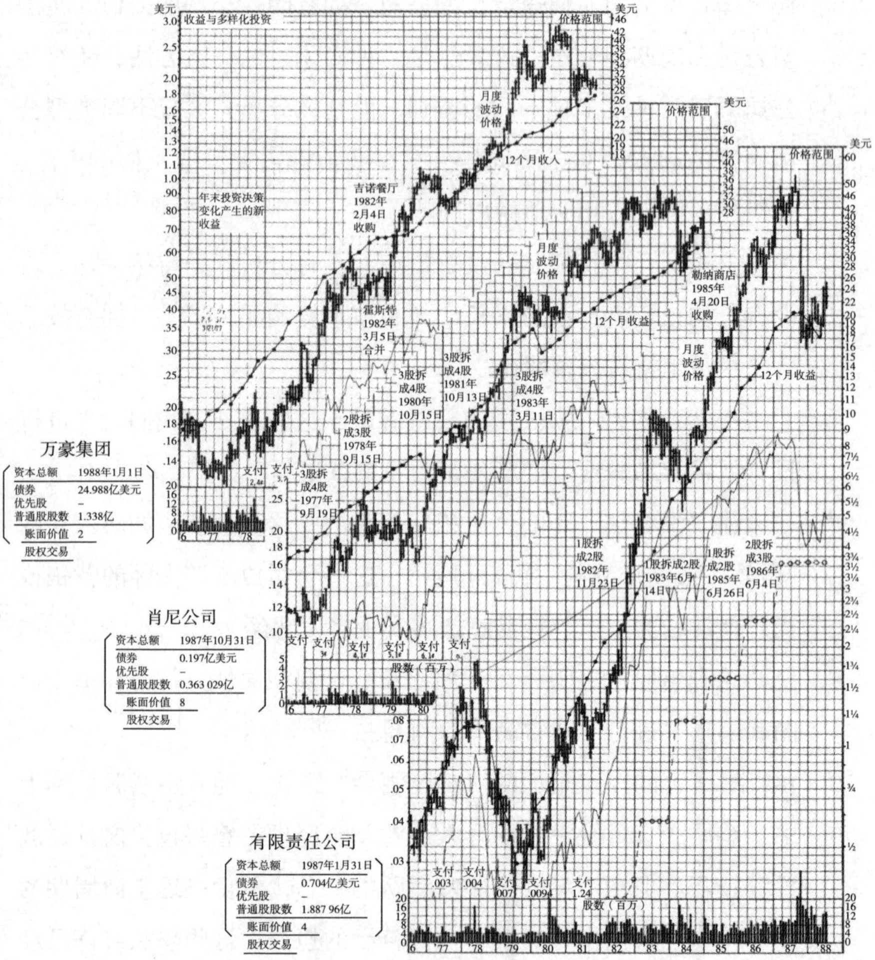

图1–2 彼得·林奇解释公司盈利与股价之间的关系图

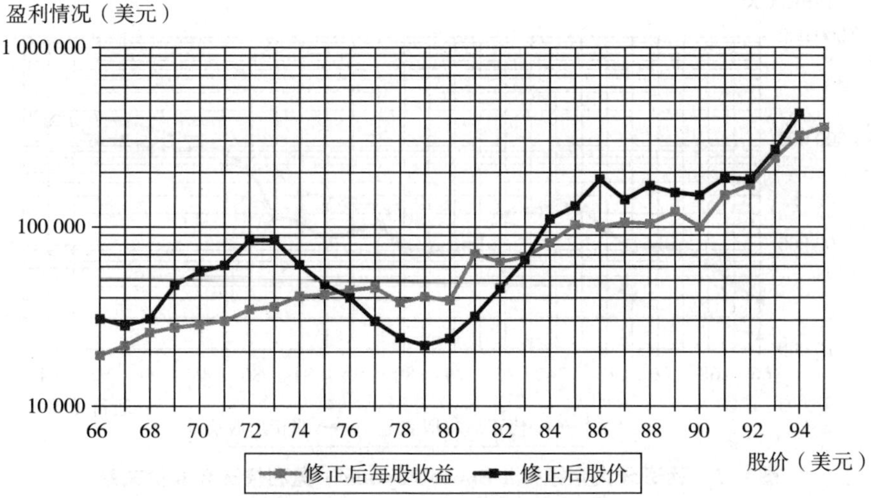

图1–3　葡萄牙电力公司在西班牙的子公司（Hidrocantábrico）盈利情况与股价关系

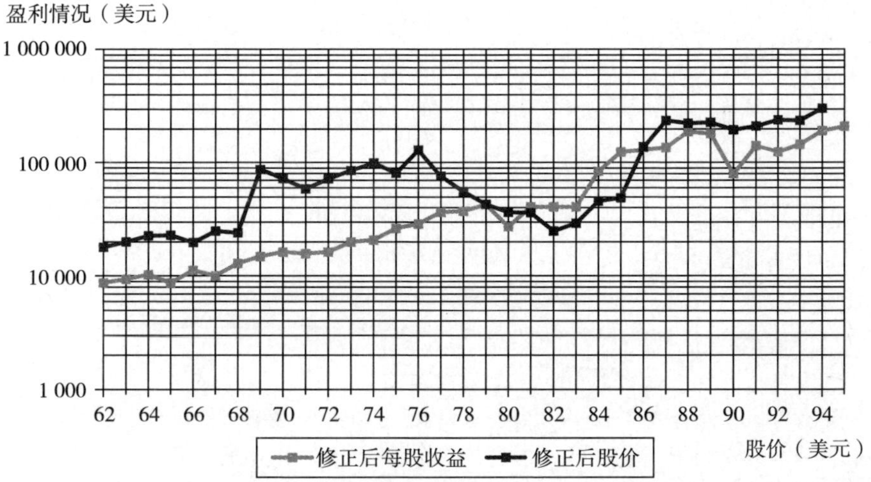

图1–4　西班牙石油公司赛倍飒（CEPSA）盈利情况与股价关系

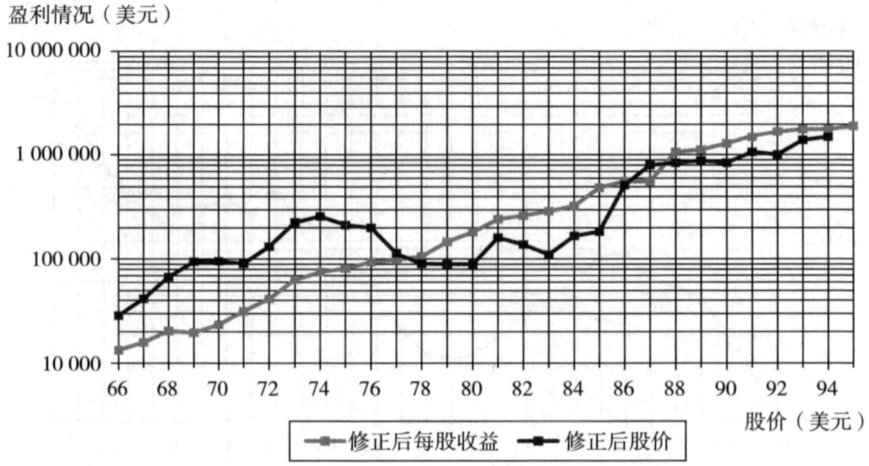

图1–5　西班牙大众银行（Banco Popular）盈利情况与股价关系

第二章　单打独斗（1991—2002）

1991—1998年：牛市试水

1991—1998年，贝斯因特也在进行人事调整。1990年，我们的多元化投资模式开始失去动力。1991年年初，由何塞·伊格纳西奥·本胡梅亚领导的团队加大力度，成立了一个由洛克菲勒基金会（Rockefeller Foundation）作为投资人的私人权益投资项目。豪尔赫·马泰克斯（Jorge Mataix）和路易斯·加瓦尔达（Luis Gabarda）作为联席投资总监留了下来。投资组合管理主管桑托斯·马丁内斯-孔德也随同入职。我鼓起勇气向两位联席总监毛遂自荐：负责管理贝斯因特的投资组合。

在花了一年时间研究西班牙股市，并分析了众多关键板块之后，我觉得自己有能力应对这一挑战。没记错的话，我刚开始负责管理的资金并不算多，让新人负责200万或300万欧元的投资并不完全是荒谬的。如果金额再大一些，那么他们肯定不会委托我管理基金了，毕竟当时我才27岁，只有一年的工作经验。

尽管何塞·玛丽亚·恩特卡那雷斯（José María Entrecanales）觉得

我少不更事，不能胜任这份工作，但最后他们还是妥协了。于是，自1991年起，我开始从事资产管理工作。

1991年，我们发行了第一只基金——泰百基金（Tibestfond）。这是一只现金型基金，规模不大，后更名为贝斯因特固收（Bestinver Renta），这只基金为公司流动性资产提供了另一种不错的投资选择。我们主要通过委托或私人投资组合来管理股票。起初，它们只是少数几个投资组合，几乎没什么资金，也很难引起公众注意。

1993—1994年：股市沉浮（或逢高退出……）

1992年年底，我们发行了贝斯因特基金，之后这只基金的回报率是全欧洲最高的。起初，这是一只家族基金，仅专注于西班牙股市，但随着时间的推移，其高额回报率逐渐吸引了外部客户。按这样的趋势发展，10年后这只基金将会成为我们心目中理想的西班牙股票和全球股票的投资组合。

接下来的这步至关重要，也需要我们更加谨慎行事。通过三年股票分析，以及对巴菲特、格雷厄姆等大师的投资策略研究，再加上对市场的历史研究，我基本上确定了自己的投资风格。但是，我必须说服投资者接受我的风格，同时必须避免严重的错误。总体来说，我的投资策略是寻找冷门股，买入被市场冷落的潜力股，而不去过多担心总体经济或股市的短期走势。

值得记住的是，在过去的10多年里，全球股市一直在上涨。这一过程始于20世纪80年代初，当时美联储主席保罗·沃尔克（Paul Volcker）一劳永逸地遏制住了美国经济的恶性通货膨胀，开启了经济稳健增长的态势。1987年10月的股灾虽然导致美国及全球股市大跌，但这是短暂的，也没有给国际市场造成长期损害，股指在一段时间后又继续上涨。

然而，自1987年以来，西班牙股市表现得并不稳定。西班牙经济多年来经历了不协调、不稳健的增长，在1992年冬季达到顶峰。随后，在1992年年底至1993年，由于前几年过度消费的后遗症，经济衰退出现。1993年5月，比塞塔短期内连续三次贬值。随着外部环境的逐步改善，西班牙经济才得以复苏。

在这样的市场条件下，我们还算是幸运的。几年市场波折之后（第一次海湾战争又加剧了这一波折），西班牙股市在1992年12月回到了1987年12月的指数点位，但比1989年的峰值还是低了35%。当一个市场长期停滞不前时，它往往是在储备能量。此时，大盘股以及银行、电力行业等大公司的股价都极具吸引力，因而我们完全没有必要去专注于小公司，即使这些公司能够提供更高的价值，但这往往需要我们向客户耐心解释。同时，我们知道，西班牙电信公司（Telefónica）出现的问题显然与一家不知名公司出现的问题不可同日而语。

贝斯因特基金最初的投资组合中有超过70%的资金投资于大盘股（见表2–1）。对西班牙电信公司、毕尔巴鄂–比斯开银行（Bilbao-Vizcaya）、桑坦德银行（Santander）、西班牙洲际银行（Bankinter）及伊贝德拉电力公司（Iberdrola）的投资几乎占了50%的权益投资总额。尽管如此，我们也开始挖掘一些优质小盘股，这些小盘股会随着时间的推移成为我们表现最佳的股票，比如维斯科电子（Electra de Viesgo）、科尔特斯庄园（Hullas del Coto Cortés）、韦德瑞拉包装（Vidrala），当然还有阿塞里诺克斯公司。

1993年，全球股市普遍上涨，西班牙的市场表现也异常出众。在西班牙大幅降息的作用下，西班牙证券交易所综合指数（IGBM）上涨了46%。在不到12个月的时间里，西班牙国债收益率从13.5%跌至7.75%。贝斯因特基金在这段时间内有不错的收益，收益率上涨了44%，尤其是考虑到前三个季度我们有接近50%的高流动性。[①]我们在1992年年底的时候降低了部分流动性，持有70%的仓位。在股价持续上涨的情况下，基金不可能满仓，而追涨通常都是不明智的。

表2–1 贝斯因特基金最初的投资组合（1992年12月31日）

股票	投资额（比塞塔）
西班牙洲际银行	18 495 840
毕尔巴鄂–比斯开银行	47 268 000
帕斯托尔银行	10 764 000
西班牙大众银行	10 780 000
桑坦德银行	34 872 797
西班牙国家电力公司	8 308 000
坎塔布里亚电力公司	11 407 500
伊贝德拉电力公司	16 900 000
西班牙联合电力公司	3 888 750
维斯科电子	6 842 750
康博菲尔食品公司	2 550 000
依博罗阀门	3 792 000
澳马建筑	1 950 000
埃塞萨公路	17 100 000

① 流动性是指证券投资基金中未投资于股票的现金或短期国债的比例。当时，我还没有完全意识到流动性风险，那段时期流动性资产的年回报率大约为10%，这是相当不错的水平。此外，我们的基金往往只在非常短的时期内具有高流动性，因而能适应市场变化而随时进行再投资。

（续表）

股票	投资额（比塞塔）
艾尔巴金融	3 750 000
韦德瑞拉包装	4 500 000
库贝塔斯	31 955 000
麦托瓦西地产公司	5 700 000
阿塞里诺克斯公司	1 533 600
科尔特斯庄园	10 603 800
因多眼镜	3 000 000
塔巴卡乐拉雪茄	12 090 000
西班牙电信公司	30 780 000
权益投资合计	298 832 037
国库券	1 960 094
债券回购	252 277 797
公开市场债券投资合计	254 237 891
国内投资组合合计	553 069 928
投资组合原始成本	582 224 810
投资组合市值	553 069 928

资料来源：西班牙国家证券市场委员会。

通常在牛市中想要跑赢大盘，难度非常大。我们所投资的一半股票都能够和基准指数持平，实现了市值的强劲增长。对于一只公募股票基金第一年的投资成果来说，我们旗开得胜。1993年年底，我们将大盘股的持仓比例降至40%。也差不多在这个时间，我们开始投资一些老牌企业，如依莱克诺工程公司（Elecnor）、雪铁龙、灵格斯汽配（Lingotes）以及利维尔办公用品（Unipapel）。那一年，部分公司股价上涨超过了100%。

1994年，艾伦·格林斯潘（Alan Greenspan）突然调高了美联储基金利率，这使得股市经历了艰难的一年。在这一年刚开始时，我们采取了保守型投资组合，然后趁着2月以来股市的最深跌幅，增加了对股票的投资比例。同年第二季度的股票投资占比超过90%，下半年甚至达到了95%。

西班牙证券交易所综合指数在1994年跌了11.7%，但是贝斯因特基金的市值却上涨了5.28%，成为当年西班牙表现最好的共同基金。这一年，大盘股遭受的损失最大，但我们的基金中大盘股投资比例较低，使得我们的投资组合遭受的影响不大。然而，桑坦德银行、毕尔巴鄂–比斯开银行、西班牙大众银行、西班牙对外银行和西班牙洲际银行等银行仍占当年投资组合的30% ~ 40%。当在2016年回顾以往，再加上我对投资理念有了更深的理解时，当年这种投资组合似乎有些奇怪，但在当时随着欧盟稳步前进以及1992年签署的《马斯特里赫特条约》（Maastricht Treaty）的利好影响，西班牙的经济增长前景非常强劲，投资银行股是一个抓住机遇赚钱的有效途径。

1994年可谓是关键的一年，我们的基金在市场上的表现证明了：无论是在1993年的牛市，还是在1994年的熊市，基金都能够持续赢利。每当潮水退去时，我们也不会放松对出现裸泳状态的警惕，就像巴菲特对投资者的警告那样。股市走高，基金上涨；股市走低，基金也能保持上涨态势。因此，我们拿到了我们的第一个基金管理奖（见图2–1），潜在客户在此时也开始注意到我们，我们的净资产价值（NAV）和基金业绩每天都会刊登在西班牙主流财经报刊上。

这两年增强了客户对我们的信任，尤其是最重要的客户——恩特卡那雷斯家族，这为我们在未来20年里渡过难关奠定了坚实的基础。

图2-1　我们团队的第一个基金管理奖

1995—1997年：情绪高涨

1995年至1997年年底，市场在这三年里表现得牛气冲天。海湾战争的爆发暂时对冲了柏林墙倒塌所带来的利好。随着战争阴霾散尽，市场经济迅速在全世界传播。这段时间内几乎没有什么重大不确定性因素，我们也赶上了这轮始于20世纪80年代初长达20多年牛市的灿烂“秋天”。

这个正向经济周期始于英国和美国开始采用自由化经济政策。在多灾多难的20世纪70年代过去后，英国和美国政府最终都选择了告别扩张性财政政策（此前，随着越南战争和约翰逊总统“伟大社会”计划的实施，以及受到英国在战后实行国有化带来的“不满之冬”事件和英国向国际货币基金组织的贷款诸多负面影响，扩张性财政政策在英美两国达到高潮）。而且，这种自由化的意识逐渐在西方国家蔓延开来（法国总统密特朗的经济政策的180度大转弯便突显了这一点）。

其实，1995年第一季度的股市是呈现下跌趋势的。在西班牙政局不稳定的背景下，由政府支持的“盖尔事件”（GAL plot）肆虐全国，加上比塞塔再次贬值，最终导致西班牙证券交易所综合指数下跌了5.66%。但在6月，由于美联储再次降息，市场迎来了激动人心的36个月上涨。西班牙证券交易所综合指数从1995年3月31日的268.85点跃升至1998年3月31日的888.67点，在三年内涨了两倍多。

虽然自1989年以来，股市波澜不惊，很多年没有像样的牛市了；但自1980年以来，随着西班牙开始摆脱20世纪70年代的经济危机，马德里股市的市值在20世纪80年代却增加了12倍。总而言之，这是股市无与伦比的三年。2016年6月，西班牙证券交易所综合指数也仅为780点，此时市场的低迷虽然在一定程度上要归咎于银行业危机，但股市极高的起点——源于之前的价格上涨——也制约了股市未来进一步的发展。

尽管我们的收益低于整个市场的表现，但我们的投资组合在这三年牛市中却战果辉煌，获得了惊人的绝对回报，资产净值增长了两倍。但正如我已经提到的，当市场快速上涨时，要想跑赢大盘就变得很难；相反，从市场下跌中创造相对价值却是比较容易的。

不过，有必要指出的是，我们基金价值的增长是在流动性水平较高的情况下创造出来的，流动性大概维持在25%。这样做能够让我们所获得的回报更有价值，但也表明我们面临着许多不确定性。而事实上，一方面，不断攀升的股价使我们在这段时间不得不继续增加流动性；另一方面，我们也想方设法地把全部基金资产投入股市，到年底，流动性被控制在19%。在股市继续上涨期间，我们就维持着这个比例，最多只增加了一点点。

随着逐渐减少对大盘股的投资，我们的投资组合正在发生轮转换仓。到1996年年底，大盘股仅占投资组合的20%。而与此同时，我们增加了对次级股票的配置。比如，维斯科电子、库贝塔斯、费庞莎

（Fiponsa，西班牙金融投资公司）、OMSA服饰、列车制造商CAF、英国石油公司（我们投资的是英国石油公司在西班牙的子公司。说来奇怪，我们收到两次收购要约，并参与了第一次，随后进行了回购。之后，英国石油公司发起的公开市场收购，我们也参与了）。

1996年12月，美联储主席艾伦·格林斯潘就股市的“非理性繁荣”发表了著名演讲——前几年股价的上涨意味着目前股价已经被过度高估。而在接下来的几个交易日，股市应声而落，但之后又收复失地。

西班牙自1979年向民主国家转型以来，在1996年大选中首次出现了中右翼掌权的局面。欧洲货币联盟的第一阶段的启动也在此期间越来越明了，这无疑又一次刺激了股市。

1997年，我们一直将流动性保持在30%左右的较高水平。我们也逐渐卖空了所持的大盘股，包括桑坦德银行及雷普索尔石油公司（Repsol）等股票。这一年，我们继续将注意力放在被落在后面的中型股，特别是增加了对西班牙联合电力公司和西班牙国家电力公司的投资，这两只股票都是典型的防御型电力股。卖出桑坦德银行的股票对我来说是个沉痛的时刻，毕竟这是我在1990年买的第一只股票。7年后，新的市场价格反映了其长期赢利的能力。我开始对这只银行股的股价持保留看法，时至今日，将近20年过去了，这家银行的股价仍在原地徘徊。

此时，市场上并没有看到任何危机来临的迹象。只是在1997年年底（当时我正在意大利度蜜月），确实有一些无关紧要的征兆出现在东南亚地区，但市场对此并没有做出反应。20世纪最大的牛市已经持续了15年，似乎并没有什么可以阻挡它继续上涨。

1998年：周期结束

渐渐地，我们认识到一个现实：我们现在正处于一场风暴之中。对于所有明智的投资者来说，这都会是其投资生涯中最糟糕的时刻，这也意味着长期牛市的终结，之后发生的许多事情也确实印证了这一点。

在1998年第一季度，西班牙证券交易所综合指数增长了40.9%，而贝斯因特基金则增长了22.12%。经过两年合计41%的增长之后，西班牙证券交易所综合指数在一个季度内再次增长40%！我不确定股市历史上是否有类似情况发生，当时我觉得这完全是涨疯了。

我们在这段时间里持续抛售股票，此举使得流动性在第一季度结束时攀升至32%的水平，我们从未（除了基金刚设立的一段时间）持有如此高的流动性。

因此，我们开始思考为何我们的回报大大低于市场——这也是我们第一次真正审视自己的投资方式。事实上，1998年年初，我们就已经开始与一些客户产生分歧。在市场上能自始至终地秉持一种投资理念并不容易。许多投资者已经从自己的投资中获得并持续获得可观的回报，因此他们认为我们是错误的一方。正如彼得·林奇在他的"鸡尾酒会"理论中所言："这段时间应该是客户告诉你如何投资。应对周期末端普遍存在的狂热的唯一方法就是时间和耐心。"

这里所说的耐心，不仅仅是等待我们所投资的股票上涨，更多的是能够耐心等待高价股票调整至更具吸引力的价格区域。这种等待更加艰难。

我觉得有必要在这段时间去拜访一些客户，我要向他们解释现在是投资非常关键的时刻，需要采取最大限度的防御措施。我觉得这么做能够让客户对我们的基金感到放心。虽然一些客户最终还是抛售了我们的基金，但这也是我第一次在外部非理性因素面前坚定自己的投资理念。

到1998年夏天，我们的基金已经具备了非常高的流动性，约占基金份额的31%（见表2–2）。事实上，如果我们没有投资恩德萨电力公司（Endesa）的子公司的话，那么我们的流动性会超过60%。

表2-2　贝斯因特基金投资组合（1998年6月30日）

股票	投资额（万比塞塔）	占比（%）
列车制造商CAF	27 600	2.54
维斯科电子	103.7	9.54
西班牙联合电力公司	108.2	9.96
依莱克诺工程公司	49 400	4.55
恩赫	0	0.00
西班牙国家电力公司	102 000	9.39
阿塞里诺克斯公司	10 300	0.95
斯瓦萨	14 600	1.34
新斯瓦萨	0	0.00
法莎雷诺	28 100	2.59
费曼查食品加工公司	400	0.04
安娜亚商业集团	35 200	3.24
坎塔布里亚电力公司	9 400	0.87
科尔特斯庄园	16 300	1.50
列奥纳撒矿业	7 200	0.66
科克斯卡制冷设备公司	9 400	0.87
亿博培宝纸业	8 800	0.81
因多眼镜	3 800	0.35
灵格斯汽配	4 100	0.38
西班牙利维制造公司	0	0.00
美国奥斯卡·迈亚肉制品加工公司	25 400	2.34
派普雷拉·纳瓦拉	52 600	4.84

（续表）

股票	投资额 （万比塞塔）	占比（%）
普里姆公司	11 500	1.06
罗伯托·苏维里公司	600	0.06
南萨电子公司	1 400	0.13
优尼兰	3 900	0.36
利维尔办公用品	34 000	3.13
灵格斯汽配A轮	1 600	0.15
灵格斯汽配B轮	1 700	0.16
权益合计	747.5	68.80
国内投资合计	1 086.5	100.00
投资组合合计	1 086.5	100.00

资料来源：西班牙国家证券市场委员会。

我们将30%左右的资产投资于维斯科电子、西班牙联合电力公司、西班牙国家电力公司以及南萨电力公司等优秀的配电公共事业公司，这些公司拥有一流的发电资产，且主要靠水力发电。在当前的市场条件下，这些公司的股价非常合理，这也是为什么到目前为止，它们是我们25年来在单一领域进行的最大投资。

我对集中在单一领域发掘优秀公司的投资理念在很大程度上受到了哈维尔·夸德拉特（Xavier Cuadrat）的影响。哈维尔是马德里康普顿斯大学社会学教授，是一个市场狂热者，从20世纪80年代初开始用自己的积蓄投资，也算是赶上了此轮长期牛市。他一直都善于发现和挖掘上市公司的核心能力（虽说我最近没有见过他），总是跑去很远的地方参加年度股东大会，并且愿意与任何人交谈。无论他关注的资产项目有多远，他都会去实地考察，比如他在考察水坝的同时还顺便参观了罗马教堂。

我也做过类似的事情（我记得曾参加普里姆公司的年会，这是一家主要经营医疗产品配送的公司，我当时的心情就和一个孩子闯入洗礼和圣餐仪式时的一样），但哈维尔的做法使我意识到我需要采取这样积极的态度去实地考察。因此，我在后来参观了塔霍河和杜埃罗河上令人惊讶的大坝，还去考察了胡莱·拉瓦斯科–莱昂内萨（Hullera Vasco-Leonesa）的煤矿。

恩德萨电力公司及其子公司的影子报告

评估总结

交易是根据西班牙国家电力公司、西班牙联合电力公司、维斯科电子、南萨电力公司少数股东使用的标准，以及恩德萨电力公司的研究报告（仅适用于存在重大差异的子公司）来进行的。

少数股东的标准

1 恩赫 × 2.57 恩德萨电力公司

1 西班牙联合电力公司 × 3.66 恩德萨电力公司

1 维斯科电子 × 2.54 恩德萨电力公司

1 南萨电力公司 × 8.04 恩德萨电力公司

恩德萨电力公司的标准

24 恩赫 × 25 恩德萨电力公司 +200 比塞塔

1 西班牙联合电力公司 × 2 恩德萨电力公司 +38 比塞塔

14 维斯科电子 × 23 恩德萨电力公司 +345 比塞塔

5 南萨电力公司 × 19 恩德萨电力公司 +171 比塞塔

根据估值模型，我们得到了恩德萨电力公司的估值（见表2–3）。

表2–3 恩德萨电力公司的估值股价

恩德萨电力公司	估值
资产总额（亿比塞塔）	39.69
持有电力资产（亿比塞塔）	9.92
子公司估值（亿比塞塔）	17.65
母公司多元化资产（亿比塞塔）	2.19
母公司国际化资产（亿比塞塔）	4.36
其他母公司资产（亿比塞塔）	5.57
母公司债务（亿比塞塔）	10
债务净额（亿比塞塔）	7.95
年金负债（亿比塞塔）	2.05
股东权益（亿比塞塔）	29.69
股数（亿）	95.48
每股价值（公司估值 / 股数）（比塞塔）	3 109

使用完全相同的估值标准，我们又得到这些公司所属子公司的估值（见表2–4）。

表2–4 西班牙联合电力公司、维斯科电子等公司的子公司的估值股价

子公司	估值（亿比塞塔）	每股估值（比塞塔）
恩赫	5 010	8 016
西班牙联合电力公司	2 200	11 340
维斯科电子	1 540	7 897

（续表）

子公司	估值 （亿比塞塔）	每股估值（比塞塔）
塞维利亚娜	5 600	1 877
菲克萨	4 280	2 055
杰萨	1 340	11 814
南萨电力公司	250	25 000
厄尔考格斯	80	—
优尼科电力公司	2 000	6 529

这一分析给了我们做出重大投资决策的信心，我们的思路基本上是高配单一电力行业的股票。

需要补充说明，恩德萨电力公司最终启动了一项操作，使用了一个非常利己的交易方法合并所有子公司，这未能反映子公司资产的真实价值。不幸的是，与我们成功地说服母公司提高对西班牙子公司的报价不同——标致雪铁龙和雷诺取消了收购要约（在这个市场中，西班牙国家证券市场委员会拥有最终决定权），我们无法改变恩德萨电力公司的做法。对恩德萨电力公司来说，这是一项重要的操作，能够帮助弥补它在拉美投资的损失，也就是说，它利用德勤（Deloitte）的“独立”估值支持自己偏爱的汇率公式，而德勤在那次交易中并没有为自己赢得荣耀。我们曾考虑把它告上法庭，但顾忌到这个旷日持久的诉讼过程所涉及的不确定性，我们决定放弃这个想法，因为诉讼只会分散我们的注意力。

股权激进主义

我一直认为，我不是一个偏好激进主义的股东，我只投资于管理良好且几乎不需要改变的公司。有以下两个例外：

- 当情况明显不公平时，比如上述情况或汽巴精化（Ciba）在2008年遭遇的情况（后面会有关于汽巴精化更多的信息）。
- 当股东中有两个“派别”发生争执时，我们有义务表明立场。这种情况的发生通常是因为我们之前已经做错了，公司没有走在正确的轨道上。譬如，世界领先的印刷机制造商Koenig & Bauer就是最近的一个例子，它的部分股东试图强行改变管理团队。

不管怎样，我只有在持有大量股权时才会采取“激进主义”的做法。当我投资很少的时候，我会让大股东带头。说到底，关键是要有效利用我最稀缺的资源，也就是我的时间。

在正常情况下，我会坚持利用企业股票回购的好处。我投资一家公司的原因是，我认为市场低估了它的资产价值。因此，在这个被低估的市场价格下减少股票发行总量是有好处的。在其他情况下，如果有人征求我有关执行董事的意见，那么我会礼貌地回答他：鉴于我的知识水平有限，我拒绝加入董事会。

我这样做的原因有很多：

- 时间有限。我需要打理多元化的股票投资组合，没有时间处理上市公司董事的繁重事务。
- 知识有限。每个公司和行业都是独一无二的，投资者很难对其投资的公司进行全面、深入及专业的管理。我很想获得这样的知识水平，但这会减少我对其他公司的可用时间。

- 这会限制我的管理灵活性。我要将股票的买卖限制在特定的时间段，以避免违反内幕交易规则。这一限制可能与我和股东的利益背道而驰。
- 禁止基金经理在其投资的公司担任董事，以避免他“操纵”管理层。这一直是我的立场，西班牙的新立法“强化”了这一立场。无须多言，这实际上是官僚主义在起作用。

无论如何，值得记住的是，我一直偏好投资家族企业，家族企业以往占我们对外投资资产的70%以上。这使我们能够把管理权及对管理层的控制权交给家族所有者，而不可能有谁比家族所有者更能确保管理层照顾股东的长远利益的了。显然，你也需要注意裙带关系，在此种情况下，不合格的家庭成员会大量参与管理。我将在本书的第二部分对此进行深入研究。

周期结束

1998年夏天，危机及其触发条件已经在酝酿中。1997年的亚洲金融危机就是危机即将到来的苗头。在亚洲金融危机之前，许多发展中经济体（如泰国、马来西亚和印度尼西亚）的经济都在增长，但其经济增长基础却存在严重的失衡，尤其是外部失衡，这些国家依赖于持续不断的外部投资来推动其经济增长。

这些问题在1998年进一步恶化，并波及其他国家，如俄罗斯（同样受到油价下跌的影响）和拉丁美洲的一些国家。当时，长期资本管理公司（LTCM）是全球规模最大、声望最高的对冲基金公司之一，它在一大批华尔街专业人士和诺贝尔经济学奖得主的带领下，陷入了严重的流动性问题，需要纾困。因此，美联储通过连续降息向金融体系注入了大量流动性。

此次纾困避免了1998年夏季的危机，但注入金融体系的流动性为两年后规模更大的危机埋下了种子。

幸运的是，股市抓住了这个机会（市场好像总能找到一些机会来避免危机）来回调一些过高的价格。从1998年7月初到9月初，当年已上涨了50%的西班牙指数下跌了40%左右，而我们的基金则下跌了10%。这让我们有机会以更具吸引力的价格利用大部分流动性资金进行再投资。到1998年年底，我们持仓达到了90%。我们在1998年的总回报率为30%，低于37%的市场平均回报率，但考虑到我们投资的波动性和我们承担的风险水平要比市场低得多，这是一个可以接受的收益。这一点至关重要，值得反复实践，因为我们承担的风险要比市场小很多。

我个人认为，20年的大牛市是在1998年夏天结束的。道琼斯指数从1982年的790点上涨到了1998年夏的9 000点，上涨了10倍多，这是在如此长的时间跨度内历史上最大的价格涨幅。

1999年11月22日，巴菲特在《财富》杂志上发表了一篇文章，他很好地解释了这一切。在过去的17年里，他从股票投资中获得了19%的年平均回报率，这在当时是一个惊人的成绩。然而，他现在认为未来17年的经济展望为最高4%的回报率。他或许不是先知，但道琼斯指数17年来2%的年实际回报率却证明了这一点。

尽管大多数股指在2000年3月触及历史高点，但当时仍有许多颇具吸引力的公司值得关注和跟踪。但回到1998年夏天，我们几乎不可能在任何一个市场找到价值被低估的资产。当时，西班牙股市最便宜板块的市盈率为17倍，而西班牙股市整体的平均市盈率为25倍（见图2–2），银行股的交易价格为5倍市净率（见表2–5～表2–7）。

图2–2　西班牙证券交易所平均市盈率

表2–5　西班牙市值

	1997 年	1998 年 3 月	1998 年 4 月	1998 年 5 月
每股收益增长率（%）	13.5	13.0	14.2	14.2
自有资金回报率（%）	12.2	12.8	13.0	13.0
股息收益率（%）	2.4	1.9	2.0	2.0
长期利率（%）	5.6	5.1	5.1	5.0
市盈率（倍）	20.5	25.6	24.4	24.3
IBEX 35 指数[①]	7 255	10 209	10 025	10 005
西班牙证券交易所综合指数	632	889	871	875

资料来源：摩根士丹利添惠研究。

① IBEX 35 指数是西班牙主要证券交易所的基准股票市场指数。——编者注

表2–6 西班牙银行业估值（价格数据截至1998年5月29日）

银行		相对收益	%	每股收益增长率（%）	市盈率	相对市盈率	股价现金流比率（%）		股息收益率（%）	相对收益
1	15 168.7	1M	–3.2 97	28.0	31.2	1.1	14.4	1.3	1.6	0.9
2	5.0	3M	–6.3 98J	21.9	25.4	1.1	17.0	0.2	2.0	1.0
3	n.m.	12M	23.7 99J	17.2	21.7	1.0	16.2	0.2	2.3	1.0

资料来源：摩根士丹利添惠研究。

表2–7 西班牙部分银行估值

	最近股价			%		每股收益	市盈率	每股现金流	股价现金流比率（%）	股息收益	股息收益率（%）
对外银行	4M										
1	1 581.5	12 910	1M	2.0	97	514	25.1	573	22.5	295	2.3
2	4 690	14 350	3M	–0.3	98J	600	21.5	700	18.5	314	2.4
3	n.m.	7 200	12M	11.0	99J	689	18.7	811	15.9	341	2.6
洲际银行	3M										
1	411.9	9 950	1M	–3.2	97	433	23.0	480	20.7	228	2.3
2	3 343	11 880	2M	–10.7	98J	477	20.8	521	19.1	286	2.9
3	n.m.	6 800	12M	–24.0	99J	533	18.7	570	17.4	320	3.2
毕尔巴鄂–毕斯开银行	2M										
1	5 147.0	7 610	1M	–2.3	97	194	39.3	416	18.3	96	1.3
2	1 147	8 060	3M	–4.2	98J	259	29.4	439	17.3	129	1.7
3	mm.	3 366	12M	43.6	99J	310	24.5	432	17.6	155	2.0

（续表）

	最近股价			%		每股收益	市盈率	每股现金流	股价现金流比率（%）	股息收益	股息收益率（%）
B.C.H.	4M										
1	1 829.6	4 965	1M	−2.7	97	129	38.6	271	18.3	64	1.3
2	1 097	5 190	3M	−6.0	98J	176	28.1	315	15.8	88	1.8
3	n.m.	2 262	12M	34.8	99J	217	22.9	347	14.3	109	2.2
大众银行	3L										
1	1 360.5	12 020	1M	−5.7	97	595	20.2	711	16.9	300	2.5
2	2 641	15 240	3M	−22.1	98J	656	18.3	746	16.1	329	2.7
3	n.m.	7 647	12M	−2.4	99J	719	16.7	815	14.7	359	3.0
桑坦德银行	2M										
1	4 377.6	7 630	1M	−5.4	97	231	33.0	882	8.7	122	1.6
2	1 141	8 210	3M	−5.1	98J	283	27.0	450	17.0	134	1.8
3	n.m.	3 700	12M	15.1	99J	335	22.8	460	16.6	167	2.2

注：1.市值（十亿比塞塔）；2.每股账面价值；3.净债务/自有资金。

资料来源：摩根士丹利添惠研究。

我们在这次长期牛市期间的做法是，试图利用市场上的机会——通常是次级股，同时准备着投资组合价值迟早要发生的大幅向下调整。美联储在1998年一意孤行，向市场注入了流动性，但无法避免几个月后金融危机的到来。

事后来看，这几年可能是我职业生涯中最重要的几年。要想在20世纪持续时间最长的牛市终结阶段中幸存，并能在清楚认识到未来几年可能存在危险的同时设法实现投资的合理回报，绝非易事。要做到这些，我们不仅要熟悉市场、行业及上市公司，更要对自己和环境都有清晰的认知。所有这一切都需要妥善地管理。在这样的大牛市中，那些无须付出太多努力就能成功获得投资收益的客户，肯定认为他们比你更了解情况。

在那场风暴中毫发无伤地存活下来，让我为后来的危机做足了准备，包括2000年的互联网泡沫破裂和2008年的金融危机。从20世纪90年代末来看，后者几乎是小儿科。

1998—2002年：走下坡路及国际投资组合

截至目前，我所介绍的我们的投资组合都还只专注于西班牙股票市场。实际上，此时的贝斯因特基金也只是在西班牙市场进行投资。

1998年年初，贝斯因特国际基金（Bestinver International）的发行可谓是我们投资的里程碑。这一举措的主要支持者是哈维尔·科洛米纳（Javier Colomina），她是当时的主管，她坚信将目标瞄准全球市场是正确的。我对此事持一定的怀疑态度，但还是接受了这个挑战。

的确，要在西班牙股市进行投资管理，就必须考虑全球市场环境和全球类似公司的定价分析（仅孤立地去分析西班牙电信公司而不分析其他类似公司，对投资决策毫无帮助）。然而，我自始至终都认为一个人必须专注于其擅长的事情。而那时，我擅长的就是如何应对西班牙市场，我根本不确定自己是否有能力进行全球投资。

虽说如此，我们还是按部就班地开始了工作。一年下来，我们的投资完全就是灾难——不是投资理念或经验层面的灾难，也不是基础方面的灾难，而是投资回报上的灾难。

我们对于快速建立一个新的投资组合没有足够的信心，况且还面临着市场的高估值所带来的问题，于是我们在该年度的大部分时间里都在固定收益上大举投资，投资比例高达50%左右。我们将股票投资分散到基金和其他产品中，比如大宗商品绑定债券等。

我们在周期结束时的股票投资布局充分利用了当时大宗商品价格及亚洲股票市场同时处于低谷的机会（在2015年年底写这篇文章时，我惊诧于市场竟出现了相似的情况）。我们通过基金或结构性产品投资的亚洲股票占投资组合的20%以上，对石油和其他大宗商品的投资又增加了20%（当时油价为每桶15美元），最后只有不到10%的资金投资于欧洲小盘股（见表2–8）。

表2–8　贝斯因特国际投资组合（1998年9月30日）

股票	投资额（万比塞塔）	比例（%）
货币资产	1 100	2.15
政府债券（11512号）	1 000	2.28
政府债券（11462号）	0	0.00
短期持仓合计	1 000	2.28
西班牙市场固定收益合计	2 100	4.79
西班牙权益产品合计	0	0.00
国内投资组合合计	2 100	4.79
德国政府债券	8 500	19.41
丹麦丹斯克银行银行债券	2 700	6.16
高盛石油债券	1 700	3.88
西班牙对外银行C类优先股（美元计价）	900	2.05
联邦住房贷款银行	1 500	3.42
房利美5%债券	2 700	6.16
DSL银行6.25%票据	2 700	6.16
日经B. Birds美元票据	4 600	10.50
巴黎百富勤4%希腊德拉克马债券	1 500	3.42
国际固定收益合计	26 800	61.19

（续表）

股票	投资额（万比塞塔）	比例（%）
日本 GT Berry B 基金	2 000	4.57
亚洲资本持股	2 300	5.25
东协信托	700	1.60
历峰集团 A 类股票	1 200	2.74
瑞士通用公证行 B 类股票	400	0.91
芬兰奥托昆普集团	700	1.60
欧洲金属	1 500	3.42
安特普莱斯石油公司	500	1.14
英国优质油气	1 200	2.74
意大利班克贸易公司	600	1.37
挪威萨格石油公司 A 股	2 400	5.48
挪威萨格石油公司 B 股	800	1.83
智利基金	600	1.37
国际股权投资合计	14 900	34.02
国际组合合计	41 700	95.21
投资组合总计	43 800	100.00

资料来源：西班牙国家证券市场委员会。

大宗商品第一次在我们的投资组合中占据这么高的比例。大宗商品受市场定价的影响，但与2015年的情况一样，还是具有投资机会的。

但由于我们对这种独特的组合结构缺乏足够的信心，该基金注定无法在短期内取得突出业绩，而结果也是如此。受原油价格从每桶15美元进一步下跌至每桶10美元以下以及亚洲市场复苏乏力的影响，该基金在当年亏损了14%。这是多么“棒”的一个开始！对了，全球指数在那一年上涨了10%。

对于那些想要长期获得成功的投资者来说，克服此类情况是至关重要的。这不仅关键，而且不可避免，因为我们在投资中总会有错误操作。没有人能完全避开它们，我们需要做的是“既来之，则安之”。要成功做到这点，我们需要做好三件事。第一，要对整体环境抱有信心，同时赢得投资者的信心；第二，要坚定自己的投资理念；第三，要虔诚地祈祷这一切快点结束。

对于我们300万欧元投资规模的小基金来说，股东数量有限是我们的优势。它给了我们一定的试错容错空间，前提是它不会在我们面前爆仓。我们测试了投资者和股东的耐心，并得益于亚洲市场和油价的复苏，我们的国际投资组合在1999年上半年奇迹般地增长了43%，远高于全球指数。这使我们能够轻松地收复了上一年的损失。

不仅如此，我们还逐步加大了对有吸引力的公司的投资。1999年年底，我们的股票投资仓位达到了80%，那时，25%仍投资于大宗商品和亚洲基金，但50%已投资于中小型全球企业。达索航空公司（Dassault Aviation）就是在这个时候被添加到我们的投资组合的，后来也成为我们的最爱之一，像这样的公司还有瑞士贝尔公司及瑞士通用公证行。

我们能在1999年加仓投资小盘股，得益于市场出现了有史以来最为极端的“精神分裂”症状——与新技术［TMT（科技、媒体和通信）］有关的股票都被高估，而传统公司的股价均被低估。因此，在1998年夏季还不可能以合适的价格买到的股票，在第二年都成了投资选择。

1999年，我们的国际基金300万欧元规模与总资产规模相比仍然很小（相比之下，我们管理的总资产为1.76亿欧元，其中西班牙公司股票的总规模为8 000万欧元，其余的为固定收益基金），并且我们的国际基金还没有获得应有的回报。

所以，我们公司的资产还是配置在西班牙股票市场这个“篮子”

里。显而易见，1999年对于我们来说绝非轻松的一年（投资情况详见表2–9）。

表2–9 贝斯因特国际投资组合（1999年12月31日）

股票	投资额（千欧元）	比例（%）
政府债券（11355号）	0	0.00
政府债券（11595号）	62	12.53
短期持仓小计	62	12.53
西班牙市场固定收益合计	62	12.53
国内投资组合合计	62	12.53
高盛集团债券	0	0.00
日经 B. Birds 美元票据	48	9.70
Ctystp 9.5% 美元票据	27	5.45
国际固定收益合计	75	15.15
瑞士通用公证行	8	1.62
芬兰奥托昆普	14	2.83
欧洲金属	19	3.84
比利时贝甘食品	9	1.82
达索航空公司	12	2.42
英国企业石油公司	6	1.21
英国独立油气公司	16	3.23
英国索莫菲尔德	12	2.42
皇家波斯卡里斯公司	12	2.42
安大略电力	10	2.02
维迪奥人力资源公司	7	1.41
德孟烟叶公司	13	2.63
丹麦科丹保险	9	1.82

（续表）

股票	投资额（千欧元）	比例（%）
伯恩	19	3.84
百乐嘉利宝可可公司	11	2.22
霍尔兹曼建筑	0	0.00
德国克朗斯容器	8	1.62
美国路贝佳容器	16	3.23
芬兰林业国际	0	0.00
法国国家人寿保险	24	4.85
UAF	15	3.03
SWM 特种纸	11	2.22
景顺日本基金	38	7.68
亚洲资本控股	27	5.45
智利基金	9	1.82
弗米日本	33	6.67
国际股权投资合计	358	72.32
国际组合合计	433	87.47
投资组合总计	495	100.00
投资组合总计	2 975	100.00

资料来源：西班牙国家证券市场委员会。

1999年：低点

如果1998年对于西班牙证券组合来说是艰难的一年，那么1999年和2000年的第一季度就是另外一回事了。

在1998年前三个季度，市场运行平稳，指数下跌了0.5%，我们的基金价格下跌了3.5%，这仍然是可控范围内的损失。而我们30%的资产仍与恩德萨电力公司有关，主要是因其子公司的合并。这当然不是一个理想的情况，尽管我们很想改变现状，但也不得不等待数月来降低在恩德萨电力公司的头寸。

我们会刻意回避股价被严重高估的大盘股，尤其是西班牙电信公司和其他电信股，所以我们的投资组合几乎由中小盘股构成。在1998年第四季度开始时，我们基金的流动性超过了20%，因为在之前的几个月里，我们没有充足的时间对出售恩德萨电力公司股票所产生的现金进行充分的再投资。

因此，当股市在1998年第四季度出人意料地反弹17.36%时，我们的基金却下跌了7.65%，跑输大盘25%！正如我之前所解释的，在1998年上半年，我们落后于市场，但至少我们的客户获得了正回报。但这次情况却不同了，我们的客户在牛市中赔了钱……

然而，在这段极度不安的时期，我从未对我们的投资策略失去信心。我已经全面阅读了市场的历史状况，相信情况不久就会好转。金德尔伯格（Kindleberger）、麦基（MacKay）和约翰·布鲁克斯（John Brooks）等人的著作以及相关专家学者的论文与分析都应使人们对过往的经济泡沫有着深刻警醒。

人们普遍认为，电信和互联网的发展将彻底改变我们的生活方式，使我们过去的生活都变得过时，并被时光湮灭。但我却认为它不会是一个令人愉快的或能获利的过程，在这段经济时期内过度膨胀的投资必将重现过去典型的经济过热。

这段时期，在我们为了证明非理性繁荣的合理性而做的所有争论中，有一段特别值得回忆，因为它出自著名的《巴伦周刊》（*Barron's*）的一篇文章《我们中的一员》。美国《巴伦周刊》算是金融投资领域最好的杂志，1999年年底，《巴伦周刊》的头版献给了沃伦·巴菲特。[①]这篇文章批评他缺乏对电信、媒体和技术的了解："坦率地说，越来越多的投资者认为到2000年即将年满70岁的巴菲特过于保守，甚至有些过时了。他可能是世界上资金最雄厚的投资者，但他没有预料到或抓住过去几年科技股的繁荣。"

如果这种错误发生在拥有令人叹为观止的40年投资业绩的巴菲特身上，那么我还有什么可说的呢？我晚上可以睡个安稳觉了。

我不仅毫不动摇，而且相信一个非凡的、意想不到的机会正在出现，这种机会只会出现在我们的记忆或最狂野的梦想中。1997—1998年，面对如此高的股价，我对投资前景充满了担忧，但在1999年和2000年，TMT股票和"传统"股票之间出现了截然不同的走势，这种走势带来了巨大的相对回报。

不管怎样，在1999年12月，我们给客户写了一封特别的《告投资者》，试图传达出一种镇定的感觉，并断言我们持有的股票质量最终会帮助我们度过科技狂潮。我们预测西班牙电信公司和互联网公司泰拉（Terra）等将遭受70%～80%的损失，事实证明果真如此。这是我们第一次写这种信，但不是最后一次。大约9年后，我们不得不再次用这种方式与客户进行特别沟通。

亲爱的客户：

1999年，我们的股票基金——贝斯因特基金、贝斯因特股票基金（Bestinver Bolsa）和贝斯因特混合基金（Bestinver Mixto）——的回报率对我们来说并不理想，更没有达到股东的预期。对于1999年开始投资这些基金的客户来说，过去的丰厚回报并不能给你们带来安慰。今年我

① 《沃伦，你怎么了》选自《巴伦周刊》，1999年12月27日。

们的回报可能会有轻微的亏损，究其原因：在我们看来，我们的股票收益及股价有着非常强劲的增长潜力，但尚未反映在目前的股价上。股市目前的热门股票是科技股，包括西班牙电信公司和泰拉等，我们却不打算投资这些股票，因为我们预计这些热门股会给你们的投资带来70%～80%的损失（就像20年前西班牙电信公司的情况一样）。

我们主要关心的是投资的长期保值增值，尽管在某些年份，我们可能会遭受轻微的损失，而且我们必须避免卷入投机行为。我们的关注点不是投机，我们希望新老客户会理解我们，以便你们能够长远地享受这项投资策略所带来的好处。

无论如何，我们现在比以往任何时候更愿意澄清关于我们的（当然也是你们的）资金或投资的任何疑问。

弗朗西斯科·加西亚·帕拉梅斯
投资总监
1999年12月于马德里

顺便提一点，我们确实对股市泡沫做出了小小的让步。2000年2月，为了安抚那些觉得自己错过了史上最佳投资机会的客户，我们为他们的私人投资组合购买了一只100%担保的债券，并与科技股指数纳斯达克（Nasdaq）挂钩。这是一个很小的让步，考虑到它是完全有保障的，所以没有损害到我们的投资理念。总之，没有任何损失，每个人都满意于这段经历。

为什么要为别人投资？到底为什么要投资？

比起“为什么要投资”这个问题，我经常苦恼于我是否真的热衷于为别人投资。

给别人投资当然有利有弊，但弊端在当时显得尤为明显。设想一下，如果你只需要管好自己的钱，那么你需要考虑的会相对少一点，并且有更高的自主性。

但事情远非这么简单。首先，这是一份不错的差事，如果你能妥善地管理好事情，那么同样程度的努力能够带来非凡的回报。成本及付出则相对稳定，这也就意味着利润实际上与收入同步增长。其次，有很多投资者需要专业帮助，你为何拒绝他们呢？虽然市场确实为他们提供了一系列的选择，但每个人内心都认为自己的投资策略和投资组合是最好的。如果是这样，那么我们怎么能拒绝让家人、朋友及他人享受这些好处呢？再次，那些找到我们的客户从来都不是我们刻意吸引来的，这需要他们对我们的公司有一定的兴趣和主动性，这意味着他们本身往往也是非常有吸引力的人，无论是在职业层面还是个人层面。的确，客户的投资帮助我们完善了自己的资产管理，并逐渐形成了一个目标一致的大家庭（这一方面有点类似一个国家的形成）。最后，艰难时期往往不会持续太久，至少我们的运气还不错，正如我之前所描述的。

也正是这些颇具说服力的理由打消了我当时的疑虑，我选择继续从事这样的工作。现在，也可以说我丝毫不受到这些担忧的影响，因为我完全有机会从零开始，不受过去的投资经历所限，并决定如何专注于我个人的投资方式。但是，上述四个理由仍然有效，尽管在当时，赚钱作为第一因素对我来说更为重要。而如今，情随事迁，我与许多投资者在长期交往中建立起来的情感承诺，显然成了更有力的推动因素，也赋予了我的工作在刚起步时所没有找寻到的意义。眼看着人们小心翼翼地把自己的积蓄拿去投资，然后随着时间的推移，他们的生活开始改善，这对于我来说是莫大的欣慰。我还意识到，对许多客户来说，我是支持和改善他们生活的重要因素，是我让他们在个人和职业决策中拥有了更多的独立和选择。

实际上，我思考更多的是，我从事目前这份工作的目的是什么？驱使我这么做的力量又有哪些？有时我会有一种感觉，从事这个行业是命中注定的。在我很小的时候，我就倾向于认为事情最终都会往好的方向发展，但同时我对自己的能力也有十足的把握。我不知道未来会如何发展，这无从可知，我也不愿意去多加揣测。我只是为自己设想了一种平静的生活，我的家庭和大多普通家庭一样。我养育子女，并将商业当作我的事业——因为我清楚自己没有艺术细胞。我从来都是一个非常独立的人，但探索新领域并不是我理想生活的一部分（尽管现在我会这样考虑，甚至在某些领域我已经这么做了）。

我在第一章也提到过，阅读使我培养了时常自省的性格，这为我的个人发展奠定了重要基础。作为一名性格内敛的投资分析师，我慢慢发现了这份工作本身一定会有很大收获。大家都有这样的情况，当感觉到自己开始掌握某项技能时，我们就会慢慢产生一种亲近感。所以，我们没有必要再去猜测自己的命运，事情就是这样发展的。

于是，这条路已经出现在我的面前。我想我必须沿着这条路走下去，因为这是我成长和受教育的结果。我所说的路不会如你所愿，不会在意料之中，更不会是所谓的“政治正确”，它仅仅是一条你自己认为正确的路，是你自己人生不可动摇的必经之路。一步一个脚印会让你越走越踏实，越来越坚定。没错，它就是职业发展之路。

除了有趣的工作和优秀的职业生涯，我还发现了一种压倒一切的意义——我受到了这种意义的驱使，它迫使我往外看，考虑我的工作对于周边环境的影响。

与此同时，我一直有一个愿望，也可以说是一种冲动，那就是我希望自己是对的，希望自己能找到真理。我要找到的真理并不是对我一人而言的，而是一个大家都能遵从的真理，或许别人会有不一样的见解。但是，我绝不是在谈论形而上学的真理，我也从未从这个层面去思考，尽管我对物理学很反感，但是我更愿意去寻找和遵从有形的真理。

归根结底，这是真理，或者可以直接说是“认可”。无法否认，我一直在寻找别人的认可，但并不是要“成就一切”或“结束一切”。最终，我想说的还是人性，即回归生活本身。

无论发生了什么，我都有为自己做出决定的自由。我的家人，尤其是我的妻子玛丽亚·安吉尔斯，一直尊重并支持我所做的所有决定。如果我决定不再从事投资工作，而转行做别的工作，那么她也会欣然接受，因为她对我的处事原则始终深信不疑。

说了这么多题外话，我仍然不知道如何回答一开始我提出的问题。对于我为什么要从事这项工作，我无法给出一个完美的答案，但是我知道我会一直做下去，直到最后。

2000—2002 年：回归常态

这种资本市场狂热又持续了两个月，但到了2000年3月，市场形势急转直下，市场已经开始走下坡路，下跌一直持续了三年，指数累计蒸发掉了40%。

正如前面所提到的，在这些困难时期，我们的西班牙投资组合主要以中小盘股为主。我们的主要持仓包括：曼弗雷集团（Corporación Mapfre）、机场免税零售商埃尔迪萨（Aldeasa）、列车制造商CAF、依莱克诺工程公司和曼弗雷保险（Mapfre Vida）。它们的平均市盈率为9倍，这使我们的投资组合在三年的熊市中累计回报率达到49%，如同明星一样耀眼。例如，列车制造商CAF的股价从2000年的每股14欧元上升到2010年的每股440欧元（参见表2-10所示的2000年3月31日的西班牙投资组合）。

表 2–10 西班牙组合：贝斯因特股票基金（2000 年 3 月 31 日）

投资品种	投资额（千欧元）	占比（%）
政府信用债券（30 年，8% 息票息，11488 号）	2	0.12
其他固定收益资产小计	2	0.12
政府债券（11512 号）	69	4.17
政府债券（12247 号）	0	0.00
短期持仓小计	69	4.17
固定收益产品合计	71	4.30
加泰罗尼亚旅游公司	106	6.41
曼弗雷集团	150	9.07
费庞萨	27	1.63
基础设施及公共服务提供商	7	0.42
西班牙时装阿道夫・多明戈斯	86	5.20
机场免税零售商埃尔迪萨	146	8.83
澳马建筑	0	0.00
康博菲尔食品	40	2.42
列车制造商 CAF	123	7.44
狄娜米亚	88	5.32
依莱克诺工程公司	99	5.99
西班牙石油公司	0	0.00
斯瓦萨	56	3.39
坎塔布里亚电力	77	4.66
科尔特斯庄园	26	1.57
列奥纳撒矿业	11	0.67
亿博培宝纸业	53	3.21
因多眼镜	18	1.09

（续表）

投资品种	投资额（千欧元）	占比（%）
印加萨纺织	0	0.00
考爱普	66	3.99
灵格斯汽配	15	0.91
米克尔造纸	80	4.84
纽乐食品	47	2.84
派普雷拉·纳瓦拉	97	5.87
普里姆公司	42	2.54
优尼兰	11	0.67
利维尔办公用品	111	6.72
权益产品合计	1 582	95.70
国内组合合计	1 653	100.00
投资组合总计	1 653	100.00
投资组合总计	9 935	100.00

资料来源：西班牙国家证券市场委员会。

当被问及股价是否过高时，我总是会给出同样的答案：有便宜的股票，也有贵的股票。股票市场不是某种匀质的市场，它由许多公司组成。我们必须对这些公司进行权衡分析，才能确定它们的股价在特定时间是否昂贵。的确，股票走势通常存在相关性，当一些股票价格高企时，其他股票通常也会上涨。然而，也有例外，正如2000年至2002年发生的那样。这正是我们能够在熊市中获得超常回报的原因。

2000年也是一个转折点，我们完成了国际投资组合的转型，即重在选股。截至2000年年底，我们精心挑选的股票占到了基金资产的75%，其余为亚洲基金和现金。在一个万事都以非常危险的速度运行的世界里，我们花了三年时间来精选股票，整个投资过程贵在花时间把事情做好。从那时起，我们总是根据自己的分析来选择股票。

无论是从绝对回报还是相对于MSCI（摩根士丹利国际资本公司）指数来看，2000年对我们的国际投资组合来说都是一个好年头。渐渐地，我们树立起了要领先的信心，甚至开始主动向客户推荐我们的国际基金。学徒期和实验阶段结束了。

与哈耶克相遇

之前，我已经读了大量关于证券市场的书，并亲眼见证了市场的起起落落，但我还没有找到一个理论框架来有效地解释它。

2000年年底，当第一次读到弗雷德里希·哈耶克的作品时，我就为其大胆而清晰的思想所吸引。他的想法出现在两次世界大战之间以及20世纪40年代后期，当时，自由主义的经济思想（以及总体上的自由）处于崩溃状态。他最著名的作品之一《通往奴役之路》[①]激发了我利用5年时间阅读经济学书籍的兴趣，尤其是奥地利学派的书籍。这就是引起我注意的经济学学派的名字，这个学派最初由奥地利和德国的思想者主导。

随后，我立刻被他们在其经济学研究中运用“我的世界”这一事实吸引，他们主张让真实的人来做个人和专业的决定。这里没有火星的数学模型，只有地球（天堂或泪谷）的生命和我们在其中所扮演的角色。我在学习和掌握他们思想的方式上有点与众不同，我是从日常与市场的互动及运用自己的直觉开始，发展到提出一个合乎逻辑的、令人信服的理论。最终，我感觉到我已非常接近自己追寻的真理，研究这些思想家使我从那时起对我所处的环境有了更深刻的理解。

---

① 哈耶克（1994年）。

2005年，我以路德维希·冯·米塞斯的《人的行为》[1]为我的“奥地利”岁月“加冕”。我发现和了解默里·罗斯巴德（Murray Rothbard）主要是通过他的《经济思想史》（*History of Economic Thought*）[2]。而我对赫苏斯·韦尔塔·德索托的了解则是通过其点睛之作《货币、银行信贷和经济周期》[3]。至于哈耶克本人，是他那本名著《致命的自负》[4]吸引了我。当然，我还发现了许多其他奥地利学派大师及其作品。

我被他们推理的逻辑自洽及道理的显而易见震撼，他们的共同特点是表达得出奇地好。但最重要的是，他们的思想深深扎根于我周围的真实世界，植根于地球，而不是另一个星球……

他们所解释的一切都与我每天在市场上和大街上亲眼所见的完全吻合。不像主流的新古典经济学运用大量的数学公式来迷惑人的心智。

这就是我如何了解和熟知奥地利学派的。通过这些智者和他们的同行，我发现了一个“理论”框架，它为更好地应对即将到来的冲击提供了必要的额外支持。我将在第四章讨论奥地利学派的主要思想。

2000—2002年：冲顶

我们是如何在市场价格下跌40%的情况下获得49%回报的？其中的起点至关重要。2000年年初，历史上最大的市场分化正在发生，而在一个价格虚高的市场里，一系列股票的价格都高得离谱。

长期回报来自投资者大量的阅读、研究和分析，但同时在很大程度

---

① 米塞斯（1995年）。

② 罗斯巴德（2000年）。

③ 德索托（2006年）。

④ 哈耶克（1998年）。

上却取决于其他人在做什么，以及我们周围的市场（其他凡夫俗子）所犯错误的量级。如果市场表现理性，投资组合就很难跑赢大盘，投资者的回报率将大致相同。因此，市场波动性最好要高，其引发的一定程度的非理性就会产生稳定市场环境中不会出现的投资机会。

1996—2000年就是这样一个极度非理性的时期，为坚守独立投资策略的资产管理公司提供了机遇（见图2–3、表2–11和表2–12）。

图2–3 西班牙证券交易所平均市盈率

资料来源：摩根士丹利添惠研究。

表2–11 西班牙市场定价

	1999年	2000年1月	2000年2月	2000年3月
每股收益增长率（%）	16.9	16.2	16.2	19.1
我们的基金收益率（%）	16.0	15.8	15.9	16.3
股息收益率（%）	1.8	1.9	1.7	1.7
长期利率（%）	5.4	5.8	5.6	5.4
市盈率	21.4	20.3	22.5	21.5
IBEX 35 指数	11 641	11 009	12 686	11 935
西班牙证券交易所综合指数	1 008	989	1 124	1 084

资料来源：摩根士丹利添惠研究。

表2–12　行业板块及市场回报

	市盈率		绝对回报率（%）			相对回报率（%）		
	2000年3月31日	2000年1月	1个月	3个月	12个月	1个月	3个月	12个月
银行及保险业	23.3	19.6	2.6	5.2	18.7	6.4	–2.1	–5.1
电力	19.0	18.2	5.7	17.2	10.3	9.6	9.0	–11.8
媒体	38.6	37.2	–12.4	7.0	86.3	–9.2	–0.4	49.0
石油及化工业	22.0	12.8	10.0	–2.9	23.5	14.1	–9.7	–1.3
零售业	22.7	19.2	–5.4	–11.5	–9.9	–1.9	–17.7	–28.3
建筑业	18.6	15.0	10.0	4.8	–8.6	14.0	–2.5	–26.9
食品行业	13.1	11.4	15.5	16.2	–20.5	19.7	–6.0	–36.4
房地产及酒店	20.8	19.1	6.5	10.1	0.5	10.4	2.4	–19.6
其他行业	22.6	16.2	13.5	21.8	31.8	17.7	13.3	5.4
市场平均	25.2	21.0	–3.5	7.5	25.1	–5.1	4.8	–1.0

资料来源：摩根士丹利添惠研究。

或许，好事总是发生在那些善于等待的人身上，这是真的——因为运气总是必不可少的，但同样真实的是，这些疯狂的市场状况迟早会出现。非理性总是潜伏在每个人的内心深处，随时等待着喷薄而出。你必须保持足够警惕，因为它总是会伺机伏击你。我们将在第九章阐述这一点。

与此同时，市场在15年前并不像现在这么发达。欧洲和西班牙没有那么多的资产管理公司在市场上寻找价格被低效市场扭曲的产品。某些基金经理的成功有助于发展出一种更加独立的资产管理风格，而这种风格在当时还很少见。

综上所述，在那段时间，我能够将我们的分析应用到一个被科技股泡沫扭曲的市场。如果不是这样，我们接下来的结果就不会那么令人振奋了。这就是为什么我们总是坚持认为，从长远来看，市场价格下跌对我们有利（甚至我们在2008年和2009年也坚持这个观点）。我们知道如何充分利用这些下跌。

然而，市场低效不会永远持续下去，市场会逐渐意识到大公司（尤其是科技公司）估价过高，以及我们持有的股票所具有的价值，这也使我们的基金能够募集更多资金。

2001年9月11日的事件就是在这种背景下发生的，“9·11”事件是对和平的政治和经济发展的又一打击。这次野蛮的攻击在最大程度上暴露了极端主义者的非人性，引起了随后10多年重要的政治和军事反应。然而，我们知道，经济影响最终是有限的，美国人民以令人钦佩的韧性做出了回应，并继续为过上更好的生活而奋斗。

除了巨大的痛苦，这一天对我来说也是一个关键时刻。在与何塞·曼努埃尔·恩特卡那雷斯（José Manuel Entrecanales）共进午餐时（当时午餐被“9·11”新闻打断），我得到了他的批准，我可以改变制约我与贝斯因特关系的经济束缚。

一年前，我曾提议改变我及未来基金经理的薪酬制度，即将我的薪酬与公司的绩效挂钩，这使我与公司的关系建立在可持续发展的基础上。我曾考虑将薪酬与基金的回报挂钩，尽管这也是该行业的普遍做法，但操作起来相当复杂。因此，我认为将薪酬与公司的业绩挂钩会更简单。这意味着我的目标显然与贝斯因特的股东所追求的目标一致。

你可能会认为，这是一种对不受限增长的激励，我个人的动力会驱使我增加所管理的资产和利润。也许会是这样，但是请记住：第一，我们没有做任何超越我们的股东年会上所通过的投资理念和处理个人客户关切的营销宣传；第二，我们没有对经纪人设定销售目标，这一点对一个公司来说并不常见，所以我们在录用两名外部销售主管时对此专门做了明确说明；第三，我们的外部营销通道网络几乎不存在，公司也未向外部通道提供任何费用。我们吸引新客户全靠着基金资产的增长以及我们从中得到的收益。

有人告诉我，何塞·曼努埃尔·恩特卡那雷斯需要花很大的力气去说服他的父亲和叔叔。多亏了这一点，我们达成了协议，这使我在此后的13年里一直处于最佳状态。尽管我后来取得了成功，管理的资产有了大幅增长，但从那以后，我的薪酬基本保持不变，也远远低于市场的平均水平。

回到资产管理上来。21世纪初，我们在西班牙的投资组合仍以小盘股为主，这是自1997年以来的一个关键特征。在西班牙以外，我们的投资组合几乎是股票，这是我们的强项。欧洲公司占投资组合的50%，美国公司占投资组合的30%，只有10%左右的资金投资于日本基金。

从那时起，对欧洲股票的关注就成为我们全球投资组合的一个关键特征。虽然与美国市场相比，欧洲市场还比较低效，但地理邻近性也往往使得在欧洲投资变得更容易，也更自然。

地理邻近的优势是显而易见的。基金经理曾说，基金获得良好回报的可能性与基金经理选择股票时的旅行距离成反比。这句话或许有点夸张，但其中也不乏道理。我们离家越近，分析情况的见解就会越深刻，分析标准也会越清晰。另外，我们也不应该忽视能够方便地前往公司所在地并与经理和股东建立良好关系的优势。譬如，在我们最了解的房地产市场上，我们就非常了解我们自己的街道，对我们所在的城市也有相当的了解；而在乡村层面上，我们的认识开始变得模糊。如果我们被问到地球另一边的事情，我们就全懵了。

欧洲市场的效率并不比美国市场低多少，但我的经验是，这只是欧洲投资者偏好欧洲市场的另一个明显原因或借口。值得记住的是，美国的投资传统可以追溯到很久以前，而且根深蒂固，各个层次都有广泛的参与者。在经历了一些糟糕的投资经历后，每当我发现一只股票的交易价格看起来很有吸引力时，我总是问自己，我是否看到了什么美国人看不到的东西。

在欧洲，金融业在传统上一直由银行主导，银行通过广泛的分行网络，从自身的品牌形象和分销能力中汲取资源。虽然银行并不总是带来财务效率，但它们给其他参与者留下的空间很小。

这种地缘上的关系并没有影响我们获得全球投资的机会。因为大部分欧洲企业是全球性的，其销售遍及全球市场和多种货币，这为我们提供了一种自然的货币对冲机会，而无须使用标准的对冲工具。

预测短期汇率走势非常困难，且成本高昂（对冲成本不可忽视），它往往会分散投资者的注意力。对我们来说，重点一直是不同公司的长期竞争优势。

因此，花大力气去考虑可能出现的汇率波动纯粹是浪费时间。从长远来看，国家倾向于模仿彼此的经济政策，特别是发达国家，而发达国家的货币购买力平价是趋同的（购买力平价是指每种货币的购买力，或者更形象地说是经济学人的巨无霸指数，它告诉你在每个国家生产汉堡的成本）。我记得我们在与宝马汽车公司的第一次会面中，其首席财务官向我们展示了一张图表，这张图表对比了美元兑换德国马克以及后来的欧元的表现。其汇率在这期间经历了许多起伏，但于2006年又回到了20世纪70年代初的水平……

2000—2001年，我们所有的投资组合在低迷的市场环境中均取得了正回报。2002年对我们的西班牙股票投资组合来说是非同寻常的一年，对全球基金来说则是糟糕的一年。在西班牙市场，相对于指数，我们实现了有史以来最好的相对回报（收益率为8%，而同期大盘指数跳水23%，相对回报率为31%）。这三年以优异的投资业绩收尾，每年的绝对回报及相对回报均为正值，业绩表现优于指数将近一倍。

不仅如此，2002年年底，我们在季度报告中强调，大盘股再次看上去很有吸引力，此时正是买入大盘股的好时机，因此，我们要在市场中买进。那时，我们已经有10%的投资组合在IBEX股票上，这代表着与1997年相比，形势发生了重大变化——当时我们在大盘股中没有任何重要头寸。

这一预测准确无误，在接下来的四年（2003—2006）里，西班牙证券交易所综合指数增长了145%。对于市场来说，没有水晶球这样的东西。当大多数股票价格昂贵时，市场充其量只能提供平平常常的回报；而当股示价格合理时，市场就有了意外上涨的空间。

相比之下，2002年对我们的国际基金来说却是糟糕的一年，当年我们的国际基金亏损了26.95%。这是我们所有基金中表现最糟糕的，那年指数下跌了33.02%，跌幅更大，但这一点并不能让人感到宽慰。大部分损失发生在灾难性的2002年第三季度，我们遭受了25%的损失。其中的原因是，虽然我们也受到了美元贬值的伤害（我们有30%的资产在美国），但主要是我们自己犯了一些错误。这包括对旗帜电信（Flag Telecom）的投资，旗帜电信的资不抵债使我们产生了巨额损失。（不过，有时彼得·林奇也会出错。另外，我的妻子在旗帜电信工作，我们自认为很熟悉这家公司。她现在在西班牙电信公司工作，我希望不要再发生同样的事情！）无论如何，下跌意味着我们持有的投资组合中有6家公司所拥有的现金超过了它们的市值。本杰明·格雷厄姆看到了应该会很高兴，因为这是个不错的投资指标。

幸运的是，我们的国际投资组合总额很小，而且我们当中没有多少人丧失信心。贝斯因特国际拥有1 200万欧元的资产，这意味着少数投资者蒙受了损失。那时，我们把重点还是放在西班牙股票市场的基金上。

总之，回顾一下2002年12月的情况和几年的得失是不无裨益的。此前，我在证券市场摸爬滚打多年，管理西班牙股市基金已有10个年头，而管理国际股票市场基金也有5年了。这些经历可能会给近年来刚刚起步的正在蹒跚前行的众多基金经理带来一些信心。

在1993年至2002年的10年间，我们的西班牙投资回报率为570.65%，而西班牙证券交易所综合指数的回报率为289.39%。我们只在1999年出现一年的亏损，而且波动性也明显小于市场。即便如此，我们只管理了1.48亿欧元（其中2002年增长了4 000万欧元）的资产。更重要的是，我们所管理的资产中大部分是家族企业资产。

在1998年至2002年的5年国际市场投资中，我们公布的回报率为28.03%，而MSCI指数下跌了10.2%。当时，我们的国际基金管理着1 190万欧元的资产。

2002年12月，我们在西班牙、国际两部分股票基金的投资总额达到了1.6亿欧元。虽然资产规模没什么大不了的，但当其他资产管理人抱怨增长乏力且难以吸引资金时，我就向他们解释，我们是如何花了多年时间才获得了投资者认可的。为了做到更好，投资者和基金经理都需要时间积累，而时间是研判对错的唯一方法，客户也需要对自己的投资决定充满信心。

在某个时刻，火花会迸发，并点燃导火索，你会被一波繁荣冲昏头脑。这就是自2003年以来发生在我们身上的事情。

第三章　团队投资阶段（2003—2014）

2003年：一名新来的基金经理

2003年迎来了又一个里程碑。我们经过13年的单打独斗，使资产管理团队的规模扩大了一倍，基金经理也由一个变成了两个。

公平地说，马里奥·塞尔纳（Mario Serna）在近两年的时间里一直做我的分析师，但他之前没有任何经验，还在摸索门道。多年来，许多分析师在贝斯因特和经纪业务部门都做得很出色，但他们专注于为经纪业务部门的外国客户提供分析。我参与了他们中的一些人的招聘工作，有时还直接管理他们，但他们都是年轻的毕业生，只是时不时地在一些具体问题上能帮到我，比如为恩德萨电力公司及其子公司估值。他们的主要工作是协助经纪人，而不是协助基金经理。

我承认我在马里奥身上犯了一个错误，而且在以后很久都为此愧疚。我只是简单地以自身为例子来让别人仿效，却没有留出时间专门指导他或采用一贯的方法教导他。也许对某些人来说，这已经足够了——我想那位在资产管理部门工作的年轻人有着令人满意的经历，但这或许并不适合所有人。这可能就是马里奥决定在阿尔瓦罗·古斯曼·德·拉萨罗（Álvaro Guzmán de Lázaro）到来的时候离开的原因。幸运的是，他是接下来10年内唯一离开资产管理部门分析团队的人。

聘用另一位基金经理的决定远非易事。我想要的是一个资深的基金经理——年轻但有一定的经验。由于我习惯了自己做决策，所以转换到一种团队决策的方式对我来说是一个挑战。然而，我必须得到其他人的帮助，特别是在投资范围扩大到全球市场时，以改进投资决策和降低客户风险。

到目前为止，我们的业绩一直很好，而在2002年出现亏损的部分原因是：我们在国际投资组合中加入了太多的公司，从而无法做到在不断演变的多种情况下对这些公司完全了解。一个人要了解投资组合中的150家公司，加上西班牙国内投资组合中的30～40家公司，以及正在考虑的数百家潜在投资标的的详细信息，实在是勉为其难。

在我们积累了13年的行业经验之后，在西班牙，跟踪大约100个挂牌的投资标的在当时被认为是可行的。但是，我们要把我们在投资西班牙公司时的同样程序——我们在西班牙公司投资上的错误率极低——应用于选择全球的公司，因此我们必须投入更多的资源进行分析。

招聘阿尔瓦罗的决定很直接，就像我们所有主要的任命一样。他是由一位我们共同的朋友介绍的，这个朋友曾是贝斯因特和贝塔资本（Beta Capital）的分析师，名叫安东尼奥·贝拉斯克斯–加斯特卢（Antonio Velázquez-Gaztelu）。有一天，他们来这里讨论雷普索尔石油公司的优点，之后我们见了几次面，共进了午餐。很快我就明白阿尔瓦罗很适合这份工作。我不打算启动常规的招聘程序，事实上，我们也从未在关键岗位上这样做过。阿尔瓦罗从2003年春天开始与我们合作。

阿尔瓦罗是一位合适人选。他完全理解并分享了我们的投资理念，也有过将类似的基金管理风格运用于家族企业投资组合的经验。在工作经历方面，他在西班牙信贷银行证券交易所（Banesto Bolsa）做一名

“普通”分析师，但在业余时间，他把时间花在了自己的爱好（为自己的投资组合寻找一流的股票）上，这需要足够的个人努力和毅力。

在如何开始投资方面，阿尔瓦罗是一个比我更典型的例子。如果没人愿意付钱让你投资——这对年轻和欠缺经验的人来说是合乎逻辑的，你就必须在业余时间去做，而投资金额无关紧要。事实上，我的情况甚至比阿尔瓦罗更艰难，我一开始只持有桑坦德银行的50股股票。关键是，我要了解这个过程，挺过情绪的起起落落，对自己有效投资的能力树立信心，并将这种信心传达给他人。让别人相信我们可以投资，并且我们能够证明这一点（即使投资金额微不足道），这是至关重要的第一步。如今，互联网为人们提供了自学及向其他投资者学习和模仿的机会。

阿尔瓦罗的主要贡献之一是将我们投资的公司的模型标准化，我一直没有做到这件事。在那之前，我一直把所有的想法都记在脑子里，相信如果有什么念头冒出来，那么它也许是有充分理由的。这很可能不是最好的方法，但似乎对我有效。幸运的是，阿尔瓦罗的到来以及后来其他同事的到来，意味着一切都会被完整地文字化或数据化。

我们共同组成了一个运转良好的团队。我们在股票的选择上少有分歧，我们即使有分歧也都是通过“民主”方式协商解决的。我不认为把标准强加给团队是正确的，所以我们购买一家公司股票的意见必须是一致的。如果我们没有达成共识，我们就不会投资。阿尔瓦罗和我在某些宏观经济问题上并不总是意见一致，但这些对我们的投资选择并不是至关重要的。我们只在两三只股票上意见不一致，这对我来说是个不错的结果。

他的到来意味着我们可以更频繁地去欧洲调研我们投资的公司，以加深对它们的了解。渐渐地，我们国际基金的质量提高了。截至2003年年底，欧洲股票占到了我们国际投资组合的67%。

基金净值在2003年增长了32.7%，而同期指数仅增长了8.83%，这使我们能够弥补2002年的损失。

牛市：泡沫

到2003年年初，西班牙IBEX 35指数中的股票占我们西班牙投资组合的20%。三年的市场暴跌给我们带来了一些诱人的机会，比如雷普索尔石油公司或巴塞罗那水公司（Aguas de Barcelona），它们为我们经常持有的以下公司增添了几分色彩：曼弗雷保险、列车制造商CAF、依莱克诺工程公司等。

不过，尽管西班牙市场颇具吸引力，但我们对笼罩在经济上空的阴霾绝不会视而不见，而这种阴霾将在接下来的10年内持续发威。正如2003年5月我在《未来》（*Futuro*）杂志上接受哈维尔·阿尔塞（Javier Arce）采访时的言论，那时房地产泡沫开始让我们十分担忧。

> 例如，在房地产板块，我们看到了泡沫的产生，这在未来5年的某些时候会带来很多破坏……当经济增长率为2%而房地产贷款利率为20%时，泡沫正在膨胀……我们有一个利率过低所导致的典型的供给侧危机……这是我们持仓中没有一家银行股的一个原因。①

为价值而活的人（哈维尔·阿尔塞）

贝斯因特投资总监弗朗西斯科·加西亚·帕拉梅斯表示，目前的股价是人们重返股市的好时点。但投资者不应盲目乐观，投资回报率

① 《未来》，2003年5月，第21～28页。

约为6%，所以要忘记过去的高回报。

2002年，西班牙IBEX 35指数缩水了28%，这是其价格连续在第三年下跌。因此，在拥有股票共同基金的1 000万西班牙股民中，绝大多数人都亏了钱，没有人对此感到惊讶。真的是所有人都亏钱了吗？并不是。其中有两只基金通过重新买入电信、银行或大盘地产股的业务，给股东带来了8%的回报率。这两只基金都由贝斯因特管理，该公司属于恩特卡那雷斯家族控股的安迅能集团（Acciona Group），其在过去三年股市灾难性的表现中每年均取得了正收益。以上这些数字提供了指引，如果你想了解当前的股价和经济形势是不是重返股市的好时机以及该怎么做，那么拥有3 000名股东和4.3亿欧元投资组合的贝斯因特投资总监弗朗西斯科·加西亚·帕拉梅斯绝对是一个理想的人选。

他毫不犹豫地透露了那些低债务、估值过低、有着无可挑剔的发展轨迹的公司是自己的偏好，这些公司派发的股息已经比国库券更有利可图。如果你愿意接受6%的回报率，你就不要纠结现在是否是投资时机。但如果你期待更高的回报，逻辑上就不是这样了。在采访时，帕拉梅斯还有一个担忧和警告，他确信我们正在吹大房地产市场泡沫，泡沫迟早会破裂。因此，这里将不可避免地会出现问题。

你就是在熊市中赚钱的活生生的例子。

说实话，我们的保守理念意味着，我们往往在熊市中表现得相当不错。当我们所做的事情的价值显露出来的时候，这正是经济不景气的时候；而当股市上涨的时候，每个人都赚钱。例如，我们从未参与整个互联网热潮，像门户网站泰拉等。

如果你愿意接受6%的回报率，那么现在是重返股市的时候了。

持有泰拉股份的人现在应该做什么？

泰拉目前的股价为每股4.5欧元，接近我们的估值——每股3～4欧元，但无论如何，我都会卖出。我宁愿投资国库券也不愿投资这只股票。我们对它的估值一直在每股4～5欧元，即使它的上市价格是每股11欧元。

是什么让人们认为泰拉比雷普索尔石油公司更值钱？

那就是你面对的市场。同样的事情发生在400年前的荷兰、300年前的英格兰。投资者很难抑制如此强烈的心理波动，而你需要有一个非常明确的重点。如果该行业的领军人物都买账，那么读了股票报纸的普通投资者也会加入进来，这是可以理解的。

弗朗西斯科·加西亚·帕拉梅斯认为，我们不应该轻信任何提供高额回报的公司，而投资者自己有责任避免格斯卡特拉（Gescartera）案例的重演。

你提到了报纸，报纸上有很多经济信息……但这些信息的质量如何呢？

我按时读报纸，但我承认报纸上的信息有时使我紧张不安。现在的报纸不像以前那样胡说了，毕竟过去因低劣的信息质量而发生过如此多的赔礼道歉事件，但几年前的信息确实有很多是无稽之谈。

媒体有什么不可告人的动机吗？

有，不过这很正常。例如，我们在房地产板块看到了泡沫，在未来5年，它说不定在什么时候会带来很大破坏；但你看看房地产经纪人，那些卖房子的家伙是不会告诉你房价会下跌的。同样，股票经纪人也不会。

你会在那些高管只持有公司股份2%却表现得像是公司所有者的企业中发现它存在的问题。

房地产公司还在坚信目前房产买卖一切正常。

人们正在购房的事实是相对的。当经济增长两倍时，房地产贷款却增长了20倍，泡沫自然而然就会膨胀。人们所做的是把500万比塞塔投入到价值5 000万比塞塔的房子上。原则上，在房产开发完成后，银行将提供剩余的4 500万比塞塔，但由于两年多的时间，这5 000万比塞塔将变成了6 500万比塞塔，而500万比塞塔将会带来1 500万比塞塔的收益。这是另一个泰拉。

但在西班牙，除了1993年，房价从未跌过。

凡事总有第一次。在日本，房价在过去12年里跌去了75%。自1998年以来，中国香港的房价下跌了65%。在西班牙，我们在4年内建造了55万套房子；而在英国，虽然其自身也有泡沫，但在过去的5年里，英国人平均每年只造20万套房子，然而英国的人口却像法国和德国一样，翻了一番。市场其实就是关于供给和需求的，西班牙的房屋供应事实上严重过剩。我们面临着一场典型的供给侧危机，其原因是利率相对经济面而言过低，一个显而易见的泡沫正在形成。

愿意接受这些估值的金融机构在很大程度上吹大了泡沫。

这是银行业正在发生的事情，是沃伦·巴菲特机构强制力的一个版本，即倾向于相互模仿。如果所有的银行都在增加放贷，那么假如我是一家银行的总经理，我就绝不能掉队。当经济衰退来临时，每个人都会受到影响。我们对我们所做的投资决策承担责任，我们不会把这些风险转嫁给客户，也不会告诉客户：如果股市价格上涨了，那么这很好；如果股市价格下跌了，那又怎样？你没读报纸吗？你没看新闻吗？你想让我怎么办？我在做其他人都在做的事情。而银行将风险转嫁给股东，这就是我们持仓中没有银行股的原因之一。

无论如何都不会持有银行股吗？从什么时候开始的？

大约4年前，我们预见到了这一点。在西班牙，我们要从建造55万套房子减少到建造15万套房子，所以这是不可避免的。

西班牙银行一直在警告这个问题……

我们谈论的是GDP的10%，我唯一能做的就是持有相对不受房地产泡沫影响的股票。

西班牙头号房地产公司的董事长声称，当股市复苏时，经济增速将会放缓。

有一天音乐会停止，但你不知道为什么。为什么纳斯达克指数在2000年2月达到最高点？过去的新闻故事总是会重复上演，而触发因素却是不可预测的。同样的事情也发生在股市上，我们知道一只股票是贵还是便宜就足够了，股票价格上涨的时间和原因很难预测。

西班牙股市（以欧元分红计算）的平均市盈率为14倍，这是便宜的吗？

是的，它在历史平均水平附近。我回忆一下，美国标准普尔的历史平均水平是15倍。我们差不多处于这个位置。

所以是时候投资了。

只要你愿意接受6%的回报率，你就可以投资了。但如果你期望获得高额回报，那就不是这样了。6%的年回报率可以从15倍的市盈率中得到，也就是经济增长率加上通货膨胀率。仅此而已。

股价还会再低一点吗？

大盘股正在逼近我们认为的公允价值，但我们的投资组合的平均市盈率在9至10倍之间。

你的投资组合里有什么？

我们有曼弗雷保险、列车制造商CAF、依莱克诺工程公司、机场免税零售商埃尔迪萨、巴塞罗那水公司，这些是股票权重排名前五名的公司。它们占到我们投资组合的三分之一，当然，我们还有很多其他股票。

去年哪些股票给你带来了最好的回报？

瓦伦西亚（Valencia）、生物科技公司钮莱思食品（Natraceutica）、维斯克凡食品（Viscofan）和优尼兰都表现不错。这些股票的市盈率为9倍或10倍。因此，我们只要一切正常……

这就是关键因素，买便宜的。

买那些价格低于我们估值的股票。你最终会找到市盈率低、股息率高的公司，而我们投资组合的平均股息率是4%，是国债的两倍。我们的投资组合有可持续的股息，因为它具有很强的防御性。我们投资组合中的公司没有债务负担，而且不受周期影响。当然，组合中也没有银行、建筑、房地产行业等所有人都在谈论、跟踪和分析的热门公司，虽然它们的定价相当合理。

除了西班牙电信公司、银行……

如果没有房地产泡沫，银行也不会有问题。目前，不良贷款率处于0.5%，而其历史平均水平为3%，西班牙信贷银行（Banesto）的不良贷款率达到过10%。德国就是一个很好的例子，它的房地产市场在六七年前达到顶峰，而现在德国商业银行（Commerzbank）的市值是5 000亿比塞塔，相当于西班牙对外银行的10%。它们就是被坏账拖垮的。当每家银行都在价格翻番后再增加20%贷款的时候，问题就会出现。

在房地产领域，我们看到了泡沫的产生，这将贻害无穷。

你会给伊贝德拉电力公司和麦托瓦西地产公司的股东什么建议？

卖掉。

以目前的价格来看，我们很可能会看到更多的并购发生，甚至是跨境并购。例如，由于西班牙银行股票定价过高而无法完成的交易最终将得到通过。

目前，西班牙的平均市净率是两倍，而抵押贷款银行（Hypobank）或德国商业银行等银行的股票交易价格低于其账面价值。对它们来说，合并将大大稀释它们的资本。跨境并购在政治上非常敏感，而不仅仅是从经济角度来看。

投资你的其中一个基金需要多少资金?

之前，我们都没有金额上的限制，但我们刚刚设置了最低资金为100万比塞塔（6 000欧元和首年3%的赎回费率）。这是因为新的法律允许基金之间的转换，之后我们可以看到人们开始像使用现金账户一样使用它们。我们的基金不做广告，也不特别关注增长，所以如果有人和我们一起投资，那么我们希望他们进行长期投资。

在2002年的背景下实现8%的回报率应该是最好的业绩。

是的，我们有大量资金流入，还仅仅是来自主动来投资我们基金的人。去年，我们募集的资金从2.8亿欧元增长到了4亿欧元。

新法规允许投资者转换基金，是否会因此有更多的转换?

在过去的三四个月里，我们看到了大约300个投资者转换了基金，他们选择把钱投给了我们。

教育部透露了一份共同基金管理条例草案，但看起来这不会产生实质性的变化。

这些基本上是关于信息披露的问题，即哪些东西你需要予以报告以及报告的频次。我们必须每三个月披露一次我们的投资组合，但由于持仓相当稳定，这不会产生什么影响。

你对上市公司正在推行的新的良好治理准则有什么看法?

我认为这是个好办法，但是当下一次牛市到来时，人们很快就会忘记它。如同往常一样，太阳下面没有新鲜事。当你读到100年前的投资者写的书时，你就会明白这一点，他们谈论的问题和我们现在谈论的完全一样。语言没有改变，问题也还是那些问题。也就是说，你赚钱和赔钱的方式还是和过去一样的。1929年的股市崩盘导致纽约证券交易所的主席入狱，而我们还没有达到那个程度。事情正在改善，到目前为止，我们只抓了一些公司的几名董事。

知道一只股票价格是高还是低就足够了，而股票价格上涨的时间和原因很难预测。

美国正试图将“机构投资者进入公司董事会并参与其中”列为一项要求。

我们基本上只投资于由我们信任的管理层管理的公司，这些人在过去5年有着良好的管理记录，而且很可能在接下来的5年内继续保持不错的表现。对此，我们采取了一切可能的预防措施，在过去的六七年里，我们在我们的要求上设置了很高的门槛，不仅是对业绩的要求，还有对你可以称为的道德伦理上的要求。例如，在一个家族拥有60%股份的公司里，你不太可能看到超出常规的事情发生。

就像奥尔特加（Ortega）和印第纺织集团，以及你自己的安迅能集团（由恩特卡那雷斯家族控制）一样。

像这样一个集团，其60%的股份就是2 200亿比塞塔，欺骗小股东会有什么好处呢？什么好处都没有。

也有阿尔韦托兄弟（Albertos）现象。[①]

显然各种各样的人都有，但我们谈论的是可能性而不是确定性。我的经验是，拥有优质资产的家族企业风险较小。

这个案子是仅此一例？

是的，这个案子是一个特例。百亿比塞塔蒸发了，这家公司也因此退市。

面对你提到的高管问题，他们的股东现在发现，有两位高管的薪酬和退休协议高达1.5亿欧元，而他们却感到无能为力……

是的，在这个特定案例中，他们已经被起诉了，但是监管确实很宽松。

所以，如果像你这样持有大量股票的人放弃自己的投票权，不参加股东年会……

是的，但是我们要确保我们事先要进行严格的检查。回到5年前，我们认为IBEX 35指数已经很高了，所以我们投资了35家小公司。我们已经以我们认为合理的价格成功地退出了22家公司。我们也没有遇到过出现问题的家族企业。问题出现在那些仅持股2%而行事却像公司所有者一样的高管身上。

但有一次，你曾向西班牙国家证券市场委员会提出申诉，并成

---

① 西班牙的长期舞弊案。阿尔韦托兄弟指的是阿尔韦托·阿尔科塞尔（Alberto Alcocer）和阿尔韦托·科尔蒂纳（Alberto Cortina）兄弟，他们于1993年被控在20世纪80年代末伪造马德里卡斯提拉广场（Plaza Castilla）建设用地的条件，并将其出售给科威特人的克钦独立组织（KIO）。阿尔韦托家族持有Urbanor公司40%的股份，该公司将土地出售给克钦独立组织。阿尔韦托兄弟被控伪造出售文件，以欺骗Urbanor公司的少数股东，使他们认为出售价格低于实际售价，从而将差价据为己有。2003年3月，就在采访开始前不久，他们被西班牙最高法院判处3年以上监禁，并支付了2 440万欧元的赔偿金。事实证明，这并不是故事的结局，在过去的10年里，各种各样的法律抗诉和裁决仍在继续。

功地通过谈判提高了市场公开竞标的价格。因此，你似乎愿意做得更多，而不只是在那坐收股息。

在我们遇到的两三个这样的事例中，我们的原则是要对客户绝对负责。

从你的角度来看，你认为个人投资者可以利用这些信息做出合理的投资决策吗？

如今，个人投资者可以获得与专业人士相同的信息。我认识一些对经济知之甚少的个人投资者，但他们已在股市上积累了自己的资产组合。

这一点至关重要。

绝对重要。因为就像我们今年在阿霍德（Ahold）上的损失一样——我们投资在这只股票上的份额超过了我们一只基金的1%，这种情况一直在发生。这就是为什么了解谁是公司的幕后实权人物、谁是经理、你能信任谁或不信任谁是至关重要的……任何具有耐心和想法的小投资者都能做到这一点。

审计师似乎并没有提高公众对过去注册会计师的可信度。

根本没有。股市的繁荣把一切的市场安全措施都彻底摧毁了。美国证券交易监督委员会（SEC）前主席阿瑟·莱维特（Arthur Levitt）多年来一直对此发出警告：牛市就是闯入瓷器店的公牛。如果你看看已经完成的收购，其中一些是在很多保障措施下进行的，那么你会发现这并不重要，这种市场是贪婪的。故事是这样的，1720年，有一家公司上市了，据说赚了很多钱，但它却不披露自己做了什么。后来这家公司被出让，结果大家发现这只是一个幌子。4年前，一位同事给我看了一家美国公司的招股说明书，里面也没有告诉你它是做什么的。这家美国公司也没有投资项目，但人们希望它很快能有一个。300年过去了……

关于审计，一些人认为，对每家公司来说，按其审计费的一定比例付给西班牙国家证券市场委员会所管理的一只基金，然后由西班牙国家证券市场委员会通过抽签方式分配审计师是个不错的主意。

这听起来不是个馊主意，但说实话，我还没怎么想过。有的基金可能试图通过避开问题公司来避免审计问题。

在格斯卡特拉丑闻[①]**发生后，证券公司设立了一只担保基金。你喜欢这种做法吗？**

我不喜欢。我认为我们已经足够成熟，能够看穿任何提供15%年回报率的公司。如果谁做得好或不好不再重要，那么这只会鼓励更多的同类人存有这样的心理："别担心，反正至少有200万欧元是有保障的。"我认为每个人都应该承担自己的责任，投资者自己也必须做好功课。

我们建议避开西班牙的银行和房地产公司，但这一警告显然没有得到重视，泡沫在近10年的时间里没有得到遏制。不幸的是，几年后泡沫破裂了。2003年，我们管理的资产不断增加，截至2003年年底，西班牙基金达到2.25亿欧元，国际基金达到4 700万欧元。

经过10年的努力，我们取得了不错的业绩，最终赢得了潜在投资者的信心。

---

① 21世纪初，西班牙发生了另一起著名丑闻。起初伪装成一家投资组合管理公司，后来又伪装成一家股票经纪公司的格斯卡特拉本质上是一个庞氏骗局。该公司声称，每月可实现10%的回报率。不用说，随着用各种虚假文件来欺骗监管者，这些资金消失了。这起案件引发了人们对西班牙国家证券市场委员会作为监管机构角色的质疑，该公司提供的天价回报似乎也欺骗到了天主教会（Catholic Church）和国家警察退休基金（National Police retirement fund）等多家知名机构。

2004—2005年：房地产空前繁荣

我们曾对西班牙房地产市场泡沫的危险发出预警。而在2004年，我们又有进一步的证据表明，支撑西班牙经济增长的基本面并不坚实，其增长基础是贷款，而非储蓄和生产率。

欧洲央行效仿美国央行，在2003年将短期利率定在2%。这对于西班牙经济的情况来说太低了，因为通货膨胀率高于这个水平。从图3–1中可以看出，西班牙和爱尔兰这两个欧洲国家在这10年中的房地产泡沫都很大，它们的实际利率在三四年里呈现负值（2015年和2016年的情况并没有什么不同，但幸运的是，它们没有以同样的方式传导给经济体，没有让央行政策极度失调）。负利率引发了贷款过度增长。

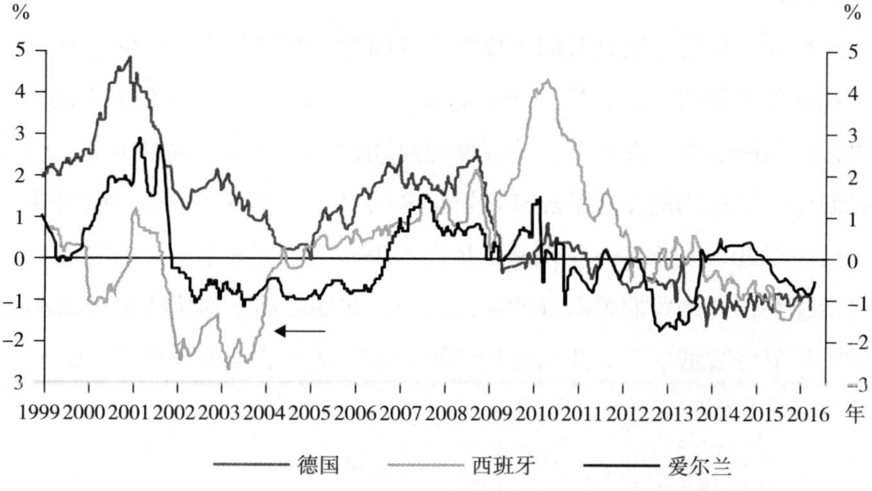

图3–1 实际利率（欧洲央行回购利率减去消费者物价指数通胀率）

资料来源：汇丰银行等。

在2%的融资成本和10%的房地产资产通胀水平下，所有经济主体都想分一杯羹是合乎逻辑的。此外，银行愿意为房地产投资提供高达100%的贷款，这在正常时期是罕见的。这就解释了一夜之间房地产财富如此多的原因：开发商用第三方资金进行投资，为每一个开发项目创建公司。如果项目成功，他们就赚了；如果这招不管用，他们就关闭这家公司，把损失甩给银行及他人。不管怎样，开发商不会亏。

政客和公务员也没有对土地分区规划尽到责任。这些人拍板决定了每一个项目在何时进行开发建设，因此也决定了谁将从中获利。事实上，他们是贫富差距的始作俑者，他们的决策不仅为第三方群体谋得利益，还常常从他们自身的利益出发。得克萨斯州是美国唯一一个建筑不受政府限制的地方，但毫无疑问，相对于当地的经济水平和人均收入来说，它拥有全美最容易购置到住房的环境。

经过几年的低利率后，直到2005年第四季度，欧洲的利率才终于开始上升。

房地产形势发展是我们主要关注的问题，我们开始非常保守地配置西班牙的投资组合，只投资于防御型公司及出口企业。在接下来的7年里，我们的策略一直未变，一直维持到2012年。此外，到2004年12月，我们已将空仓比例几乎增加到投资组合的15%。2005年，这一比例进一步提高至20%，是1998年以来的最高水平。当年交易量最大的股票之一是斯瓦萨，这是我们最看好的股票之一，在那之前，租赁住房开发领域的资产显然被低估了。我们的股票被一家房地产公司大量购买，这家公司在后来也倒闭了。

做空

像往常一样，我们对未来经济衰退的警告来得太早了，但至少我们睡得安稳。这是永不做空的好处之一。一些读者会想，既然我们如此确信熊市的到来，那么我们为什么不做空银行和房地产公司呢？如果我们认为在2003年至2008年的5年里（在现实中，在全球金融危机肆虐期间，泡沫在西班牙出人意料地稳住了，而直到稍后才破裂），做空这些证券会让我们面临灾难性的损失，那么这将影响到我们的生存。

做空是对资产价格将要下跌的押注，它可以通过衍生产品、期权、期货等来实现。我们从未从事过这类投资的原因有以下三点。

1. 我们是乐观主义者，我们认为，从长远来看，经济总会向好。人类正生活在一个黄金时代，如果让人们在和平中工作，那么这个黄金时代将持续下去。做空不符合我们的理念或长期目标。
2. 时间对空头投资者不利，因为优质实物资产往往会增值。一个好的股票——便宜且有潜力，将在未来几年增值，它只需要投资者保持耐心并等待市场被唤醒。如果市场还未被唤醒，那么我们可以进一步增加投资（或者采取相反的策略，但我们要做决定，止损于开始所做的投资）。相反，当你持有空头头寸时，这在时间上是不可控的。如果资产价格上涨，那么你可能会面临重大损失。因此，你需要追加保证金或采取更多的担保措施，从而增加了对这种风险的敞口——尽管投资者可能不愿意这样做。

   我们已经提到，这段时间我们对西班牙的房地产和银行业持悲观态度，但如果我们做空这两个板块，那么我们将遭受差不多10年的煎熬，直到这两个行业的相关人士及投资者承担了后果，可是我们在这到来之前可能无法存活下来。米歇尔·刘易斯（Michel Lewis）在他的《大空头》（*The Big Short*）[①]一书中把这种痛苦描写得淋漓尽致。
3. 因为空头头寸完全是短期投资，而短线走势实际上是不可能预测

① 刘易斯（2011年）。

的。从技术上讲，长期持有空头头寸几乎是不可能的。

总之，我们想要睡得踏实，也希望那些信任我们的投资者睡得踏实。

全球资产组合

到2004年12月，在我们的全球资产组合中，欧洲公司占到了80%。由于分析质量的提升，我们把投资集中在更少的股票上，把所投资的公司数量从150家缩减到了100家（见表3–1）。西班牙房地产的过热似乎并没有在其他地方表现得那么明显，我们在全球市场寻找到了有价值的投资标的，这意味着我们做到了充分的投资。

表3–1 贝斯因特的国际投资组合（2004年12月31日）

股票	投资（千欧元）	占总资产（%）
西班牙国债	11 001	4.98
资产采购总额	11 001	4.98
固定收入总额	11 001	4.98
国内投资组合总额	11 001	4.98
亚伯拉罕石油（Abrazas Petro）	923	0.42
美国国家保险（Amer Nat Ins）	2 098	0.95
阿瑞斯（Ares）	643	0.29
安飞士欧洲（Avis Europe）	1 676	0.76
美国倍利健身公司（Bally Tot Fit）	804	0.36
埃德蒙罗斯柴尔德私人银行（Banque Privée Edmond）	0	0.00
百乐嘉利宝（Barry callebaut）	2 912	1.32
巴腾堡科技（Batenburg）	517	0.23

（续表）

股票	投资（千欧元）	占总资产（%）
贝思（BE Semiconductor，荷兰半导体公司）	641	0.29
贝尔食品（Bell Holding AG，瑞士肉类加工商）	885	0.40
贝尔工业（Bell Industries）	902	0.41
比尔芬格伯格（Bilfinger，德国著名建筑集团）	0	0.00
博威系统（Boewe Systec AG）	2 515	1.14
百蔬乐（Bonduelle，法国蔬菜加工公司）	719	0.33
布兰塔诺鞋业（Brantano NV）	2 835	1.28
布赫林斯特（Bucherindstr）	5 869	2.66
伯尔曼（Burhman，德国电气科技公司）	7 768	3.52
C&C 饮料集团（C&C Group）	925	0.42
冠美（Camaieu SA，法国女装）	6 782	3.07
卡雷尔集团（Carrere Group）	1 311	0.59
康帕斯集团（Compass Group）	1 281	0.58
CSM 集团（CSM NV，荷兰食品配料）	0	0.00
德莱登（D Ieteren SA，比利时汽车经销公司）	487	0.22
戴利特（Dalet，法国软件公司）	143	0.06
达索航空公司（法国第二大飞机制造公司）	3 063	1.39
电信报（De Telegraaf，荷兰主要报刊）	1 511	0.68
德尔海兹（Delhaize，比利时食品日用品跨国零售集团）	0	0.00
法国 NorbertDentressangle 物流集团（Dentressangle）	1 196	0.54
得福乐（Devro plc，英国胶原带白供应商）	951	0.43
多尔曼计算机（Dolmen Computer）	1 051	0.48

（续表）

股票	投资（千欧元）	占总资产（%）
经济通（Econocom，比利时企业数字服务提供商）	4 870	2.20
埃德尔音乐（Edel Music）	841	0.38
工程公司（Engineering）	1 062	0.48
爱思卡达（Escada AG，德国全球顶级服装品牌）	7 937	3.59
艾斯普林特（Esprinet，意大利 B2B 技术产品分销集团）	4 101	1.86
艾格服装（Etam Develop，法国著名女装连锁店）	2 955	1.34
仙童半导体（Fairchild Corp，美国半导体生产企业）	315	0.14
费尔法克斯金融（Fairfax Finci）	4 730	2.14
法维莱（Faiveley SA，法国轨道制动公司）	2 463	1.11
特雷克斯芬利工程（Finlay Enter，法国工程设备制造商）	2 369	1.07
弗洛里米肯（Fleury Michon 法国食品品牌）	899	0.41
福斯油品集团（Fuchs Petrolub，德国润滑油生产商）	1 078	0.49
信息技术服务集团（GFI informatique）	1 290	0.58
吉飞（GIFI SA，法国连锁百货集团）	3 340	1.51
加栢（Guerbet SA，法国医疗器械生产公司）	1 173	0.53
海格曼（Hagemeyer，荷兰电气分销服务集团）	3 467	1.57
海德（Head，荷兰体育和服装公司）	767	0.35
喜力（Heineken Hld，荷兰啤酒品牌）	1 215	0.55
万威国际（IDT Corp，美国电信服务跨国集团）	1 098	0.50
英泰（Imtech NV，荷兰电气机械技术服务提供商）	819	0.37
欧艾斯（ISS A/S，丹麦全球最大设施服务集团）	459	0.21
科拿电公司（Kanaden Corp，日本电子设备生产商）	862	0.39

（续表）

股票	投资（千欧元）	占总资产（%）
凯蒂（Kindy SA，法国儿童品牌）	1 096	0.50
基尼波利斯（Kinepolis，比利时影院商）	6 908	3.13
通力（Kone，芬兰电梯生产商）	0	0.00
阿霍德（Konniklijke Ahold，荷兰最大零售集团）	2 112	0.96
波斯卡里斯(Konniklijke Boskalis,荷兰海运服务公司）	0	0.00
乐飞叶（Lafuma，法国知名户外品牌）	1 105	0.50
法国 LDC 公司（Lambert dur Chan，法国一家国际采购商）	1 324	0.60
麦金塔集团（Macintosh NV）	6 114	2.77
法国福尔（Maisons Fra Conf）	809	0.37
玛丽诺（MarionnaudParfm，法国香水品牌）	2 947	1.33
马特兰（Matalan，英国时尚和家居零售商）	0	0.00
麦迪龙（Medion，德国个人消费电子企业）	2 162	0.98
密特沃伦金属制品控股（Metallwaren Hldg）	6 319	2.86
梅策谢尔拉（Metsa Serla，芬兰造纸公司）	1 294	0.59
MGI 环球金融信息管理（MGI Confer SA）	1 055	0.48
海洋产量（M-RealOY3，挪威船运公司）	0	0.00
兴亚财险（Nipponkoa，日本财产保险公司）	1 968	0.98
泰高集团（Nutreco NV，荷兰饲料生产商）	6 314	2.86
奥西（OCE NV，荷兰打印机生产商）	6 681	3.02
奥村组（Okumura CORP，日本建筑商）	0	0.00
OPG 集团（OPG Groep NV，荷兰医药分销零售企业）	5 687	2.57
匹迈斯特（Orchestra-Kazib，法国婴童服装品牌）	882	0.40

（续表）

股票	投资（千欧元）	占总资产（%）
巴拿马集团（Panana Group）	1 049	0.47
帕萨特（Passat）	1 696	0.77
法国皮埃尔度假（Pierre Vacances，法国旅游地产商）	935	0.42
皮克罗凯德医疗保健（Pinkcroccade）	0	0.00
花花公子（Playboy）	0	0.00
丽晶酒店（Regent Inns plc）	1 645	0.74
能多洁（Rentokil，英国虫害防治等商业服务集团）	0	0.00
瑞能系统（REpower Systems，德国风机研发生产商）	1 484	0.67
来爱德（Rite Aid，美国第二大连锁药店）	5 168	2.34
罗托集团（Roto Smeets Boer，荷兰印刷公司）	5 624	2.55
鲁拉尔塔（Roularta，比利时最大传媒集团）	2 137	0.97
萨巴特（Sabate SA）	863	0.39
萨萨化工（Sasa Industrie，土耳其化工企业）	1 303	0.59
希尔制药（Shire Pharmaceuticals，爱尔兰生物制药公司）	1 308	0.59
吉罗德信号（Signaux Girod，法国道路建筑公司）	904	0.41
斯莱格罗食品集团（Sligro Food Grp）	1 737	0.79
智比（Smoby，法国玩具品牌）	1 405	0.64
STEF TFE 物流（Stef Tfe，法国物流公司）	348	0.16
艾斯特恩家庭（Sthn Egy Homes）	1 820	0.82
汤米·希尔费格（Tommy Hilfiger，美国休闲服装品牌）	1 275	0.58
橡木桶（Tonnellerie，法国葡萄酒橡木桶生产商）	2 038	0.92
特里加诺（Trigano SA，法国娱乐车辆设计制造公司）	0	0.00

（续表）

股票	投资（千欧元）	占总资产（%）
联合利华（Unilever）	951	0.43
联合服务（United Services，美国多元化金融服务集团）	2 535	1.15
华思提（Varsity Group，美国啦啦队运动领导品牌）	2 355	1.07
商务服装（Vet Affaires，法国服饰连锁商超）	4 297	1.94
玻璃包装（Vetropack，瑞士玻璃包装集团）	3 501	1.58
法国 Vm Materiaux 公司（VM Materiaux）	1 203	0.54
联合尼德兰出版公司（VNU N.V.）	928	0.42
华纳奇尔科特公司（Warmer Chílcott，爱尔兰制药公司）	0	0.00
韦格纳（Wegener，荷兰媒体集团）	7 212	3.26
威科集团（Wolters Kluwer，荷兰信息服务提供商）	0	0.00
夏芙（Zapf Creation AG，德国著名玩具制造商）	962	0.44
股票总额	209 978	95.02
外部投资组合总额	209 978	95.02
投资组合总额	220 979	100.00

资料来源：西班牙国家证券市场委员会。

然而，与西班牙的投资组合相比，我们仍不愿将国际投资组合过于集中到某些特定的股票。例如，在2004年第四季度，我们只有5只股票的投资额占了总投资额的3%以上：冠美、基尼波利斯、韦格纳、爱思卡达和伯尔曼。顺便提一下，2005年6月，我们购买了宝马股票，并成为其第一大股东。在经历了许多起起落落之后，随着时间的推移，这被证明是一项非同寻常的投资。

我们主要关注欧洲的中盘股，这被证明是相当有价值的，尽管一些股票也存在明显的问题，比如爱思卡达、博威系统、智比、舒洛特（Schlott）、丽晶酒店、阿列克森（Alexson）、克林顿贺卡（Clinton Cards，一家英国零售公司）以及其他一些很难记住名字的公司。在这些股票的投资中，我们几乎损失了投入的资本。投资不可能一直成功，但是这些失败有助于提高我们的长期投资水平，可以为未来总结经验。此外，我们还通过学习他人的投资经历来得出一些宝贵的建议——这可能是至关重要的，这些建议能够帮助我们降低犯下致命错误的可能性。当然，犯错误是不可避免的，甚至在某种程度上犯错误是值得的，它时刻提醒我们要不断学习，并保持警惕。

尽管存在这些问题，但我们在2004年和2005年的业绩非常好，收益率分别为19%和30%，超过了基准指数。可以看出，我们尽管遭受了一些挫折，但还是能够获得非常可观的回报。这里有两个关键因素：一是我们操作正确的概率要尽可能高于操作错误的概率；二是我们要非常小心地控制犯错误的规模大小。

时间证明，我们通常是对的，在前后500多家公司的所有投资中，我们犯下了30～40个错误——大概占到我们投资总数的10%，这是一个完全可以容忍的百分比。

权重的大小应该遵循尤金尼奥·迪奥尔斯（Eugenio D'Ors）的格言："实验应该用柠檬水而不是香槟来做。"权重最高的股票略超5%，应该可以让我们充满信心，从而避免我们遭受严重损失。对于投资风险最高的股票，我们应该保持更谨慎的权重比例，将权重控制在1%～2%。

2006—2007年：濒临危机的边缘……

毫无争议，2006年是牛市的最后一年。在西班牙市场上，我们的流动性维持在20%，但我们利用2016年第二季度的市场紧缩增加了投资规模，使我们的流动性降至10%。

在2006年第二季度，10年来我们第一次购买西班牙电信公司的股票。修正后，我们发现它现在的交易价格具有吸引力，因此我们全年都在不断买进。到了2006年12月，西班牙投资组合中该项资产的规模达到了8%，这是我们以前从未做过的事情。与此同时，西班牙国内仍然被房地产美梦迷得神魂颠倒，房地产梦正在偷偷地瓦解西班牙的金融和政治体系。

2006年是全球投资组合的一个收获年份——24%的收益率，投资规模达到了法律允许的最大值。同年，宝马、福斯油品集团以及Metall Zug（一家瑞士工业集团）一起跻身投资组合的前三名。我们手里多了三张王牌。

然而，2006年发生的最可怕的事竟然与投资毫无关联。2006年3月7日，我们四个来自贝斯因特的高层再加上两名飞行员遭遇了潘普洛纳（Pamplona）的一起空难。尽管听起来这不可思议，但这是我们25年来唯一一次乘坐私人飞机旅行。财务运营总监阿尔弗雷多·穆尼奥斯（Alfredo Muñoz）和一名飞行员不幸遇难。销售总监伊格纳西奥·佩德罗萨（Ignacio Pedrosa）、销售副总监玛丽亚·卡普托（María Caputto）、另一名飞行员和我幸存了下来。

尽管我因此受到了巨大的情感冲击，但这对公司投资的影响却不大。自从阿尔瓦罗入职以来，我们的团队已经获得了必要的支持保障以确保投资的连续性，我们的投资组合也始终定位于长期投资，这意味着我能够花一段时间从这件不幸中慢慢走出来。事实上，我的伤势并不严重，并没有长时间不能行动，大约两周后我就可以开始阅读了。疗伤期间，我得到了周边所有人的关心和支持，包括何塞·曼努埃尔·恩特卡那雷斯和整个安迅能集团。

在这段时间，我别无选择地被强制要求离开办公室，这件事情的好处是，我开始尝试并渐渐地适应这些新兴科技，包括iPad，我发现我现在很难摆脱它。

2006年（在2008年至2009年危机到来之前），我们客户的资金持续地大规模流入，达到了最高点，我们管理的资产达60亿欧元。这意味着我们的资产在三年内增加了20倍，这绝对非同寻常。西班牙集体投资机构和养老基金协会（Inverco）下设的共同基金部门发布的关于“西班牙和欧洲股票市场共同基金的组合”的行业报告中指出，我们的基金占有40%的市场份额。

我们从未专注增长，也从未在设定的具体目标下工作，我们反倒获得了比我们能事先想象到的更高水平的报酬率。多年来，公司有两位销售或客户关系总监——伊格纳西奥·佩德罗萨和贝尔特兰·帕拉格斯（Beltrán Parages），他们也从未被指定目标。我们没有参与任何主动的促销活动，几乎没有投入广告（除了2000年组织过一个主题为“危机？什么危机？突出今年的良好业绩”的小活动），也没有什么分销协议（除了2000年以前的一些小规模的协议，那时候我们没有名气，这些协议是为了答谢客户对我们的信任而组织的）。

我们采取这种被动方式有多个原因。第一，当客户主动决定来找我们时，他们会产生更强烈的信任感，因为这是客户在没有压力的情况下做出的有意识的理性决定。这就为以后我们碰到困难的时候建立了一定的弹性机制。第二，基金的增长使我们思考我们所能管理的资产的上限，那么在有限的能力范围内与分销商分享盈利有什么商业逻辑呢？完全没有。第三，坦率地说，我们很幸运地发现自己不需要这样做。在其他情形下，也许我们会做出不同的决定。

不管怎样，我们被客户增长的速度弄得措手不及。直到很久以后，我们才能够重新控制好局面，并提供良好的服务。最初，我们的扩张受到了办公场所的限制，因此我们没有办法对所有感兴趣的客户做出反应，从而导致了不可避免的拖延。直到我们能够增加人手，办公场所也扩大到了另一层楼，我们才稳住了局势。

2007年的历程

一路顺风顺水，我们迎来了2007年，这是继持续良好业绩之后的过渡年。正如我们在20世纪90年代所看到的，从牛市到熊市的转变对我们来说往往更具挑战，因为我们的投资组合倾向于保守，它们在牛市的垂死挣扎中表现不佳。

幸运的是，我们在2007年年初聘请了第三位基金经理费尔南多·贝尔纳德（Fernando Bernad）。这又是一次简单而直接的招聘。他是由阿尔瓦罗介绍给我们的，他们二人曾在两个不同的时期一起共事过。费尔南多在来的第一天就对我们帮助很大，这得益于他在基金管理方面积累的丰富经验。事实上，他曾经是一个名叫Vetusta的小型资产管理公司的基金经理，这只基金现在已经不存在了。现在，他的到来使我们能够扩大分析团队，从而利用他在管理和组织分析师团队的才能。阿尔瓦罗和我没有组织管理团队的时间，也没有兴趣去管理和协调一大群人的工作。我们对去哪些领域投资增加价值有自己明确的想法，因此不希望因为协调组织而打乱我们的工作环境。

每一次增加团队成员的决定都是艰难的。虽然每个新人都会为整个团队增加能力和价值，但他们也给团队带来了额外的负担，因为我们必须拿出时间来培训他们。培训会使团队骨干失去一定程度的自由时间，有时基金经理的角色会与人事经理混淆。因此，我们总是选择博学有经验的基金经理，就像阿尔瓦罗和费尔南多一样。对于分析师来说，情况就不同了。我们总是挑选经验有限的高才生，这样我们就可以在自己认为合适的时候对他们进行培训了。如果没有费尔南多，那么我们这种人事管理策略是行不通的。费尔南多在训练年轻人时很有一套，他发挥了关键作用，并组建了一支健全的团队。随着时间的推移，他们能够为团队贡献很多好的想法。

从这一时点开始，我们雇用了卡门·佩雷斯·巴圭纳（Carmen Pérez Báguena）和詹明昆（Mingkun Chan），他们加入了伊万·契维丁（Ivan Chvedine）的行列，伊万很早就是我们的分析师了。我们一起组成了六人组，发挥着团结合作精神，并与金融危机做斗争。

2007年年初，也就是2007年3月，我给沃伦·巴菲特写了一封感谢信。当我发现他购买了韩国钢铁公司浦项制铁（Posco）的股票时，在特内里费（Tenerife，西班牙的一个岛屿）的我做出了一个决定，即我要给他写一封感谢信。那时，我们刚买入了阿赛洛（Arcelor，现今全球规模最大的钢铁制造集团）的股票，我喜欢这种相似的决策判断。在信中，我感谢他给了我投资灵感——一个被困在西班牙这样一个缺乏投资传统的国家的投资者。我还建议他购买宝马发行的优先股。

两天后，我很快就收到了他的回信，他询问我关于投资西班牙私营公司的想法。因为我没有找到一家公司符合他的投资理念，所以我就没有再回信。可惜的是，我们之间短暂的通信就这样结束了。

另一个重要的里程碑发生在2007年春天，当时我参加了IESE商学院在中国组织的为期一周的研讨会。我一直对中国有积极的评价，这让我想起了吉姆·罗杰斯（Jim Rogers）所写的一本书。作为一名退休基金经理，他曾周游世界，先是骑摩托车，后来是开车，对他访问的各个国家进行了“实地”比较分析。他的主要结论是，中国掌握着世界未来的钥匙，他用以下论点证明了这一点：中国人民提高生活水平的热情，中国人民的工作能力和储蓄水平，中国合理的保护财产权，以及与类似的发展中国家相比，中国的官僚作风和腐败控制得很好。

当时，我们怀着极大的兴趣在中国访问了一些当地公司、外国公司在中国的子公司、中国的投资者和学者。我还被单独安排参观了我们基金所投资的公司在中国的办事处。这是一次独特的经历，并加深了我对这个国家经济发展和决策过程的理解。我开始狂热地阅读各种各样关于中国的书，从小说到学术，还有一些传记类的书。特别强调的是，前西班牙驻华大使欧亨尼奥·布雷戈拉特（Eugenio Bregolat）[①]写的《中国的第二次革命》（*The Second Chinese Revolution*），以及彼得·海斯勒（Peter Hessler）写的《寻路中国——从乡村到工厂的自驾之旅》（*Country Driving*）[②]对中国人的日常生活进行了富有启发性的描述。

多年来，经过各种各样的旅行，包括夏令营的家访，我发现中国的发展是实质性的，是建立在工作付出和储蓄能力的基础上的，这使得中国人民能够克服前进道路上的任何障碍。这与被西方误解认为处于共产党掌控之下的经济形象与中国的现实状况相去甚远。在中国，整个经济活动范围完全不受政府干预，进而为欧洲、日本、巴西和其他发展中国家提供了一定程度的灵活性。这种自由市场与非战略性行业的激烈竞争相结合，使得中国经济在没有通货膨胀的情况下强劲增长，甚至在中国共产党有效控制的经济领域——电力、交通、基础资源行业也是这样的，中国人享受着新加坡传奇总理李光耀（Lee Kuan Yew）所描述的世界上最好的社会制度，这要归功于本质上的精英制度。

此外，直到2009年，中国经济的发展也并不是基于信贷。直到全球金融危机迫使各国都采用宽松的货币政策，几年后，中国的债

---

① 布雷戈拉特（2007年）。

② 海斯勒（2010年）。

务杠杆上升了，但支撑其债务杠杆的资产是真实的、实质性的。我不否认中国在基础设施方面可能存在一些不良投资，但中国发展的本质仍然是中国人口具备能够适应不断变化和高度竞争环境的巨大能力。

也就是说，虽然我们尚未开始在中国投资，但我们仍然认为充分深入地了解中国是至关重要的。这直接导致了我们从IESE商学院签下了詹明昆的聘用合同。考虑到顶级商学院培养出来的高才生质量，从17位中国的候选人中选择1位，这可真不是一个容易的事，其中一名候选人竟然在日本的电视节目上赢得了辩论比赛！

企业社会责任：非洲支持基金

2007年，我们启动了非洲支持基金，该基金除了为缓解非洲国家的社会和经济困境做出一些微小贡献之外，还对投资上市公司的每个股东都应该思考的一个问题做出回应，这个问题无疑应该得到解决，即企业社会责任。

在这一点上，我和米尔顿·弗里德曼（Milton Friedman）有着相似的观点：公司或项目的目标应该由创始人自己来设定。如果目标是减轻特定人群的贫困，或支持能力较弱的人，抑或促进文化活动，成功的标准就应该用公司取得的相应影响来衡量。这应该在不受第三方干扰的前提下由企业家自己来完成。

如果目标设定为尽可能高效地向社会提供产品或服务，以换取报酬，那么企业家也应该做他们认为合适的事情，并始终牢记当前的法规，不触碰底线。如果目标是将销售价格和成本之间的差异（利润）实现最大化——这是自然而然的事情，那么我们没有必要在他们前进的道路上设置路障，迫使他们支付对他们不适用的成本。如果行业利润过高，那么其他企业家将一定——我强调的是一定——会进入该行业，他们会相互竞争从而压低利润。

这两种情况下的目标都应该由企业家来设定。任何迫使他们混淆目标的行为都会导致混乱，甚至产生目标冲突，这向社会传递了一个非常不透明的信息，抑制了正确的价格形成，而形成的价格是成为其他投资者做出决策的关键信息。

我记得有一位著名的银行家，因为他的银行在社会上慷慨捐赠，所以他被一所著名的大学授予荣誉学位。但与此同时，他为了个人利益去敲诈股东；更讽刺的是，他还在大学开设道德课。

我们要求我们投资的公司尊重法律条例，无论我们有多么不喜欢它，它都要在遵纪守法的基础上使我们的股东报酬率达到最大化。作为股东，我们将利用我们获得的收益来追求自己的个人目标，其中也可能包括“社会”目标。明确区分公司目标和个人目标有助于让事情变得更加清晰，从而使公司目标和个人目标都能以有益的方式开展。

当我们与何塞·玛丽亚·马克斯（José María Márquez）以及非洲在线（África Directo）合作发起非洲支持基金时，我们小心翼翼地向他们强调了要把商业和“社会”的角色分离。该基金最终取得了很大成功，我们资助了非洲的医院、学校、医药、水处理系统、白化病儿童治疗等（见图3–2和图3–3）。项目遍布非洲20多个国家，总投资约为350万欧元（部分国家见表3–2）。

图3-2 在乌干达的卡姆文盖（Kamwenge）地区建造的圣安东尼小学

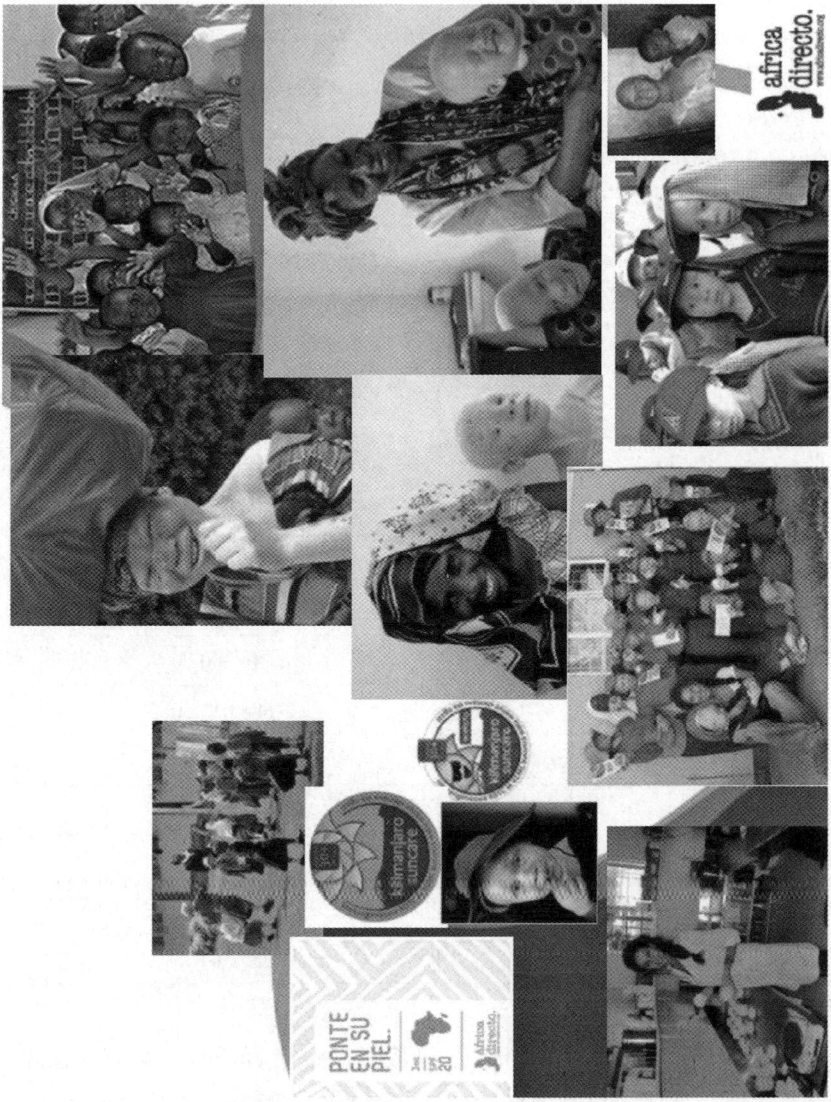

图3–3　凯里森与白化病儿童

表3-2 非洲支持基金

国家	总计（欧元）
安哥拉	202 000.00
贝宁	73 427.00
布基纳法索	7 200.00
布隆迪	58 500.00
喀麦隆	130 000.00
刚果布拉柴维尔	5 350.00
厄立特里亚	110 000.00
埃塞俄比亚	64 000.00
肯尼亚	106 500.00
马里	28 850.00
马拉维	699 076.00
尼日尔	5 000.00
莫桑比克	24 540.00
刚果共和国	44 300.00
坦桑尼亚	684 013.50
塞拉利昂	139 041.00
苏丹	411 660.00
乌干达	527 107.29
赞比亚	35 000.00
总计	3 355 564.79

资料来源：非洲在线。

我认为，这个项目有助于为公司股东的社会责任打下基础，这才是最重要的。然而，尽管这种援助至关重要，并且公司应该持续下去，但这种援助需要得到其他类型公司的长期资助。最可持续发展的资助是动员当地的企业家将公认的技术、想法或科技应用到他们自己的国家，或者提出适合他们国家的新的经济发展模式。发展中国家的居民用自己的资金资助的决策是最站得住脚的选择，这有利于发展中国家经济的可持续发展，而且重要的是，它不会扭曲受援国的国内市场。

应尽可能按照这些方针给发展中国家提供援助。然而，当政治家和官员掠夺本国资源或企业家创造的财富、摧毁他们的工作、消除对个人主动性的激励时，真正的问题就出现了。很多全球计划旨在解决这一问题，如保罗·科利尔（Paul Collier）倡导的提高“宪章透明度”。在这些计划开始结出果实时，它们将是这些经济体发展的一大进步。

“有耐心的资本”（patient capital，也叫长期资本投资）是另一种创新援助模式，它在传统公益与资本市场之间架起一座桥梁，以期从根本上解决贫穷问题。一个成功的例子是“聪明人基金”（Acumen Fund）[①]，该基金面向受援国有能力的个人提供金融投资，从投资的项目中获得报酬，然后再用于资助新的项目。

提供援助的方法有很多种，但是不管哪种方法，避免将商业目标和社会目标混为一谈是至关重要的。一旦目标混淆，捐赠者和受援者都会随之感到困惑，这还将扭曲捐赠国与受援国之间的兑换关系。

回到市场上来，2007年上半年的开局不错，但一些结构性产品（衍生品，如期权、期货等）的投资操作开始在夏季出现问题。这是由房地产抵押贷款导致的，也标志着经济周期的变化即将到来。我们几乎总是

① 聪明人基金是由杰奎琳·诺沃格拉茨（Jacqueline Novogratz）创建的，作为世界上最活跃的社会企业创投基金之一，它已在全球投资了26个企业（大多在印度、巴基斯坦及非洲国家），帮助到的发展中国家民众超过了3 600万。

避开结构性金融产品（例外是1998年购买的与大宗商品挂钩的日本债券以及2000年购买的纳斯达克债券）。这种金融产品不容易被投资者理解，投资者会觉得自己好像被收取了隐性费用，这也就降低了它们的吸引力。

因此，这种金融产品可能获得的报酬往往与通货膨胀差不多，甚至比通货膨胀更多一点。同样，我们几乎从来没有直接投资衍生品、期权和期货。这些工具将投资重点转移到了短期上（长期对冲价格过高，但短期内价格低廉），而我们认为短期波动完全是随机的。投资组合的最佳对冲方式是用合理价格的优质股票来构建。

之所以我说“几乎从来没有”，是因为在2000年至2001年我们曾试图对冲我们的美元投资（一个特例）。当时，我们的全球投资组合中有逾30%的资产是美元，美元兑换欧元的汇率处于30年来的最高水平——低于1美元兑换1欧元。在对冲了几个季度可能的美元贬值后，西班牙国家证券委员会联系到我们，并告诉我们，由于我们没设“风险控制部门”，我们这种行为是不被允许的，我们无法继续对冲。我们也曾考虑过创建这样一个部门，但考虑到成本和使用衍生品的有限时机，我们还是决定放弃。

我们一直与监管机构保持着良好的关系，但那一次监管机构似乎管得过了头。我们遵守了法律条文，但在随后的几年里，美元对欧元贬值了40%，来到2005年的1.35美元兑换1欧元，这让我们的客户损失了高达10%的资产。

回到2007年，我们清楚西班牙未来的（严峻）前景，并且已经制定了防御型的投资组合。事实上，我们已经将投资方向转向葡萄牙，试图减少对西班牙的投资，但我们对全球危机的准备还不够充分，尽管我们在金融板块没有任何敞口。我们没有意识到美国房地产的泡沫及其影响。我们也不知道如何将适用于西班牙的相同投资视角应用于迈阿密或拉斯维加斯等地。

与此同时，我们真诚地相信（后来证明是对的）我们的投资组合是稳健的（我们有优秀的公司和合理的价格）。我们被多次问到，为什么我们没有通过持有更多流动性资产来为下跌做准备，但事实上，我们对我们的全球投资组合感到满意。我们的公司没有出现流动性问题，但其他高负债的公司却引发了暂时性的流动性资产被冻结，这反过来又拖累了整个金融体系。

我们在这一时期最重要的投资（无论是业绩还是股价）表现出色。只有Alapis（希腊一家制药集团）和科菲德（Cir/Cofide）的表现令人失望。Alapis表现失望的原因是欺诈，最终其董事长被监禁（忠告：不要投资那些邀请你参加他们所有活动的公司，以及董事长带着一群保镖旅行的公司）。科菲德表现失望的原因是近年来欧洲电力行业的危机状况。

2007年下半年，我们就非常困难了，无论是从绝对回报还是与市场相关的回报来看，我们的基金都公布了负报酬率。

我们以前说过，也多次解释了这一点：对于我们来说，最糟糕的时候是市场从牛市转向熊市的过程。此时，我们投资的公司是防御型的，我们通常持有高于正常流动性的资产。这一次，我们的流动性处于正常水平，当时我们正在好转，基金的表现异常得好，这导致我们放松了本应该有的警惕。

出于好奇，2007年秋天，我参加了西班牙一家大银行的投资者日（Investor Day）活动，我只是想去看看银行业的当前表现如何。后来，我发现他们对房地产市场的现状一无所知。我发现他们完全不知道将要发生什么。有一位商业银行总监厚颜无耻地预测，未来5年，西班牙每年将建造50万～60万套住宅。

如果连西班牙最大的银行都不知道将要发生什么，那么这只能佐证了我的想法：西班牙的金融业将受到非常严峻的冲击，尤其是储蓄银行。对后者来说，高度的政治干预是一个严重的问题。市场上关于欺诈性贷款活动和试图掩盖坏账规模的谣言正不断流传。当人们谈论将银行国有化以避免历史重演时，他们对地方政府干预下的储蓄银行的遭遇表现出极度的短视，这再次表明在金融危机中的政治干预是一个灾难。

2007年年底，从长远来看，我们在产品范围方面取得了一个显著的进展：我们在秋季设立了对冲基金。这实质上是一只集中性基金——一只“百里挑一对冲基金”。它集中投资在我们几个最好的投资主意上，理当比其他的基金表现更好，但波动性也更大。时间证明了这一点，“百里挑一对冲基金”相对于贝斯因特基金（我们的旗舰基金）获得了一些额外的回报。

一开始，我们制订了一个类似于竞赛的收费计划。后来，我们改变了对冲基金的费用，因为我们认为这对客户不公平，于是我们创造了一个新的收费体系。对于“百里挑一对冲基金”与贝斯因特基金相同的利润部分，我们收取固定费用；而超出的利润部分在客户和资产经理之间是五五分的，这是一个各方都非常满意的解决方案。

2008年：股市大跌

2008年第一季度，尽管我们在西班牙的投资组合中做了很好的准备，而且没有在全球投资组合中投资金融公司，但我们仍然在2008年年初陷入了异常糟糕的处境，西班牙和全球投资组合的资产净值分别下降了6%和12%。净值的下跌发生在我们收到了三个要约收购的情况下（其中最大的是Corporate Express配送中心，占到全球投资组合的3.5%的资产权重，是我们的重要持股），这是一个坏兆头。

2008年第一季度的主要问题并不是基金公布的业绩如何，而是投资者资金的外流。有趣的是，我们的大部分资金都是在这个时候赎回的，而不是在2008年9月雷曼兄弟倒闭之后。这主要是因为前些年购买我们基金的许多投资者显然没有做好承受股票市场波动的准备。事实上，很多人利用银行贷款购买基金，现在发生的情形证明了这些贷款也被少量用于非房地产行业的投资活动。至此，2008年第一季度大量的资金被赎回，占到总资产的20%。

在2008年第一季度的三个月中，赎回的资金为每日2 000万～3 000万欧元，但我们能够在不出重大问题的情况下，处理好这些赎回。由于先前提到的要约收购给我们带来了流动性，我们也卖掉了一些股票。此外，我们还从股东那里得到了新的资金，他们抓住当前基金诱人的市场价格进场投资。

流动性

有些人指责我们通过投资流动性不足的股票获得了良好的业绩。正如我们所看到的，情况并非总是如此，我们投资于大盘股的时间不断增加——事实上，在现实操作中，我们对公司规模并不太关心，我们主要对其业务和估值感兴趣。然而，次级股票缺乏流动性的假设是不成立的。让投资变得困难的关键问题是估值错误。当你的估值正确，而股票价格低于正确的估值时，你不用担心没有买方。有时你可能需要提供一个小折扣来购买股票，比如5%，但你也有可能卖到比市场更高的价格。低流动性策略（购买交易量较少并且能够耐心等待市场纠正价格偏差的股票）是一个简单、可靠的选择。

相比之下，所谓的大公司股票流动性也可能在一夜间蒸发掉。几年前，我们遭受过这样的情况。我们对阿霍德的估价为每股13欧元，我们认为作为欧洲斯托克50指数[①]的成员，阿霍德每股9欧元的交易价格是非常有吸引力的。可问题出在该公司的财务报表并没有反映真实情况上，当财务造假被发现后，第二天该股票价格以每股3欧元开盘。一家流动性大的超级蓝筹股公司一晚上损失了66%的价值，所以不用说，每股9欧元也不代表着它具有流动性。我们的错误仍然在于做出了错误的价值评估。

在这件事中，最令我们恼火的是，我们忽略了一些警告迹象——它们几乎总是会发生。就这件事来说，在阿霍德决定收购一家西班牙连锁超市Superdiplo（我们也持有这家连锁超市的股份）时，我们认为阿霍德在这项交易中买贵了。但做投资不用带着积怨，多年后我们又买回了阿霍德，并取得了一定的成功。

与此同时，我们以目标价格出售的小公司不计其数：斯瓦萨、Inmobiliaria Asturiana（西班牙阿斯图里亚斯自治区最大的房地产公司）、费庞莎、帝舵、安娜亚商业集团、福斯油品集团、冠美、海格曼、伯尔曼等。在某些情况下，市场会自动发现价格被低估并将其抬高到合理区间。而在其他情况下，其他公司可能直接出手买下它们。市场存在各式各样的驱动因素，这些驱动因素都有助于消除市场的无效性，使价格回归公平价值。我们遭遇过的最大例外是前面提到的恩德萨电力公司子公司出售这一事宜。对方非常精明地利用了合并流程，如果“独立”的评估方对合并交易的对价给予了批准，双方就需要进行合并。如果恩德萨电力公司已经发起了公开市场要约收购，那么我们是不可能参与的。这种情况也发生在冠美身上，我们是在第三次收购时才同意，这是在第一次收购后第二年才发生的。无论如何，我们没有在恩德萨电力公司子公

① 欧洲斯托克 50 指数（Euro Stoxx 50）是由欧盟成员国法国、德国等 12 国资本市场上市的 50 只超级蓝筹股组成的市值加权平均指数。

司上亏钱，我们只是错过了赚取更高收益的机会。

佐证流动性并不是一个问题的最新事件发生在2014年，当时我离开了贝斯因特，紧接着我的一些同事也辞职了。当时，25%的基金资产在一个季度内被赎回，但贝斯因特依然能够在熊市中出售必要的股票，而不必求助于折扣促销，除了在少数情况下。

2008年：继续下跌

2008年第二季度，我们的两个投资组合又损失了6%。尽管2008上半年西班牙投资组合的下跌幅度低于该指数，但全球投资组合的下跌与指数大体相当。在摩根大通（JP Morgan）决定收购资不抵债的贝尔斯登（Bear Stearns）后，市场在2008年4月和5月有所缓解，强劲反弹约20%。

赎回仍在继续，但相比于2008年第一季度，赎回速度明显放缓，加上市场的复苏让我们能出脱一些持股，这些极大地缓解了我们的紧张情绪。有趣的是，2008年一整年，办公室都在装修，于是整个团队在同一个房间工作，而不是在我们平时的个人办公室工作。我想在一个房间里办公也有助于我们抱团取暖，坚持下去。

在全球投资组合中，我们卖掉了部分持股，并将取得的资金投资于汽巴精化——一家精于精细化工的全球领导企业。不久之后，这项投资为我们带来了意外的惊喜。巴菲特在那一年的夏天以远高于汽巴精化的市盈率收购了罗门哈斯（Rohm & Haas），这是一家与汽巴精化有相似业务的化工企业。

美国的金融问题继续恶化，大宗商品价格不断上涨，尤其石油价格上涨到了每桶140美元，这导致全球通货膨胀预期飙升。10年前，石油交易价格低于每桶10美元，在过去的10年间增长了约15倍，而股市在这个时候却没有什么起色，回报率约为0%。面对此景，你应该能感觉到未来的价值在哪儿了。

我们的基金在2008年第三季度再次大幅下跌，西班牙的投资组合下跌了12%，全球投资组合下跌9%。经过一个相对平静的夏天，2008年9月全球爆发了近几十年来最大的经济动荡。雷曼兄弟于2008年9月15日宣布倒闭，几天后，美国国际集团（AIG）、美林证券（Merryll Lynch）等公司也出现了严重问题。

金融危机

舆论普遍认为，金融危机是由华尔街的银行家恶意引起的，他们的贪婪打破了健康社会所创造的理想社会秩序。毫无疑问，他们要承担一些责任，但责怪他们就像是把毒品问题推给街头巷尾的那些小贩子一样。我们都知道，毒品问题最终或者说主要负有责任的是那些首先将毒品推到市场上的大毒枭和那些吸毒的消费者自己，而分销毒品的小贩子则利用了消费者的弱点，对其造成了伤害，并付出了代价。对于金融危机来说，最终负主要责任的是那些人为地降低利率或违反法律义务，从而导致贷款能被提供给那些未能满足必要最低条件的群体。

在西班牙，我们没有感染华尔街病毒，也没有债务抵押债券的问题，两者都在《大空头》中得到了很好的解释。然而，我们遇到了一个同样的问题，那就是利率问题。

其根本问题在于：货币的价格（利率）不是由市场决定的，不同于服装或食品；相反，它是由所谓的政府专家在有限信息基础上做出决定的（我们将在第四章详细讨论）。如果服装的价格由某个专家小组决定，那么我们该怎么办？事实上，这种事发生在一些国家，而我们已经知道结果了。

回到利率上，人为的低利率政策怎么可能不造成负面影响呢？很显然，有人会试图利用低利率得到好处，华尔街那群人在这件事情上拥有某些特权地位，他们充分利用政治阶层（美联储）向他们提供的低利率来牟利。

低利率问题也是西班牙危机的驱动因素，这个问题可追溯到1998年，当时长期资本管理公司因为“太大而不能倒闭”（too big to fail）而获得帮助。之后，大批网络泡沫公司崩溃，“9·11”袭击事件发生，伊拉克战争发生，这些事件给美联储降息提供了充足的借口，使基准利率在2002年至2005年三年内保持在2%以下（见图3–4）。2003年春季，短期利率为1%，这是自1958年以来的最低水平，而当时的通货膨胀率超过2%。换句话说，这三年的实际利率为负数。据此，根据凯斯–希勒住房价格指数（Case-Schiller index），在2004年至2005年这两年内，美国十大城市的房价上涨了38%。

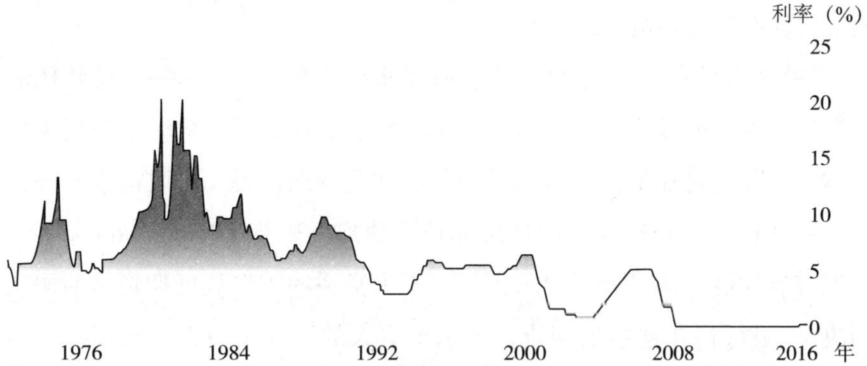

图3–4　美国联邦基金利率

资料来源：联邦储备局。

美联储应该受到责备，而且美国国会发挥了推波助澜的作用（如果问题仅出现在低利率上，那么也许这场金融危机还能够被避免。2008—2015年，利率也是接近0%，但也没有发生什么明显的危害，看起来资金似乎没有像以前那样流入系统）。回顾2003年，民主党国会议员巴尼·弗兰克（Barney Frank）的一些言论真是令人难以置信："我确实不希望美联储对安全性和稳健性方面给予如同我们在货币监理署（OCC）和储蓄监理署（OTS）同样的关注。我想在补贴住房方面再赌一把。"[①]巴尼·弗兰克当时负责制定有关政府资助企业（GSE）——如房利美和房地美——的政策。房利美和房地美是主要的房产抵押贷款担保机构。

与其说弗兰克没那么担心体系的稳固，不如说他太想在低收入人群中推高住房拥有率了。这就是为什么他没有放弃努力，迫使银行遵循他的理念，而忽略了人们的还款能力。在此之前，1992年，政府资助企业受到《经济适用住房法》的约束，该法要求向贫困家庭可提供担保抵押贷款的比例不得超过30%。这一比例在2000年克林顿执政时上升到50%，在2007年小布什执政时上升到55%。因此，大部分次级抵押贷款或低质量抵押贷款都是由美国国会控制的准政府组织来提供担保的（根据美国证券交易委员会的资料）。

《社区再投资法》（CRA）也发挥了重要作用。这是卡特总统年代的旧立法，克林顿政府加强了这项立法，并要求在提供贷款时不歧视少数群体，实际上是在迫使银行给予贷款。在这方面，另一位政治家——比尔·克林顿——时期的美国住房部长安德烈·科莫（Andre Cuomo）的话很有启发性，他谈到了要求银行向不太富裕的人发放抵押贷款的司法判决："银行将在这些抵押贷款上承担更大的风险……它将向那些原本无法获得这些贷款的家庭发放抵押贷款……这些高风险抵押贷款总额达到2.1万亿美元，我相信这些抵押贷款的违约率将高于其他贷款。"［参

① 巴尼·弗兰克于2003年9月25日加入众议院金融服务委员会。同一时期，有人引用他的话说："在我的判断中，许多人夸大了安全和稳健的威胁，使人们想到财政部可能遭受严重财政损失，而我看不出这一点。我认为，我们看到的实体财务状况基本良好，并且能够承受一些灾难性场景。"（指担保抵押贷款的半公共实体），2003年9月10日。

见托马斯·伍兹（Thomas Woods），《大清算》（*Meltdown*）。][①] 说完这些话后，他竟还能安心入睡！经调查，美国资助企业担保了1.7万亿美元的高风险抵押贷款。

简而言之，在危机爆发前的15年里，美国国会和美国政府积极地推动了低收入人群买房的政策。如果这项政策做得谨慎些，不超过理想的限度，那么这将是一个值得称赞的目标，然而事实并不是这样的。

如果北美两大主要政治机构不干预货币价格形成（通过利率）和抵押贷款条件（通过立法鼓励还款能力低的人承担债务），2008年的全球金融危机就不会发生。

在这种背景下，一些美国商业银行、华尔街（顺便提一下，那里的人工作的理念和方式跟我们不太一样）以及评级机构对这项政策的反应过于激进，因为它们总是会利用各种漏洞来增加自己的收入，发布一些令人困惑和不透明的金融产品。美国倡导的房贷激励政策进一步强化了华尔街的逐利性，使问题更恶化的是具有赌博性质的激励制度，即如果交易员做了错误的决策操作，损失就由他们工作的机构来买单；但如果他们赌对了，那么他们将获得高额的个人收益。

中国在这里也扮演了一个角色。这时中国正在大量购买美国债券，从而压低了美元利率。

这些因素都加剧了已经出现的问题，并使问题的严重程度达到极致。但华尔街、银行和中国政府都不可能对其他方发生的事情负主要责任，它们充其量只是在某种程度上推动了前面提到的政治机构犯下的错误。

哪些人没有预见到危机，又有哪些人预见到了危机的到来呢？尽管巴尼·弗兰克和其他支持干预的政界和学术界人士鼓励政府向还款能力

---

① 伍兹（2009年）。

较低的人放贷的政策，但也有一些例外。一个例子来自自由意志主义国会议员罗恩·保罗（Ron Paul），他在2003年9月10日提醒国会：

> 政府授权企业的信贷额度……扭曲了资本配置。更重要的是，这些信贷是以政府名义做出的承诺，实施从美国工人到政府资助企业债务持有人的大规模的不道德甚至有违宪法的收入转移。
>
> 具有讽刺意味的是，通过转移一般性抵押贷款损失的风险，政府正在增加房地产崩盘的可能性。
>
> 尽管政府干预房地产市场对经济造成了长期损害……从短期来看，它正在产生一场繁荣……但这种繁荣不会永远持续下去。

我认为，从事医生的职业有助于罗恩·保罗对这件事有一个清晰的看法。但与此同时，诺贝尔经济学奖获得者约瑟夫·斯蒂格利茨在2002年发表了一份关于政府资助企业的报告，在这篇由乔纳森（Jonathan）和彼得·奥萨格（Peter Orszag）共同撰写的报告中，他得出结论，按照新的资本标准，发生严重冲击的风险不到五十万分之一。[①]另一位诺贝尔奖获得者保罗·克鲁格曼（Paul Krugman）同样具有干涉主义倾向，甚至在2008年仍然声称政府资助企业与房地产危机毫无关系。

汽巴精化：至暗时刻的救赎

非常巧合，在雷曼兄弟宣布破产的同一天，即2008年9月15日，我们收到了对汽巴精化的要约收购，汽巴精化在我们全球投资组合中占有第二大仓位，权重为8%。德国化工公司巴斯夫（Basf）抓住时机，想

① 斯蒂格利茨等（2002年）。

要以理想的价格收购它。2008年夏天，汽巴精化的股价一直为每股25法郎，由于巴斯夫可能收购的传闻，汽巴精化股价涨到了每股30法郎以上。2008年9月15日，传闻成为事实，巴斯夫公开以每股50法郎的价值要约收购汽巴精化。我们对汽巴精化的估价为每股100法郎左右（巴斯夫自己的顾问在收购要约随附的文件中说，根据他们的公平意见，估计汽巴精化的价值为每股80～87法郎），不管怎样，我们拒绝了第一次收购要约。①

经过几周的等待，我们观察到市场正在进一步崩溃，于是在2008年11月决定将持有汽巴精化的全部股票出售给巴斯夫。由于汽巴精化上涨了75%，而投资组合的其余股票下跌了25%，此时汽巴精化的股票已经占到我们投资组合的20%。这给我们带来了一定程度的风险，而减持股票将为我们提供一些流动性。卖出汽巴精化股票来换取流动性的方案变得极具吸引力，而继续持有汽巴精化股票从而争取更高价格的吸引力变得越来越弱。能适时分离自己与投资建立情感联系的能力是一项重要性格资产，不要舍不得，不要沉迷于某一特定的股票或公司，当然也不要轻视它们。我们必须能够适应不同的情况。尽管汽巴精化股票的价格可能有进一步上涨100%的潜力，但我们这时决定减持汽巴精化的股票，从而让我们有机会购买具有200%上涨潜力的股票。并且，额外的流动性也将为我们提供资金缓冲，以防御危机的恶化。

这是又一个活生生的例子，它告诉我们应关注选股而不是试图预测世界将会发生什么。我们生活在持续不断的不确定性之中，并将继续这样生活，直到生命中唯一确定的事情来敲门。我记得，在1990年刚开始于金融市场工作时，我第一次听到这些话，从那以后我就自省，牢记这些忠告。想猜猜我们现在处在什么时代吗？你已经知道答案了——这是

① 佩雷拉·温伯格合伙人（Perella Weinberg Partners），《关于提请汽巴精化控股公司董事会关注的公正意见书》，2008 年 9 月 13 日。

一个充满不确定性的时代。

尽管股市继续暴跌，但截至2008年10月，投资者已经不再大量赎回资金了。我们的投资者是一群明智的人，从2008年1月1日开始，当跌幅大约达到25%的时候，投资者赎回股票的欲望开始慢慢消散。在2008年一整年中，我们都竭尽全力与投资者沟通，保持投资的透明度。我们召开了电话会议，开始公布我们基金的目标价值，并将更多的信息扩展到我们的季度报告以及与其他客户的沟通中。

2008年9月30日，我们又向客户发送了一封信，与2000年12月类似。在这封信中，我们再次强调我们的投资组合非常保守，美国房地产市场的调整现在进展得相当顺利。这封信以及其他沟通的努力似乎得到了预期的效果。

亲爱的投资者：

最近的事件对西欧，特别是美国的各大金融机构产生了重大影响。这场危机的起源与之前一样：在一些有关当局的默许或明确支持下，金融体系过度杠杆化。正如我们一直警告的那样，这种过度行为总会让人感到不安，也会对所有相关的人不利。

然而，我们要重申，虽然在短期内，贝斯因特基金受到了这种情况的影响，但长期影响是微乎其微的，并且当前股市的动荡也为我们提供了投资机会。具体影响因素有以下几点：

- 一段时间以来，我们的投资组合中不存在银行业股票，因而排除了该领域的风险，而且我们将继续这样操作下去。这不是巧合，而是我们对信贷泡沫破裂的预测。
- 我们投资的90%以上的公司都基本没有债务，或者根本就没有债务。它们不需要通过信贷来经营，其中不少公司还持有合理的现金净额。

- 我们投资的公司分布在世界各地，这意味着它们可以将销售重点放在更具吸引力的市场（中国、巴西、德国等）。
- 中国经济将持续增长，中国经济增长建立在储蓄和生产力等可持续因素的基础上，而一些西方国家的储蓄和生产力已供应不足。2008年全球经济的增速大约为3%。2009年的经济增长可能会放缓，但依然为正，多亏了中国的刺激政策。虽然西方国家的负面消息源源不断，但其他国家的经济仍在持续增长，而且没有积累债务，这有利于世界经济快速恢复。
- 大宗商品价格的极度飙升对我们基金中的一些公司产生了负面影响，但现在情况开始出现逆转。这将极大地推动西方各国人民的消费行为，也将很快反映在他们的购买力上。
- 正如我们在1月所指出的那样，对我们基金的最大负面影响来自我们公司的一些共同投资者的流动性不足问题。请相信，这是暂时的，最终我们投资的巨大价值将会显示出来。我们每个月将在网站上公布基金的目标价值，自危机开始以来，目标价值一直在稳步上升。

在美国房价停止下跌之前，“危机”不太可能结束。在一些地区，房价下跌已经达到50%左右，这意味着房价下跌可能很快就要结束了。北美经济的主要资产具有令人印象深刻的灵活性。在不到18个月的时间里，它们完成了令人难以置信的调整，这将为其未来几年经济增长提供更加坚实的基础。我们真诚地相信，这将给长期投资带来积极的影响。

不管怎样，我们仍然相信——无论看起来多么令人惊讶，在金融危机时期，股票是保值的最佳资产。耐心和沉着将帮助我们在中期内得到回报。

2008年10月，我们会在季度信函中详述所有这些要点，这是我们尽最大努力解释我们工作的承诺的一部分。

弗朗西斯科·加西亚·帕拉梅斯
首席投资官
2008年9月30日于马德里

透明度一直是我们与客户维护关系的重要组成部分。这里的确存在一些限制条件——竞争一直与我们相伴，但是在这些限制范围之内，我们会尽可能地为客户提供有帮助的信息。这使我们的客户能够更好地理解我们的工作，反过来也有助于基金的稳定性及管理工作。

因此，从2007年夏季到2009年春季，在整个危机期间，赎回金额仅占管理资产的20%多一点。这主要是由于机构的撤离，机构投资者比家族投资者更难以承受外部压力。

在2008年最后一个季度，危机不仅没有缓解，反而进一步恶化，基金的跌幅变得更大：西班牙投资组合下跌15.7%，全球基金下跌20.9%。我们的总亏损分别为35.16%和44.71%。其中，西班牙基金的表现比全球市场好5%，全球基金比全球市场差5%。

2008年10月尤其痛苦，我们公布了15%的亏损，其中有几天价格下跌了10%，随后是短暂的反弹。碰巧的是，我的第三个女儿出生于2008年10月9日，正值全球经济最糟糕的日子。

她的到来有助于我正确地看待这场危机，缓解了我周围的紧张气氛，并让我能够在某种程度上与正在发生的事情保持一定距离。持续的下跌创造了一种超现实的感觉，就好像这一切只是一场大起大落的梦。

阿尔瓦罗把最新的基金仓位报告带到了医院，我们试图利用股价波动的机会调整投资组合。

截至2008年年底，西班牙投资组合的市盈率为6倍，全球投资组合的市盈率为3.4倍。这显然是我们多年间遇到过的最低估值。西班牙投资组合和全球投资组合的上行空间非常大，分别为150%和340%。

2009年：迅速恢复

2009年开年的情况与2008年年底类似，投资亏损不断，一直延续到了3月的第一周。但一些积极的信号已经开始显现，我认真考虑了融资，这是我18年来第一次思考这个问题。任何投资，尤其是股票投资，都应该用日常生活不需要的多余储蓄资金来进行。融资应该是投资的一小部分。的确，房地产投资可以由抵押贷款支撑，但抵押贷款最多不可超过资产价值的50%，但股票投资应该涉及非常少量的债务，绝不应超过股票价值的15% ~ 20%。如果我们将债务控制在这个比例，我们应该能够在晚上安然入睡，因为我们知道我们将能够承受住市场波动。

我以前不使用融资，除了我第一次开始投资的那次。然而，2009年似乎是一个不容错过的好机会。最终，我还是无法下定决心。

我们处于低谷的最明显迹象来自我的家中。我的妻子第一次对我的基金投资回报（回报有助于支持她母亲的生活开支）提出质疑，与我讨论投资于波动性较小的基金是否是一个更好的选择。这件事发生在2009年2月，就在我们家的厨房里。我清楚地记得，当时我在想，既然连一直坚信我的妻子也在摇摆不定，那么距危机的结束也就不远了。

事实上，这场危机的最低点恰好与我们的投资者日重合。投资者日分别在巴塞罗那（2009年3月5日星期四）和马德里（2009年3月9日星期一）——这一天也是市场触底的日子。我们谈论的是自13年前的1996

年以来从未见过的价格。2009年3月9日，标准普尔500指数的交易价格比一年半前的高点下跌了57%。这是1929年之后历史上的第二大崩盘。

当我们抵达巴塞罗那时，国际基金的资产净值为每股9欧元，较2007年7月每股23.6欧元的高点下跌了62%，而这个高点就在18个月之前。在我最糟糕的噩梦中，我也从未想过由我们管理的投资组合会遭受25% ~ 30%的价值损失，更不用说62%了……我们不太清楚我们的客户会有什么反应。多年来，我们很好地解释了我们的投资方法，并在2008年加倍努力，但我们正在遭遇巨大的损失。

我们做了极其详尽的解说，比以往任何时候都要详细，并将投资组合分解到市场上罕见的粒度水平。例如，我们谈到了我们最大的两项投资——宝马和法罗里奥集团，前者的价格是每股11欧元（现在的交易价是每股70欧元），后者的价格是每股3欧元（现在的交易价是每股20欧元）（见图3–5和图3–6）。

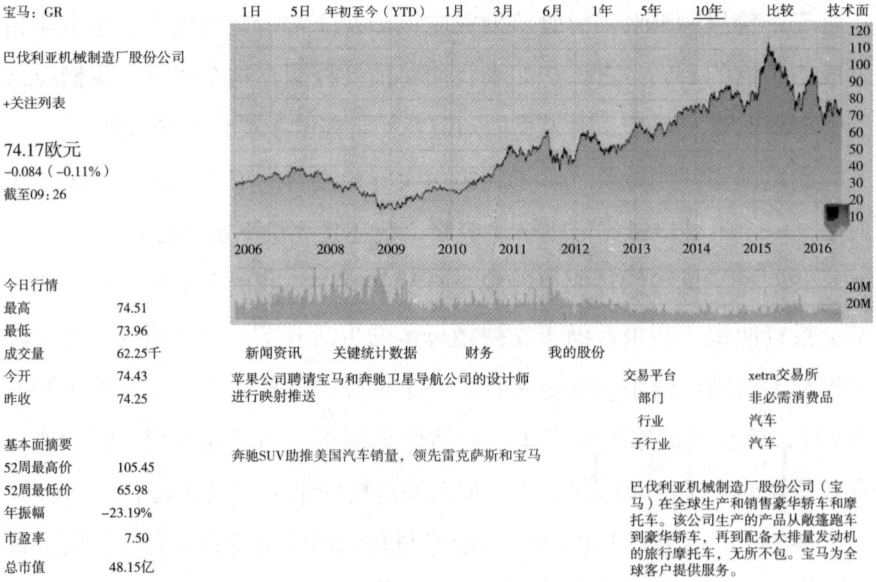

图3–5　宝马

资料来源：彭博资讯。

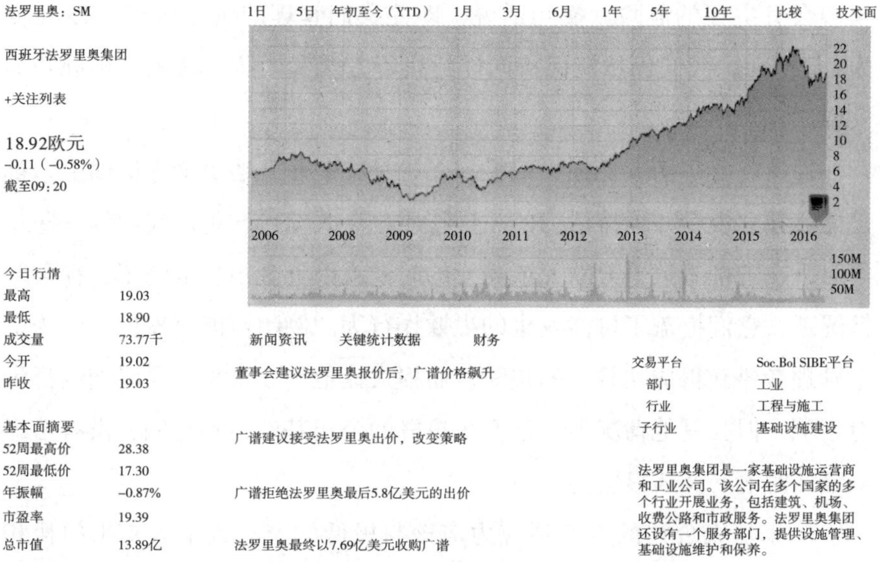

图3–6　法罗里奥集团

资料来源：彭博资讯。

和往常一样，我们确保处理好所有与会者的问题，最终反响特别好，他们不仅对此表示理解和感兴趣，还在会议结束时为我们鼓掌。我们得到了掌声，这可能是我作为投资者多年来遇到的最不寻常的事情。那些眼看着自己60%的存款消失的人（请注意，这只是暂时的，就像我们坚持的那样）为那些对这些损失负有“责任”的人鼓掌。三天后，马德里再次响起了掌声，这种令人惊讶的信心让我们再次有力量继续对抗下跌。

但就在同一天，也就是2009年3月9日，下跌停止了。现在，我们有必要停下来谈谈公司和我们作为资金管理者的生存能力，这也是我在妻子的建议下考虑过的。2009年，我们管理着20亿欧元，比2007年7月的65亿欧元大幅下降。我们从未负债，而且总是得到安迅能集团的支持，这意味着我们站在财务健康的基础上去面对危机。我们做了快速估算，相信我们可以承受75%～80%的市场进一步下跌，在那之前，公司不会有生存的危险。换句话说，即使我们管理的资金从65亿欧元变为5亿欧元，我们仍然能保持同样的投资方式和团队。这是一种额外的安慰。

保持收支平衡或低损平门槛，无论是在职业上还是个人层面上，都是能够独立生存并保持活力的关键特质！令人惊讶的是，我们的一些竞争对手在管理着数十万欧元或美元的时候就因资金不足倒闭了。在某些情况下，它们掩盖了可能发生的半欺诈行为。倒闭可能会发生，因为资金管理者要获得成功管理的报酬，而损失让他们在很长一段时间内都没有报酬。但在其他情况下，他们所投资的公司基础很不稳固，没有考虑到最坏的情况及其影响。

一家强大公司的专业适应力应该与极低的家庭或个人支出门槛相匹配，从而使我们能够克服私人生活中的各种情况。我们应该时刻准备好冷静地面对困难，过度负债和奢侈的生活方式都不符合我们的管理风格。我和我的妻子都很清楚这一点。

我确实相信，投资方式和生活方式需要一致。

但在当时，真正使我们的紧张消除的是从2009年3月9日开始市场的迅速复苏。2009年3月，德本汉姆（Debenhams）、艾斯普林特、奥西等受重创的各种股票都反弹了80% ~ 170%。由于汽巴精化的要约收购，我们利用回笼的资金增加了一些公司的头寸。令我们特别满意的是，许多复苏都是在公司公布良好业绩之后出现的。因为本应该是这样的。

到了2009年第二季度，结果已经发生了天翻地覆的变化。西班牙投资组合回报率达到21%，全球投资组合回报率达到43%。全球投资组合的复苏是我们在一个季度中公布的最强劲的一次，紧随其后的是下半年的持续增长。贝斯因特的资产净值在2009年3月触底至每股9欧元，年底为每股18欧元，较最低点上涨了100%，较2009年年初则上涨了71%。

公司股票质量

我们可能面临的其中一项指控是，尽管我们预见到了金融体系的过度杠杆，但我们没有留出足够的流动性资金来应对随之而来的后果。然而，现实情况是，我们喜欢我们的公司，并相信它会经得起任何考验。值得重申的是，尽管在我们看来，一些行业可能估值过高或存在潜在风险，但如果我们认为投资组合状况良好，那么最好的办法是等风暴消退。

然而，事后看来，我们全球投资组合中的公司股票质量显然没有达到抵御危机的理想水平。我们的西班牙组合是由精选的防御型股票和出口商组成的，以法罗里奥集团为代表，它占到了9%。但在全球投资组合中，情况并非如此，在某些情况下，我们仍然过于注重价格，而忽视了质量。

事实上，这场危机证实，从长期来看，价格合理的高质量公司股票的表现要好于价格低廉的公司股票。这是一条把我们从格雷厄姆带到巴菲特的道路，格雷厄姆专门研究那些实际资产估值过低的公司，而巴菲特则专注于高质量的股票，这种高质量股票由其享有的竞争优势程度来体现。

许多投资者走上了这条路，几乎所有的价值投资者都走了这条路。主要原因是，它长期提供了更好的结果，尽管没有太多的研究支持这一论断，这使其在最初并不是一个明显的结论。此外，在我们年轻且刚开始投资时，我们有一种想要做得更好并留下自己印记的渴望，这意味着我们倾向于选择价格最低的公司股票，这些股票表面上提供了最大的潜在上涨空间。而随着我们逐渐走向成熟，在经历了一些愚蠢或价值陷阱（经营不善的廉价公司股票多年来一直萎靡不振，未能创造价值）以及在我们的经济状况改善之后，我们的品位趋向于转向股票质量，即使你不得不为此付出多一点的价格。

稍后，我们将更详细地讨论质量之路。现在我只想提一下，我沿着这条路走下去的催化剂是乔尔·格林布拉特的一本小书《股市稳赚》[1]，它提供的统计数据证明质量是值得的。在反思了我们自己的投资组合（质量适中），并考虑到我们对未来更大韧性的渴望之后，我们开始更加谨慎地沿着这条道路前进。这意味着，2009年，某些股票，如迅达集团（老朋友）、威科集团（另一位老朋友）和泰雷兹公司（Thales）重新进入了我们的投资组合，并给我们带来了丰厚的回报。另外，当它们开始恢复价值时，我们部分或全部地抛售了诸如德本汉姆、司墨飞·卡帕（Smurfit Kappa）、科菲德（部分）和Alapis等股票。

向质量转变的自然结果，以及我们对选择股票所拥有的溢增长的信心，体现在我们全球投资组合集中度的提高上。到这个时候，我们的投资组合中有60～70只股票，也就是现在的水平。

2010—2012年：欧洲和西班牙危机

令人惊讶的是，全球金融危机并没有对欧洲经济产生直接影响，因为人们最初认为欧洲的金融体系比美国的更为稳健。但2010年，随着希腊陷入困境，市场开始担心欧洲，尤其是包括西班牙在内的所谓外围国家。除了西班牙，和其他所有国家一样，我们对包括葡萄牙在内的外围国家所发生的一切都毫无防备。

在西班牙，政府盲目地推行凯恩斯主义政策，随着时间的流逝，国家已无力负担那些花费的资金。与此同时，金融体系正进入缓和阶段，

---

① 格林布拉特（2006年）。

至2012年达到危机临界点。直到那时，西班牙的银行仍在设法掩盖自己的问题，持续延展不良贷款，而周围的人却视而不见。因为说出真相对任何人都没有好处，无论是金融体系、政治阶层、房地产行业，还是那些明知无力偿还贷款却依旧贷款的人。西班牙央行的专家们知道发生了什么，但被该银行的政治领导层压制住了。

值得记住的是，在西班牙，最严重的暴行发生在由地区政治权力控制的“非营利性”储蓄银行，而不是贪婪的资本家。政治阶层再次保护了他们的个人利益。只有当他们无法再支付房地产工人和银行家的工资时，他们才不得不坦白。

欧洲危机始于2010年春季的希腊，并在2011年夏季不断爆发，2012年夏季，市场崩盘（见图3–7）。多年来，西班牙、希腊、葡萄牙和爱尔兰等一些欧洲国家在经济上入不敷出，造成了巨大的外部失衡，这些失衡被大量的外国资金流入掩盖。在西班牙和爱尔兰，投资主要集中在房地产行业，这对提高生产力和社会财富几乎毫无贡献。历史正在重演10年前亚洲发生的事情。

最终，当人们了解这种增长是不可持续的时候，外部资金开始枯竭，人们会发现国王的确是赤身裸体的。注入公共支出只会让问题更加恶化，直到2012年，我们别无选择，只能面对现实，尤其是最大的外围经济体——西班牙。

我们早就预料到这事会发生。因此，在2010年至2012年的三年中，我们的伊比利亚投资组合的价值略有上升，而西班牙指数则下跌了30%。这是10年来我们第二次设法避免西班牙组合遭受重大损失（尽管这在2008年是不可避免的）。

在这个动荡时期，我们的防御型与出口型股票组合完美地实现了它的目的。最终，我们发现自己进入了一个新时代，坏消息占据着报纸头版，满足了我们在西班牙投资的必要条件。10年后的2012年，我们注意到危机开始反应在股价上，股价已远低于全球甚至欧洲市场，此时我们开始购买纯“西班牙”股票，如西班牙本土电视频道门户Antena 3、西班牙私人电视网Mediaset和加泰罗尼亚旅游公司。然而，直到2013年，第一批西班牙银行在被禁止出现在我们的投资组合15年后又以Bankia（西班牙马德里储蓄银行等7家地区性金融储蓄银行合并后的新银行品牌）和西班牙洲际银行的形式回归到了我们的投资组合中。我们没有参与Bankia在2001年7月的首次上市，但我们确实参与了它在2013年被救援后的回归。我们喜欢新的董事会、管理团队以及他们在接受推动银行前进的挑战之前所要求的高水平准备金。

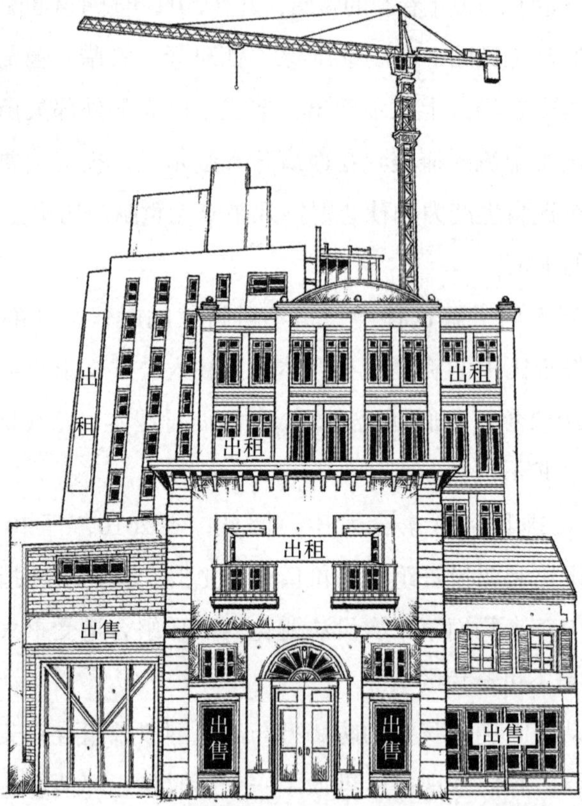

图3–7 崩盘

2011年，西班牙政府换届，其最初的影响是有限的。尽管中右翼的人民党在议会中占有绝对多数，但他们没有足够的勇气采取果断行动。然而，局势的持续恶化和外界（主要是德国）的压力迫使他们必须坚定：

- 金融行业的危急状态得到了欧洲组织的认可，这为房地产行业逐步找到其资产的真实市场价格创造了条件。
- 政府支出冻结。虽然没有大幅减少，但至少与过去相比，这是一种立场的转变。
- 实施劳动力市场改革，增强用人单位和职工之间关系的灵活性，使公司能够更好地适应不断变化的市场环境。

总体来说，这场由于长期入不敷出而造成的残酷危机，使我国国民的思想观念发生了一定的变化。人们当务之急不再是在离家近的地方找到一个舒适的地方政府官员的职位，因为这已经不可能了。现在，你必须到任何能找到工作的地方去找工作，即使是在遥远的其他国家。

所有这一切的结果是，我现在真正相信，西班牙拥有利用其资源并在全球定位方面实现飞跃的独特机会，拥有世界一流的基础设施（电信、交通、酒店等）和连接三大洲的优越地理位置，以及对劳动力和房地产成本的一定程度的限制力。对于那些有志于创建新企业或在现有基础上继续发展的全球企业家来说，这里是一个颇具吸引力的地方。

不可否认，西班牙仍然存在一些问题，比如腐败。或者，我们还需要在一个更可行的国家结构中找到一个适合地方政府存在的方案，但这些问题还没有严重到削弱其优势的程度。我不认为自己是一个疯狂的爱国者，但我喜欢我的国家，希望我的同胞有一个美好的未来。我回到西班牙，与一群优秀的专业人士一起创建了一家公司，为喜欢我们工作方式的客户提供服务，并尽我所能为我所在的城市和国家发展做出自己的微薄贡献。

从今天来看，我们在此次危机中最大的错误是未能对这些纯粹的西班牙股票有更大的信心。我们等了这么长时间，而且选对了时机，但不够果断，只投资了伊比利亚投资组合的10%左右。我无法说服阿尔瓦罗，他对市场产生了非常负面的看法，而我不想强迫他。

欧洲危机也对全球投资组合产生了一些影响，但影响不大。我们只是在2011年夏季遭受了重大损失，之后便逐渐恢复。我们挑选的所有股票，包括新加入的阿涅利家族的控股公司EXOR（意大利最大的私营工商业集团，欧洲最大的投资公司之一），都表现出色，尤其是我们钟爱的宝马。

2013—2014年：结束

2013年，我和妻子决定在伦敦待两年。这完全是出于家庭原因。我们希望有西班牙境外生活的经历，让我们的孩子接受英语教育。前两个夏天，我们在中国和美国度过，科技的创新使我们能够在世界任何地方有效地工作，至少对一名基金经理来说应该是这样的。

此外，伦敦不仅仅是一个古老的地方，它还是欧洲的金融中心（至少在英国退欧之前是这样）。因此，伦敦让我们有机会调查是否值得在那里设立一个办事处，以辅助我们在马德里的工作。

一切似乎都很简单，然而，在我搬到伦敦的过程中，安迅能集团出现了一些问题。经过2013年夏天的反复思考，我决定，在我们这种几乎可以称得上一门手艺的行业里，我作为一名经理人，必须能够管理公司，而不仅仅是投资。做出决定之后，我就试图在贝斯因特和安迅能集团之间找到一个合理的解决方法。我感谢它们25年来给予我的理解和无条件的支持。

我们考虑了各种选择：入股公司的控股权，通过引入第三者稀释母公司的决策权，友好地离职，以及其他一些方式。这一过程进行得极其缓慢，因为从逻辑上讲，对方对改变现状不太感兴趣。15个月后，我们没有任何进展，疲惫和沮丧压倒了我，于是我宣布离开。

在整个过程中，我的目标是确保客户有一个平稳的过渡期，让他们有机会做出自己的选择。但事实并非如此：我突然宣布离职，我要为此承担大部分责任。我认为我很快就会重返工作岗位，我的离开不会成为问题，但我错了。我就合同问题咨询了五位法律顾问，其中四位建议我继续工作，第五位建议我等到合同到期（还有两年）再离开。我最终被第五位律师瓦莱里亚诺·赫尔南德斯–塔维拉（Valeriano Hernández-Tavera）说服，他建议我不要对抗，而是耐心地等待两年。无论好坏，我就是这么做的。这符合我的性格，我强烈厌恶对抗。

我认为：如果我在2014年9月至12月留下来继续工作，那么我展开另一个新工作所需付出的代价将会增加，这可能是导致我在那一刻辞职的原因；如果我知道事实并非如此，我就会在2014年9月宣布我的意图，并一直待到2014年12月，那时我才会最终离开。

不管怎样，两个月的时间都不会对最终结果产生太大的影响。我想，对一些客户来说，最大的问题是缺乏在短期内继续与我合作的备选方案。

总而言之，我判断失误，而对方沉默不语，并没有回应我的最终提议。

无论如何，贝斯因特莫名其妙地拒绝了我所提出作为有序过渡的合作建议。然而，由于阿尔瓦罗、费尔南多和我的继任者贝尔特兰·德·拉·拉斯特拉（Beltrán de la Lastra）的共同努力，以及投资组合的稳健性，每个听从我建议（反是私下给出的建议，我并不想公开声明）的人都把他们的储蓄留在贝斯因特而不做任何草率的决策，并在这两年里取得了良好的结果。这再一次证明，一个专注于长期的良好投资组合能够承受任何风险，包括它的一名经理在熊市中突然离职。

避免重复犯错的关键是，首先你必须承认你的错误。我们都要为自己的错误负责，并从中吸取教训。不从错误中吸取教训的人面临的问题比错误本身更大。我犯了一些错误，希望这些错误能给我一个持久的教训。

我前25年的职业生涯就此结束。对客户来说，这25年的结果很好，尤其是那些从一开始就和我们在一起的客户，他们的储蓄增加了30倍。同样，股东们已经获得了足够的分红，而员工们也得到了足够的薪资报酬。

我现在已经换了一个稳定、平静和待遇丰厚的职位，以获取不可抗拒的完全独立。我想这对各方都是正确的决定。当然，这对于我来说也是如此。

这两年，我每天都在远距离地关注市场。我去过一些我想更了解的国家，比如印度和阿联酋。我写了这本书，它可能对一些人有用。我也花了更多的时间与我的家人、朋友和熟人在一起。

现在我已经开始了一项新的尝试——科巴斯资产管理有限公司，我希望这份事业能和前一个一样长久并获得好的回报。我对前25年的投资没有任何抱怨，对我离开投资的最后几年也没有任何抱怨。在接下来的25年里，当再次回到马鞍上时，我仍会试着不去抱怨……

附 录

表3–3 贝斯因特国际投资组合（2003年03月31日）

股票名称 / 股票代码	投资（千欧元）	占总资产（%）
国债（回购）	200	2.32
资产采购总额	200	2.32
固定收入总额	200	2.32
国内投资组合总额	200	2.32
7-11 有限公司（7-Eleven Inc）/SE	77	0.89
美国超微公司（Advanced Micro Devices）/AMD	44	0.51
荷兰全球人寿保险公司（Aegon NV）/AGNNA	61	0.71
法国通用保险公司（AGF）/AGF	62	0.72
阿霍德 /ANLN	42	0.49
阿利科公司（Alico Inc.）/ALCO	30	0.35
阿尔斯通公司（Alstom，法国一家轨道交通、电力设备和电力传输基础设施公司）/ALS FP	35	0.41
英国联合道麦克酒业集团（Allied Domecq）/ALLD LN	72	0.83
美国联合废品工业（Allied Waste lnd.）/AW US	55	0.64
亚琛和慕尼黑保险公司（AMB Aachener & Mun. DEM）/AMB29	23	0.27
美国国家保险公司（American Natl. Insurance）/ANAT	55	0.64
美国房地产公司（American Real）/ACP	21	0.24
埃文斯公司（Avenus SA）/AVE	141	1.63
英杰华集团（Aviva plc，英国最大的保险集团）/AV/LN	39	0.45
阿克塞尔施普林格公司（Axel Springer Ver. AG，德国著名媒体公司）/SPR GR	100	1.16

（续表）

股票名称 / 股票代码	投资（千欧元）	占总资产（%）
阿克苏诺贝尔（Azko Nobel，荷兰涂料和化学品公司）/ AKZA NA）	55	0.64
埃德蒙罗斯柴尔德私人银行	119	1.38
美国倍力健身公司 /BFT US	18	0.21
百乐嘉利宝 /BARN	89	1.03
巴腾堡科技 /BTBN NA	21	0.24
贝思 /BESI	110	1.27
贝尔食品 /BELN	51	0.59
美国贝尔工业 /BI US	54	0.63
贝尔南方公司（Bellsouth Corp.，美国著名电信公司）/BLS US	0	0.00
大食品集团（Big Food Group）/BFP	19	0.22
比尔芬格伯格 /GBF	131	1.52
博斯卡利斯威斯敏斯特海洋疏浚集团（Boskalis Westminster）/ BOKC	76	0.88
百时美施贵宝公司（Bristol Myers，美国一家医药保健及个人护理产品的多元化企业）/BMY US	74	0.86
瑞士布赫工业集团（Bucher lud. Bearer）/BUC SW	101	1.17
博尔曼（Bohrmann）/BUHE	31	0.36
英国大东电报公司（Cable & Wireless）/CW	0	0.00
剑桥抗体技术公司（Cambridge Antibody Tech）/GBP	23	0.27
凯捷咨询公司（Cap Gemini，法国著名的管理咨询、技术和外包服务公司）/CAP FP	19	0.22
美国电路城公司（Circuit City Stores USD，美国第二大消费者电子产品零售商）/CC	48	0.56

（续表）

股票名称 / 股票代码	投资（千欧元）	占总资产（%）
法国国家人寿保险公司（CNP Assurance）/CNP	28	0.32
柯顿（Codan DKK）/CORAN	45	0.52
德国商业银行	0	0.00
西维斯公司（Cvs Corporation，美国最大的药品零售商）/CSV US	51	0.59
丘伯保险公司（Chubb plc）/CHB LN	68	0.79
日本大池药业（Daichi Pharma）/4505 JP	5	0.06
达索航空公司 /AM	109	1.26
德尔海兹 /DELB	132	1.53
德福乐 /DVO	129	1.50
德国能源集团（E. On AG）/EOA	53	0.61
美国全仕通（Earthlink Inc.）/ELNK US	92	1.07
伊斯曼柯达公司（Eastman Kodak，世界最大的感光材料及照相器材制造公司）/EK	0	0.00
埃德尔音乐 /EDL	58	0.67
瑞士 Edipress 出版集团 /EDI	54	0.63
美国电子数据系统公司（Electronic D. Systems）/EDS US	24	0.28
法国 Elior 集团（欧洲领先的订单送餐服务商）/ELR FP	32	0.37
德国爱思卡达 /ESC GR	43	0.50
艾格服装 /TAM	64	0.74
美国仙童半导体公司 /THE	52	0.60
费尔法克斯金融控股公司（Fairfax Financial Holdings）/FFH	176	2.04

（续表）

股票名称 / 股票代码	投资（千欧元）	占总资产（%）
联邦百货公司（Federated Dept.Stores Inc.）/FD	33	0.38
弗莱明公司（Fleming Companics Inc.）/FLM	7	0.08
德国法兰克福机场集团（Fraport AG）/FRA GE	121	1.40
资信利公司（Getronics）/GTN	0	0.00
法国 GEI 信息咨询（GEI Informatique）/GFI FP	52	0.60
葛兰素史克公司（Glaxosmithldine，英国制药和医疗保健公司）/GSK LN	80	0.93
大西洋与太平洋茶叶公司（Great Atlantic & Pactea）/GAP	12	0.25
Greencore 集团（Greencore，英国最大的三明治制造商）/GNC ID	55	0.64
海格曼 /HAGN NA	35	0.41
法国哈瓦斯通讯社（Havas，全球第一家通讯社）/HAV FP	54	0.63
海德	103	1.19
南方保健公司（Healthsouth Corp.）/HLSH US	6	0.07
南方保健公司（Healthsouth Corp.）/BRC US	0	0.00
海德思哲国际咨询公司（Heidrick & Struggles）/HSII	44	0.51
豪赫蒂夫（Hochtief，德国最大的建筑施工公司）/HOT	112	1.30
霍尼韦尔工业公司（Honeywell Ind.，美国一家多元化、高科技先进制造业）/HON	22	0.25
德国联合抵押银行（Hypovereinsbank）/HVM	12	0.14
美国万威国际 /IDT US	283	3.28
美国芯片设计公司（IDT Corp.-B）/IDT/B	0	0.00
皇氏陈冠（Imperial Chen Lids）/GBP	22	0.25

（续表）

股票名称 / 股票代码	投资（千欧元）	占总资产（%）
荷兰国际集团（ING）/INGA	63	0.73
美国伊瓦克斯公司（Ivax Corp.）/IVX US	38	0.44
卡尔施泰特（Karstadt STK，德国最大的商店集团）/KAR GR	40	0.46
瑞士 Kuoni 旅游集团（Kuoni Reisen CaLB）/KUNN	68	0.79
美国 Level 3 通信公司（Level 3 Comm. Inc.）/LVLT US	40	0.46
美国自由传媒公司（Liberty Media Corp.）/L US	75	0.87
M-Real 森林公司（欧洲印刷纸、办公用纸主要供应商）/MRLBV	44	0.51
麦金塔电脑零售集团（Macintosh Retail Group）/RWNT	46	0.53
麦当劳公司（Mcdonalds Corp.）/MCD US	40	0.46
Mediclin 公司（德国医疗保健设施公司）/MED GR	34	0.39
Medisana 公司（德国领先的家庭健康产品和服务提供商）/Mali	29	0.34
德国默克集团（Merck KGAA，世界上历史最悠久的家族性医药化工企业）/MRK GR	0	0.00
密特沃伦金属制品控股 /METP	117	1.36
麦德龙股份公司（Metro AG，德国最大的零售批发超市集团）/MEO GR	127	1.47
日本三井住友保险公司（Mitsui Sumitomo Ins.）/8752	68	0.79
米亚财险 /8754	140	1.62
北电网络公司（Nortel Networks Corp.）/NT	0	0.00
日本电报电话公司（NTT Corp.）/9432	96	1.11
纽米克公司（Numico）/NUTV	101	1.17
泰高集团 /NUT	113	1.31

（续表）

股票名称 / 股票代码	投资（千欧元）	占总资产（%）
奥西 /OCEN	94	1.09
办公麦克斯（OfficeMax，美国办公用品零售商）/OMX	76	0.88
奥村组 /1833	86	1.00
OPG 集团 /OPG	65	0.75
Ordina 公司（荷兰最大的信息通信技术服务提供商）/ORDN	74	0.86
荷兰 Pinkroccade 公司（Pinkroccade NV）/PINK	44	0.51
花花公子 /PLA	38	0.44
英国独立油气公司（Premier Oil）/PMO	0	0.00
英国保诚集团（Prudential plc，英国最大的保险公司）/PRU LN	15	0.17
莱茵集团（RWE，德国电力供应商）	82	0.95
荷兰任仕达控股公司（Randstad Holding）/RSTD	41	0.48
来爱德 /RAD	157	1.82
比利时鲁拉尔塔 /ROU	89	1.03
英国皇家太阳联合保险公司（Royal & Sun GBP）/RSA	25	0.29
英国纽卡斯尔啤酒公司（Scottish & Newcastle GBP）/SCTN	65	0.75
先灵公司（Schering，德国一家跨国制药公司）/SCH GR	76	0.88
先灵葆雅公司（Schering Plough Corp，美国一教跨国制药公司）/SGP	42	0.49
英国西尔克制药公司（Silke Pharmaceuticals）SHP LN	43	0.50
日本松风（Shofu INC.，医疗设备及用品公司）/7979	30	0.35
六面旗帜公司（Six Flugs Inc.，一家主题公园运营商）/PKS	23	0.27

（续表）

股票名称 / 股票代码	投资（千欧元）	占总资产（%）
SMG 公司（美国一家水培园艺系统和配件制造公司）/ SMG	44	0.51
昱辉阳光集团（Sol Im，全球领先的光伏产品制造商）/ SOL	0	0.00
萨默菲尔德（Somerfield，英国连锁超级市场）/SOF	26	0.30
思安公司（Spherion Corp.，美国一家专业咨询公司）/SEN	0	0.00
SSL 国际有限公司（SSL International plc）/SSL	72	0.83
捷达集团(Stagecoach Holdings plc，英国一家跨国运输集团）/SGC	37	0.43
施托克公司（Stork）/VMFN	57	0.66
Suez Lyonnais-Eaux（法国公用事业商）/SZE	36	0.42
斯威夫特能源公司（Swift Energy Co.）/SFY	37	0.43
赛姆斯公司（Syms Corp.）/SYM	15	0.17
电讯报 /TEAC	58	0.67
汤米・比利格公司（Tommy Billiger Corp）/TOM	60	0.70
托普斯公司（Topps Inc USD，美国烟草经营公司）	40	0.46
玩具反斗城公司（Toys R US，美国知名玩具零售商）/ TOY	46	0.53
三一镜报集团（Trinity Mirror，英国最大的报纸出版商）/ TN1	66	0.76
联合服务 /UNI	112	1.30
美国 Valuevision 媒体公司（Valuevision Media Inc）/V VTV US	18	0.21
荷兰文德克司 KBB 控股集团（Vendex KBB）/VNDX	104	1.21

（续表）

股票名称 / 股票代码	投资（千欧元）	占总资产（%）
威望迪环保（Vivendi Environ）/VIE FP	45	0.52
荷兰孚宝集团（Vopak，世界顶级的专业性港口储罐经营企业）/VPK	49	0.57
韦格纳 /WEGA	227	2.63
韦萨尼食品集团（Wessanen）/WESS	49	0.57
威科集团 /WLSNC NA	113	1.31
百盛餐饮集团（Yum! Brands Inc）/YUM US	45	0.52
苏黎世金融服务公司（Zurich Fin. Services AG，瑞士最大保险公司）/ZURN	66	0.76
股票总额	8 040	93.18
德高日本基金股份有限公司（DWS Japan-Fonds Anteile SI.）	388	4.50
基金总额	388	4.50
国外投资组合总额	8 428	97.68
投资组合总额	8 628	100.00

资料来源：西班牙国家证券市场委员会。

02

第二部分

理论：投资的基础

第四章　奥地利学派

在接触奥地利经济学家们之前，我已经有了10年的投资生涯经历。然而，对我来说，遇见这些经济学家是我投资生涯的一个重大转折点。他们对经济的看法持续地为我解释经济发展规律，他们的观点事后也被我在市场上的具体投资经验一一验证。他们一直都是我志同道合的朋友。因此，虽然在一本有关价值投资的书中谈经济学似乎有点不同寻常，但我认为，专门拿出一章来讲述奥地利经济学是合乎逻辑的。①

① 奥地利学派在投资方面并没有发表太多文章，但该学派最近有两本书是我特别喜欢的。第一本书是马克·斯匹兹纳戈尔于2013年出版的《资本之道》。2016年5月，马克接受了英国《金融时报》（*Financial Times*）的采访，在这次采访节目中，我认识了他。马克的分析集中在"迂回"的概念上，这个概念描述了当经济正常运转时，迂回经济生产过程越长，生产效率越高。这是一个与众不同的观点，我还发现，马克给了我一个很好的机会，让我重新去认识欧根·冯·庞巴维克（Eugene Böhm von Bawerk）对奥地利经济学的贡献，特别是他提出的一些关键概念，比如时间偏好（time preference）。第二本书是马洛京大学（Francisco Marroquín University）的院长加布里埃尔·卡尔扎达（Gabriel Calzada）推荐我看的。书名是《基于投资者理念的奥地利经济学》，由塔格扎德根等人著，2015年出版。这本书也很好地介绍了我们最感兴趣的有关学派方面的内容。

成为一名经济学专家并不是做好日常投资决策的必要先决条件，但如果有一个健全的理论框架作为决策的依据，那么这是绝对有用的。有时，对经济充分细致的理解能为我们提供解决问题的某个思路。事实上，我发现，在当今社会，如果不先创建一个稳健的经济理论框架，即使是最基本的投资概念也很难被大家理解。

尽管有数以百计的对冲基金投资者试图猜测经济走势，但大多数的价值投资者并不太在意这一点，他们几乎没有花时间进行预测。价值投资者认为，他们通过选择公司来增加价值。我们甚至可以说，对经济学缺乏兴趣是价值投资者的一个显著的特征。

这样做是正确的，因为试图猜测经济的下一步走向无异于暗中刺探数百万人的行为，尤其是政治家或统治阶级。正如我们所知，这几乎是不可能的。

即便如此，但人们的经验已经表明，了解所谓的经济是如何运行的只不过是对人的行为的理解，而人的行为确实是长期投资的过程中的重要因素。事实上，投资就是试图预测消费者、企业家、工人、政治家以及我们周围一切人的行为。如果我们理解了目标群体的行为动机，并且准确知道我们从目标群体那里期望得到的东西，我们就算入门了。经济与投资密切相连。这并不是因为这两个学科都与数字打交道（从很大程度上讲，数字是多余的），而是因为经济与投资的本质都在于理解人的行为。这才是所有优秀经济学家和投资者的终极目标。

幸运的是，有一个经济理论学派对我们研究人的行为特别有帮助。在奥地利经济学里，我们发现了古典主义者所称的“经济体及其经济学家”。这里，我说的不是巫师的学徒，而是一些脚踏实地的、有洞察力的人，他们能够解释人类的一系列行为，特别是与经济有关的行为。这个经济体及其经济学家不会告诉我们明年GDP将增长多少，也不会告诉我们通货膨胀将带来什么影响；但它可以基于不同的经济行为个体目前的行为方式，提醒我们某一个国家或某一个特定经济体在一段时间内可能发生的事情，警告危险可能潜伏在哪里，提醒我们在哪里游泳才是安全的。最终，它将为我们提供一系列关键变量去进行深入研究。这些变量与新古典主义经济学家们所认为的重要变量几乎不同。

因此，本章将重点介绍这群被边缘化、被排斥和经常被遗忘的奥地利经济学家们，旨在展示如何理解经济学中的人的行为，从而使我们能够更加清楚地看到未来，能安心地活在当下。

我本可以简单地向读者介绍路德维希·冯·米塞斯的巨作《人的行为》[①]或者默里·罗斯巴德的《经济思想史》[②]，但这两本书都有1 000多页，我不想耽误读者的时间。此外，考虑到它们对我写得这本书的意义，我认为奥地利学派不应该仅仅得到我这本书的一个简单脚注。

我在赫苏斯·韦尔塔·德索托的优秀入门读物《奥地利学派》[③]的基础上，简要概述奥地利经济学及其主要宗旨。最后，我将讨论如何将其观点应用到投资领域上。

奥地利学派简史

起 源

奥地利学派产生于19世纪，创始人是卡尔·门格尔（Carl Menger），其著作《国民经济学原理》[④]在当时带来了一场主观主义革命。但是，正如罗斯巴德所强调的那样，奥地利学派的基本思想可以追溯至更远，并有着道教（Taoism）的历史渊源。

---

① 米塞斯（1995年）。

② 罗斯巴德（2000年）。

③ 德索托（2008年）。

④ 门格尔（1985年）。

那时，罗马的法律制度已经在积累的习俗和进化的制度基础上发展了起来——关注这一点的一个关键人物是弗里德里希·哈耶克。当然，奥地利学派的形成和发展也得力于后来者的贡献。正如加图（Cato）所指出的那样：

与之对比，罗马共和国不是由一个人创造的，而是由许多人共同创造的。它不是在哪一个人的有生之年建立的，而是经过几个世纪，靠很多代人的努力建立起来的。因为世界上从来没有一个人聪明到能预见一切，即使我们能把所有人的脑力集中在一个人的头脑里，他也不可能同时考虑所有的事情，不靠长期积累的历史实践经验是不可能做到的。

——《奥地利学派》

这些词语的永恒性证明了这一点，奥地利学派是由许多思想家逐渐发展起来的，并在20世纪以哈耶克为顶峰（参见图4–1的奥地利学派发展图谱）。继罗马人之后，遵循托马斯主义的传统，在西班牙黄金时代，属于萨拉曼卡学派（the Salamanca School）的几位西班牙人对几个世纪后的奥地利学派思想做出了重要贡献。实际上，哈耶克认为他们是市场经济理论的主要开拓者。萨拉曼卡学派的主要思想家有：迭戈·德·科瓦鲁维亚斯（Diego de Covarrubias）、路易斯·萨莱瓦·德·拉·卡莱（Luis Saraiva de la Calle）、路易斯·德·莫利纳（Luis de Molina）、胡安·德·卢戈（Juan de Lugo）、胡安·德·萨拉斯（Juan de Salas）、胡安·德·马里亚纳（Juan de Mariana）、马丁·德·阿兹皮利奎塔（Martín de Azpilcueta）等。他们创造并发现了诸如主观价值理论、价格与成本的均衡关系、市场动态性质、经济均衡无法实现性、时间偏好原则和通货膨胀扭曲性等概念。显然，16世纪和17世纪萨拉曼卡学派的成员比21世纪的大多数经济学家（包括多位诺贝尔奖得主）更坚持自己的观点。

图 4–1　奥地利学派发展图谱

资料来源：puntodevistaeconomico.ordpress.com.

然而，在他们逝世之后，主观主义学派衰落了，这在一定程度上是亚当·斯密（Adam Smith）造成的。这位著名的现代经济学之父的确做出了一些杰出贡献，但他远离了主观主义传统，发展了客观的劳动价值论，并高度重视自然价格均衡。

劳动价值论后来成为马克思经济学说的基础。正如罗斯巴德后来所说的那样，经济思想的发展轨迹就像物理科学的一样远非线性，却一直在时断时续地前进。

尽管如此，18世纪和19世纪一些有远见的经济学家仍然燃烧着主观主义的火焰，尤其是法国的坎蒂隆（Cantillon）、杜尔哥（Turgot）和萨伊（Say），以及西班牙的杰米·巴尔梅斯（Jaime Balmes）。比如，萨伊提出了著名的萨伊定律，该定律认为供给自行创造需求，认为销售产品所获得的收入使我们能够对其他吸引我们的产品产生需求。这个简单的概念在一个世纪后被凯恩斯误解了，当时他提出了需求不足的错误概念，认为一个经济体内的需求可能少于供给，需要人为刺激。不幸的是，这种荒谬的观念一直伴随我们至今，并继续造成几个世纪以来同样的破坏。

卡尔·门格尔

卡尔·门格尔总结了前辈们的精髓，在与德国历史主义者有关方法论的辩论中为后来出现的现代奥地利学派的发展鉴定了基础。他主张对历史性和经验性数据进行先验逻辑分析。

门格尔的著作《国民经济学原理》构建了一个基于有形的、有创造力的人的经济理论，这与亚当·斯密和马克思提出的客观价值理论形成了鲜明对比。他的理论最终形成了“边际效用价值理论”（the law of marginal utility），即每个边际单位的价值随着最终目标和可用手段的不同而递减。

另一个重要贡献是他关于社会制度——诸如语言、经济、文化制度——的起源和发展的理论。他提出了这样一个问题：那些服务于公共福利并对其发展极其重要的制度，在并没有创建它的公共意志的情况下是如何形成的呢？他的结论是，随着时间的推移，这些制度是人们互动的结果，这些互动正是研究经济学的主要目的。货币制度是他理论研究及分析的主要对象之一。

在门格尔之后，庞巴维克将主观价值理论扩展到资本领域（成为第一个对生产的时间结构深入研究的经济学家）和利息理论领域。

庞巴维克阐述的利息理论是第一个将时间偏好概念作为确定利率基础的理论，它超越了单纯的货币交换。

最后，令我们特别感兴趣的是，庞巴维克是第一个思考心理因素如何阻碍“正确偏好”形成的学者，强调了人们倾向于对“现在”赋予过高的权重以及人们在做选择时常出现不一致的问题。他是行为金融学的先驱，近几十年来，行为金融学已经成为人们关注的焦点。

紧随其后的也许是奥地利学派最重要的思想家：路德维希·冯·米塞斯。

路德维希·冯·米塞斯

路德维希·冯·米塞斯出生在奥匈帝国的伦贝格。在研究了门格尔的《国民经济学原理》后，他成为一名经济学家。在参加了庞巴维克于维也纳举办的研讨会后，米塞斯开始在那里授课，后来又在日内瓦授课。在纳粹掌权后，他被迫逃到美国，在纽约大学上课。他的贡献是有目共睹的。

在他的货币价值理论中，特别是通过他的回归定理，他确立了今天的货币需求取决于昨天的货币购买力和需求，而昨天的货币价值又取决于前一天的货币价值，如此类推，直到最初的一种原始货币——如黄金——被首次当作货币使用。

在他富有洞察力的经济周期理论中，他强调了周期是如何起源于在没有足够预先储蓄的情况下通过一个没有黄金本位制支持的片面的准备金银行体系的，以及在央行默许的情况下创造信贷的。在此基础上，银行利用储户提供的短期存款发放长期贷款。由于银行没有保留所有的金额以满足储户的提取，资金就这样“凭空”产生了。赫苏斯·韦尔塔·德索托在《货币、银行信贷与经济周期》[①]中解释说，银行将储户的存款贷给第三方的行为违反了银行与储户之间的存款协议。在这一点和其他相关问题上，奥地利学派成员之间存在一些分歧，没有达成统一的观点——就像任何其他学派一样。

在米塞斯提出的社会主义经济核算不可能的相关理论中，他首先基于一个假设，即没有人能够做到在一个给定的时间点上积累动态经济中能够创造出来的所有知识和信息。这需要对不同经济主体的目的和手段进行无数次评估，这是不可能做到的，也不可能将可用的资源调整到期望的目标。所有这些都超出了一个人或一个智囊团的能力，试图这样做只会导致经济活动中人类行为的极端混乱。因此，在他的企业家理论中，他把人类描述成有形的、自由的和有创造力的存在，并在动态的社会过程中扮演着主角。

米塞斯负责创建奥地利经济研究所（the Austrian Institute of Economic Research），该研究所由哈耶克领导，是唯一一个成功预测1929年后将发生灾难的机构。有一个小插曲是，米塞斯曾经拒绝了奥地利信贷银行（Austrian Kreditanstalt）[②]的工作邀请，因为他对该银行当时的处境存有疑虑。

---

① 德索托（2006年）。

② 参见斯科森（1993年）。该银行最终破产，破产原因是大萧条。

与此同时，新古典学派的领军人物之一欧文·费雪（Irving Fisher）在1929年令人吃惊地表达了这句话，“股票价格似乎已经达到了一个难以企及的高点”。[①]

1949年，米塞斯写了他的代表作《人的行为》，这是奥地利学派最重要的一本书，也是一部鼓舞人心的著作。如果有读者想深入学习奥地利经济学，那么我强烈推荐这本书。

弗里德里希·哈耶克

弗里德里希·哈耶克是米塞斯最杰出的学生。我是通过哈耶克的著作才接触到奥地利学派的。2000年，我偶然发现了他的著作《通往奴役之路》[②]，该书在第二次世界大战后对经济产生了重大影响，尽管这本书还不算是他最好的作品。他最后一本著作《致命的自负》[③]最终赢得了我的心。他将自己的思想，特别是在制度的创建和发展以及市场的自发秩序等方面的思想，在这本书中做了极好的概述。

哈耶克出生在维也纳。起初，他倾向于支持社会主义的观点，在读完米塞斯的《社会主义》（*Socialism*）[④]之后，他抛弃了之前的观点。他成为米塞斯的信徒，并在以后出色地发展了米塞斯的思想。他完成了米塞斯对经济周期的解释，强调了利率操纵对经济周期的重要性。

人为的低利率及信贷创造是不受约束的经济繁荣的主要驱动力，这种繁荣将不可避免地以痛苦的经济衰退告终，因为要付出惨重代价来纠正以前的过度信贷行为。1928年，哈耶克运用自己的理论预测到了危机

---

① 关于奥地利学派所做的预测的更多例子，请参见塔格扎德根等人（2015年，第3章）

② 哈耶克（1994年）。

③ 哈耶克（1998年）。

④ 米塞斯（2006年）。

的到来：美联储试图通过降低利率来抵消20世纪20年代生产力大幅提高而导致的价格下降。美联储没有意识到这种价格下跌是自然形成的，根本不需要调整，这种人为干预行为反过来又会在经济体系中引发流动性过剩（类似的事情发生在2015年，尽管这一次生产力提高幅度较小）。令人惊讶的是，当经济学家（主要是新古典主义学派）和历史学家在分析20世纪30年代的大萧条时，哈耶克几乎没有被提及，尽管当时他与凯恩斯以及以米尔顿·弗里德曼为代表的芝加哥学派等进行了激烈的智力辩论。

在他的制度演化论中，他强调了这样一个观点，即社会不是一个由人类理性构建的社会秩序，而是一个复杂的演化过程，是一个正在进行的自然演化，人类无法有意识地加以改变。社会有动态的自发的秩序，任何人都不可能通过有意识的管理来改善它。此外，如果人为干预，那么这将涉及严重的胁迫，阻止人们自由地追求自己的目标。

除了严格意义上的经济领域外，哈耶克还从事权利和法律本质的重大研究。他特别提出了不受约束的自由不是自由，以及正义（法律面前人人平等）等概念。此后，这些概念经常被某些利益集团故意曲解。

默里·罗斯巴德

默里·罗斯巴德是奥地利学派又一位杰出的思想家，他对该学派做出了非常重要的贡献——如前面提到的著作《经济思想史》以及《美国大萧条》[①]，后者对20世纪30年代美国大萧条的原因做出了精彩的解释。

赫苏斯·韦尔塔·德索托

在奥地利学派中，西班牙也有自己的领军人物，其代表人物为赫苏

① 罗斯巴德（2000年出版的第一本书，2000年出版的第二本书）。

斯・韦尔塔・德索托。他在各个领域中做出了重要贡献，在他的入门书《奥地利学派》[①]中，他出色地解释了该学派的主要思想。同样值得一提的是他的代表作《货币、银行信贷与经济周期》[②]，这本书对人们理解备受瞩目的经济周期有很大帮助。

奥地利学派的主要观点

赫苏斯・韦尔塔・德索托在《奥地利学派》一书中阐述了该学派的主要观点，以及该学派与新古典主义学派、凯恩斯学派以及货币主义学派的主要区别。表4–1中学派观点的比较既有必要，又有启发意义。新古典主义学派主导着当今社会的经济思维，尽管已经被证明无法帮助我们顺利度过一生。

表4–1　不同经济学派的观点比较

观点比较	奥地利学派观点	新古典主义学派观点
1. 经济学概念（基本原则）	被理解为动态过程的人的行为理论（行为学）	决策理论：在受限因素条件下寻求最大化（狭义的理性概念）
2. 方法论观点	主观主义	个人主义方法论（客观主义）
3. 社会进程的主导者	具有创新精神的企业家	理性经济人
4. 行为者先验地犯错的可能性，以及企业家利润的本质	行为者（企业家）可能会犯纯粹的错误，如果他们在识别利润机会时表现出更高的企业警觉性，他们就可以避免这类错误的发生	不会发生后悔性错误，因为过去所有的决策都是在理性的成本与利润分析中做出的。企业家利润被看作生产要素中的利息

① 德索托（2008 年）。

② 德索托（2006 年）。

（续表）

观点比较	奥地利学派观点	新古典主义学派观点
5. 知识的概念	知识和信息具有主观性和分散性，且在不断变化（企业家创新力）。科学知识（客观）和实践知识（主观）之间有着根本的区别	提出目的和手段信息（确定性或概率性的信息）具有完整性、客观性和恒定性的假设。实践知识与科学知识没有区别
6. 参考点	趋向于通过协调过程处理问题；提出微观经济学和宏观经济学没有区别——每个经济问题都要与其他问题联系到一起来研究	均衡模型（宏观或微观），将微观经济与宏观经济分离
7. 竞争的概念	企业家竞争的过程	“完全竞争”的状态或模式
8. 成本的概念	成本是主观的（取决于企业家的警觉性和由此产生的新的、替代性手段的发现）	成本是客观的、恒定的（通过第三方能够获取和测量）
9. 形式主义	引入主观时间和人类创造力等抽象的、形式的语言逻辑	数学形式主义（典型的分析不受时间限制恒定现象的象征性语言）
10. 与经验主义的关系	先验演绎推理：将理论（科学）和历史（艺术）之间彻底分离，二者同时又相互协调	实证验证假设（至少在修辞上这样表述）
11. 具体预测的可能性	预测是不可能的，因为未来的事件取决于尚未创造出来的知识。只有定性的理论模式预测干预主义的不协调性后果才是可能的	预测是客观的追求目标
12. 负责预测的人	企业家	经济分析师（社会工程师）
13. 范式的现状	在过去的 25 年里（特别是在凯恩斯主义危机和苏联式社会主义崩溃之后）显著复苏	处于危机状态并在快速发生变化

（续表）

观点比较	奥地利学派观点	新古典主义学派观点
14. 投入的“人力资本”数量	经济学家数量少，尽管在增加	数量为大多数，尽管有分散和解体的迹象
15. 投入的“人力资本”类型	多学科的理论家和哲学家。激进自由主义者	经济干预专家（以及少数的社会工程学家）。对自由的承诺程度差异很大
16. 最近的贡献	■ 对制度干预（社会主义和干预主义）进行批判性分析 ■ 自由的银行体系和经济周期理论 ■（司法、道德）制度的演化理论 ■ 企业家精神理论 ■ 对“社会正义”的批判性分析	■ 公共选择理论 ■ 家庭的经济分析 ■ 法律的经济分析 ■ 新古典宏观经济学 ■ 信息经济学 ■ 新凯恩斯主义
17. 主要经济学家代表	米塞斯、哈耶克、罗斯巴德、柯兹纳	科斯、弗里德曼、贝克尔、萨缪尔森、斯蒂格利茨

从表4–1中可以看出，两个学派在方法和手段上有许多非常明显的不同。一些主要区别总结如下：

奥地利学派基于“人的行为理论”，它被理解为一个持续的动态和创造性的过程。要实现的目标以及实现这些目标的手段不是给定的，一开始就确定目标也是不可能的，因为这些目标因不同经济体正在不断进行的行动和反应而在不断变化。因此，在这个永无止境的动态过程中，人类是主要角色，这个过程永远不会达到平衡——米塞斯称之为“静态”，因为总会有其他参与者的行为打破预期的平衡，往这个动态过程中贡献新的元素。市场的主角是有创新精神的企业家，他们试图利用市场的无序性，以尽可能低的成本提供产品或服务来赚取利润。这有助于引导市场进程走向一个显然永远无法完全实现的均衡。

就像赫苏斯·韦尔塔·德索托所说的那样：

奥地利学派试图解决的基本经济问题与新古典主义分析的焦点大相径庭：奥地利学派研究的是社会协调的动态过程，在这一过程中，个体在寻求他们认为与他们所从事的每一项行动相关的目的和手段时，不断地以企业家的身份产生新的信息，从而无意中启动了一个新的自发协调过程。

具有创新精神的商人或企业家是市场的主角，也是我们故事中的英雄，他们以牺牲自己的积蓄为代价满足新的需求，或者采取不同的方法来满足现有的需求。他们做出冒险决策，却不知道这个决策是对是错。值得一提的是，在过去三年里，90%的公司都没有生存下来。当一个成功的企业家因获得巨额利润而受到批评时，请大家记住，企业家自己和之前的其他人已尝试了无数次错误和失败，而恰恰是这些错误为企业家提供的有用信息帮助他们取得了成功。

至关重要的是，企业家可能会犯纯粹的错误，因为他们无法从需求、价格或成本等方面准确地预测未来。由于信息总是主观的、不完整的，并且是由经济行为者不断创造的，所以任何人都不可能对正在发生的事情有完全的把握，更不可能对将要发生的事情有完全的把握。因此，具体的预测是不可能的，因为它们依赖于在大多数情况下还没有被创造出来的知识。企业家唯一能做的就是做出一般性预测，根据先验分析的基本原理去判断怎么做才有较大的成功机会，先验分析最终是对事件的向内分析；或者换句话说，它是基于少数在任何情况下都不可辩驳的公理（例如，你不可能同时选择行动和不行动两种行为），以及对现实如何运作所进行的个人反思。

正如纳西姆·尼古拉斯·塔勒布（Nassim Nicholas Taleb）所解释的那样，尽管奥地利学派经济学家做出了一些成功的预测，但试图预测未来却是一种夜郎自大的行为：寻找并相信已经找到了其实不存在的因果关系，过度强调完全不可预测但却反复出现的现象的存在。

这就是为什么奥地利学派认为“将自然科学方法应用于社会科学是一个极其严重的基本错误”。在经济科学中，不存在恒定的或功能性的关系，因为我们正在分析的人的行为——人的行动——具有天生的和无限的创造能力。正如牛顿所说，“我能够计算天体的运行，但不能计算人的疯狂”。他指的是南海公司股票市场在1720年出现泡沫，这让他备受打击（见图4–2）。

艾萨克·牛顿

艾萨克·牛顿爵士是英国最著名的科学家。他在“南海公司”泡沫中损失了20 000英镑，这是他一生的积蓄。最后他说出了“我能够计算天体的运行，但不能计算人的疯狂”这句话。

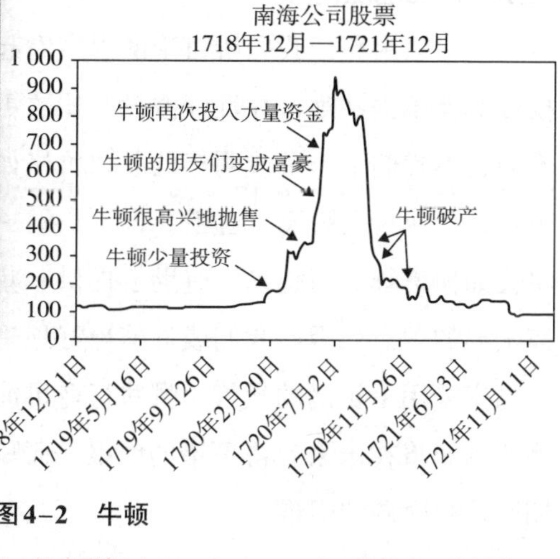

图4–2　牛顿

资料来源：麦嘉华（Marc Faber）、杰里米·格兰瑟姆（Jeremy Grantham）、艾萨克·牛顿爵士。

奥地利学派理论的另一个焦点是“成本概念”。对奥地利学派经济学家来说，成本是主观的，正如韦尔塔·德索托所解释的那样：“因为成本是行为者在决定采取某种行动时，对他们放弃的目标所赋予的主观价值。”换句话说，成本不是客观的，也不是既定的，而是通过行动被发现的。很明显，由于具体情况和替代方案的变化，成本在每时每刻都是不相同的。本质上，它是机会成本的概念。在面对我手上有的资源（原材料、时间、工作等）时，我究竟放弃了什么？

从投资的角度来看，这些都是非常重要的概念。值得强调的是，奥地利学派的研究领域非常广泛，几乎涵盖了我们感兴趣的领域。我并没有完全同意该学派提出的所有观点——例如，罗斯巴德关于敲诈合法性的奇怪理论，该理论指出，只要我们得到了信息，我们就可以采取我们认为合适的行动了。可以用得来的信息进行敲诈，这可以理解为我们给被敲诈者最后一次机会——但总体来说，我认为奥地利学派的观点解释了我们当今社会存在的很大一部分现实。

在投资方面的应用

到目前为止，我们所讨论的内容看起来是无关紧要的理论架构，与投资世界相去甚远，并且好像没有比这更偏离实际的事情了。诚然，它不会告诉我们下个月或明年的股票价格如何，不会告诉我们未来几年哪个新兴行业将会腾飞，也不会告诉我们一个国家或者另一个国家的GDP将会如何增长。但它确实有助于提供一些关于经济体的大概以及某种总揽全局的观点，因此我们或许能更好地理解正在发生的事情。例如，哪些国家采用了正确的政策，哪些行业可能获得了更多的资本流入，因此哪些国家将在未来获得不错的回报，而哪些行业可能会在获得可观的中期回报方面遇到困难。

下面是奥地利学派的一些主要观点，我发现这些观点特别适用于投资领域。

（1）顾名思义，市场是起作用的。市场是由数以百万计的个体相互行动形成的，是由拥有不同目标和手段的企业家组成的，只有企业家自己才能完全掌握这些目标和手段。干预这些市场互动行为将会人为地扭曲市场，并且会产生严重的后果，这些后果无法达到干预人员的预期。对负有责任的个人来说，经济干预有可能在短期内产生较好的结果；但从长远来看，干预的总体结果对整个社会来说只会更糟，因为这不是市场的自由选择。

主流经济学家公认的观点是市场会定期失灵——由不完全竞争、外部性、公共产品等因素导致，而市场失灵需要调整。然而，当人们自由追求各自的目标时（不管目标实现与否），我们对于市场在自由状态下是如何出错的无从得知。总体来说，正确的界定财产权能够解决这种“失效”问题。但是，即使我们承认存在市场失灵，我们怎么知道所谓的解决方案会比最初的错误更好呢？事实上，提出解决方案的那些特定人员还需要克服由具体解决方案引发的其他问题。这种讨论可以永无休止地进行下去。

我的经验是，干预越多，造成的混乱就越多。在国有计划经济体制下，这可能会达到某种极度混乱的程度，就像苏联的情况一样。让情况更加恶化的是，干预通常伴随着独断的法律行动：每个人对公平的理解都是不一样的。

*实践应用：*干预越大，经济增长就会越慢，法律保障就会越少，这就导致人们越不愿意投资于经济。巴西就是一个令人惊讶的例子。我一直很困惑，为什么巴西有如此巨大的发展潜力，却因为持续的通货膨胀而遭受高利率的打击。2010年，我在唯一一次去巴西的旅途中，最终发现了问题所在：巴西经济受到了人为过度干预，由一大群饱受压力的利益团体控制。公司要求关税保护，于是它们就获得了关税保

护；工人们也要求被保护，这可是他们自己的生产力所不能维持的，他们仍能得到他们所要求的。此外，政客们无法就解散臃肿的政府官僚机构达成协议（菲亚特汽车公司雇用1 000人的目的只是为了提交一些纳税申报单）。这种过度干预产生了无数瓶颈，也导致了社会不平等和经济失衡，使得国内某些社会群体获取了过高收入，而其他群体则在高通货膨胀和经济增长停滞中苦苦挣扎。新政府似乎想要结束公共支出的增长，改革劳动法，改变税收混乱的局面。时间会证明巴西能否成功。①

中国却恰恰相反。尽管中国被很多西方国家认为是社会主义经济体系，但政府干预——如前所述——在其广泛的经济领域基本上是不存在的，从而引发了激烈的竞争，以至经济能够在没有通货膨胀的情况下保持快速增长。

对货币市场的干预值得我们特别关注。我们将在后面的章节更详细地讨论这种干预产生的有害后果，它会逐渐稀释本国货币价值。事实上，货币干预程度可能是一个有用的长期汇率预测指标，虽然它在短期内不可能体现什么意义，但是高度干预可能是货币长期贬值的信号。

（2）市场永远不会均衡。市场处于一个持续的、永无止境的过程中，总会有企业家试图利用新知识或暂时的市场混乱提供价格具有吸引力、成本也合理的产品。警觉的企业家的存在使得公司很难（甚至不可能）长期维持超额的利润。因为总会有其他企业家试图复制某个好想法，从而为其资本带来高回报。

正因如此，很少有公司能够持久地保持竞争优势，而且这种优势往往带有时间限制，因为知识的不断发展不可避免地会引发不可预测的变

① 当我对这本书的英文版本统稿时，巴西政府正在因为腐败问题而濒临崩溃。

化。这也意味着没有什么是永恒的。资本过剩的危机行业迟早会经历一些资本外流，从而改善那些幸存者的经营状况。

所以，几乎所有行业最终都会回归到合理的资本回报率水平，既不高也不低——在5%到10%之间，尽管近年来资本回报率一直高于历史平均水平（见图4–3）。这奖励了投资者的冒险行为和放弃时间偏好的意愿。

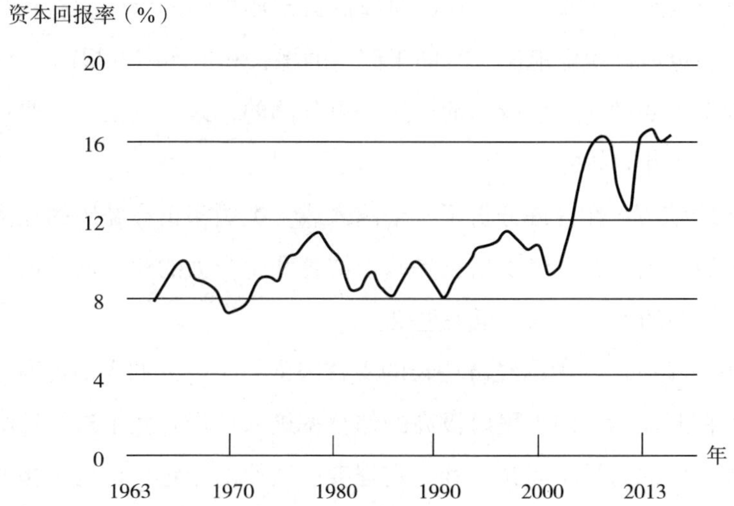

图4–3　各行业资本回报率水平（1963—2013）

资料来源：经济分析局（Bureau of Economic Analysis）；美联储；《公司价值的衡量与管理》（第6版）（*Measuring and Managing the Value of Companies*）（6th edn），麦肯锡咨询公司（McKinsey Corporate Performance），2015年8月。

*实践应用：*投资者需要意识到某个特定领域的超额回报或较低回报是会变化的，要耐心等待情况的改变。最明显的例子是，周期性公司的业务受供求起伏的影响较大，对回报产生连锁效应。无论如何，我们的目标是找到那些因竞争优势而获得高回报的公司；在具体行动的时候，我们需要了解这些超额回报来自哪里，以及它们是否能够持续一段时间，这至关重要。

前面两个观点（市场是有效的，市场总是处于寻求均衡的过程）以及它们相应的实践应用，似乎是不言而喻的。然而，主流学派以及分析员在谈论自己的领域时似乎不太清楚这一点。事实上，这两项原则不仅需要我们不断回顾，还需要我们一直强调。

（3）经济增长从根本上说是基于劳动分工带来的生产率提高，由储蓄提供资本。哈耶克称之为“扩展秩序”，它促进了劳动分工，使人们能够自发组织起来，发展出跨越家庭或宗族界限的信任。有利的体制框架（稳定占据主导地位）有助于储蓄的增长和生产率的提高。①因此，法律框架需要确保人们行为的后果是可预测的，这一点至关重要：法治必须是真实和有效的。

*实践应用：*在仔细分析了一个国家或一类国家正在经历的经济增长类型之后，确定这种经济增长是基于储蓄和生产力的稳定增长还是基于信贷和掠夺的不稳定增长至关重要。

2009年以前，中国经济增长的支撑因素是生产力的大幅提高，这使得数以百万计的中国人民以极高的储蓄率进入市场。发生这种情况是因为干预市场的力量不断减少和一定程度上法律的稳定。市场干预在战略行业仍然存在，尽管这在世界其他地方也并不罕见。自2010年以来，中国杠杆率不断上升，反映了其资本市场不够完善，从而引发了人们对中国经济增长模式的质疑，但我还是认为未来中国企业的创造力将超过实

---

① 在过去的300年里，其显著发展的原因归因于制度、思想、个人、能源开发能力的发展以及运气。参见史密斯（Smith，1982）、兰德斯（Landes，1999）、阿西莫格鲁（Acemoglu）、罗宾逊（Robinson，2012）和麦克洛斯基（McCloskey，2016）。麦克洛斯基提出了一个令人信服的案例，即从1700年到1800年的巨大进步源于平等主义思想的提出，因为在商业活动中取得成功是每个人都愿意接受并能想象到的。普通民众的自由和尊严第一次凸显出来是因为她所提出的4R：改革（reform）、革命（revolution）、反抗（revolt）和阅读（reading）。

际的债务过剩。

相反的情况发生在西班牙。在21世纪的第一个10年，巨额债务推动了西班牙经济增长。当这种不均衡的增长模式变得不可持续时，一些失败项目开始回落，导致劳动力和土地成本大幅回调。这一调整有助于优化生产要素及其潜在生产力，使经济增长建立在更健康、更可持续的基础上，并使其债务水平逐步降低。

我对那些在2009年之前就中国经济发出的警告不以为然，因为我知道中国的快速发展是基于对市场的持续深化，我们投资能从中受益的公司，如宝马、迅达集团等。自2010年以来，我变得略谨慎，但我对中国市场仍然相当乐观。

相比之下，多年来我们不在西班牙投资与经济密切相关的行业。在注意到西班牙更健康的经济增长模式后，于2012年开始，我再次对西班牙进行投资。

（4）时间是奥地利学派解释生产过程的一个重要层面，是为了提高未来生产能力（productive capcity）与生产力（productivity）所做出的即刻牺牲。生产不是瞬间完成的，生产是一个过程，这个过程需要分阶段进行，从土地、天然气等基本材料的使用到链条末端被消费的最终产品。

*实践应用：*我们的投资流程应着重于长远，忽视当前消费所带来的直接满足，以及相应的必须投资（如时间等）。在刚开始投资时，我们应该节流并能够牺牲眼前的回报。只有把目标看得长远，超越投资的初始时刻，我们才能收获回报。

健康的长期生产与投资过程之间有着显而易见的相似之处，从美学上讲也是显而易见的。

牺牲是投资过程的一个关键因素，但是正如我们将在第九章中谈到的，牺牲与人的本性相违背，往往我们的自然行为不是那样的。

对经济运行——人的行为方式——的深刻理解将有助于我们克服本性，尤其是在投资界通常极度短视的情况下，更应该学会做出当前的牺牲。

（5）对货币市场的特殊干预要给予足够的重视：央行通过控制利率来操纵货币。这种情况将导致信贷市场的严重扭曲、投资过度以及金融泡沫，进而导致经济周期的形成甚至恶化，经济周期可能会变得特别显著和漫长。实际上，央行行长并不具备特殊知识，因此无法准确判断货币现状或设定正确的利率。他们唯一的优势是比其他人提前15天获得相关信息。不仅如此，他们还受到政治和个人关系纽带的羁绊，这将削弱他们在货币政策决策时的独立性。当一个人以职业生涯为代价时，他很难摆脱共识或传统思维的束缚。

事实上，基于所有市场参与者决策的利率将更好地反映任何特定时间的需求。正如近几十年来最著名的央行行长艾伦·格林斯潘含蓄承认的那样："我说过，我仍然担心股价为何如此之高，但美联储无法猜测'数百名消息灵通投资者'的动向。相比之下，美联储采取的立场是保护经济以避免最终的崩溃。"

这里，格林斯潘指的不是决定货币价格的债券投资者，而是股票投资者。然而，任何人没有办法将一个群体的知识和另一个群体的知识区分开来。因此，按照他的推理，对"数百名消息灵通的固定收益投资者"的动向进行"事后猜测"（second guess），从而试图像美联储那样控制利率，也是不符合逻辑的。

*实践应用：*投资者应该避开对一些经济体进行投资，即它们的经济增长是建立在央行的低利率支持下的信贷刺激基础上的。这就是我们在2006年至2007年金融泡沫期间的策略，我们几乎没有涉足房地产和金融领域，它帮助我们避免永久的资本损失。

20世纪，干预对经济影响最有启发性的例子也许是美国当局在1921

年至1922年危机和1929年至1945年大萧条期间所采用的不同政策和方法。前者允许市场自由调整，消除不良投资，因而使得危机在几个月内就结束了。然而，在20世纪20年代末维持了过度宽松的货币政策之后，20世纪30年代出现了第二个重大错误，正如哈耶克当时所解释的那样：不允许自由定价——这是最基本的市场调整机制。这使得产品价格暴跌，工资被冻结。其结果导致众多公司亏损加剧，不可避免地出现一连串破产。直到第二次世界大战后，赫伯特·胡佛（Herbert Hoover）和富兰克林·罗斯福（Franklin D. Roosevelt）引入的管制措施才被废除，随之而来的则是令人印象深刻的战后经济繁荣。[①]

2016年，在政治当局领袖的要求下，央行继续积极操纵利率。值得庆幸的是，由于上一次危机的后遗症，并没有明显的迹象表明这些被创造的信贷货币从金融系统中流向实体经济的其他领域。但是，这种情况随时都可能发生改变，从而导致货币大幅贬值和随之而来的恶性通货膨胀。

（6）当市场流通中的货币数量没有人为增加时，经济的自然状态是通货紧缩。生产率的提高使得同样的资金可以生产出更多商品。这对消费者来说是正面的，他们从相对于他们工资来说的价格下降中受益，就像计算机或手机一样。

美国经济历史上最强劲的增长发生在从内战结束到19世纪末期。这30年的辉煌是以明显的通货紧缩为特征的。我们必须承认，也有两个众所周知的通货紧缩过程伴随着持续经济衰退的例子，这就是美国在20世纪30年代和日本在过去25年所经历的事情。然而，在日本，人均GDP的增长一直是积极的，而且与其他发达经济体的人均增长相似，其根本

---

① 参见罗斯巴德（2000b）和格兰特（Grant，2014）（两份资料都有助于理解20世纪二三十年代的危机），也可参见希格斯（Higgs，2006）关于第二次世界大战后大萧条结束的研究。

问题是人口增长乏力。美国大萧条的原因在前面已经讨论过了，我们可以在连续的经济干预中找到原因，这些干预阻止了生产要素的价格适应其潜在生产力。

最近，西班牙、爱尔兰和波罗的海国家出现了通货紧缩和强劲的经济增长情况。例如，西班牙刚刚经历了三年（2013—2015）的通货紧缩，同时伴随着2%的经济增长。

事实上，通货紧缩不是经济停滞的原因，而是问题的症状，甚至是解决方案的一部分。在西班牙，劳动力和房地产成本曾经明显超过其公允价值，只有在它们重新回到合理市场水平后，经济才出现了复苏。25年前，日本是世界上物价最高的国家，这很有可能是必须解决的问题的一部分，还有对大部分经济领域的过度干预，精英统治的缺乏以及人口问题，这些问题也需要解决，因为它们是日本经济的症结所在。

我们经常读到或听说通货紧缩带来的种种危险，但这些往往是虚构出来的，不是真实的：通货紧缩不会造成流动性陷阱，不会造成大规模失业，也不会造成产出的下降。①

那么，为什么人们对通货紧缩如此大惊小怪呢？这些警告主要是由一些国家的政府发出的，这些国家的政府通常负债累累②（见图4–4），很可能会因通货紧缩而遭受损失。债务的负担随着通货紧缩而增加。通货紧缩时，债务数额保持不变，货币升值，因为它可以购买更多的东西，因此需要付出更多的努力来偿还债务。相比之下，通货膨胀使得债务偿还更加容易。那么，有些政府和它的伙伴们更喜欢哪个——通货膨胀还是通货紧缩？答案是显而易见的。

---

① 参见巴古斯（Bagus，2006 年）。

② 从图 4–4 可以看出：在过去的 15 年里，全球公共债务增长非常迅速，由于资产不足以抵销债务，情况会变得更加糟糕，这就像家庭和公司一样。

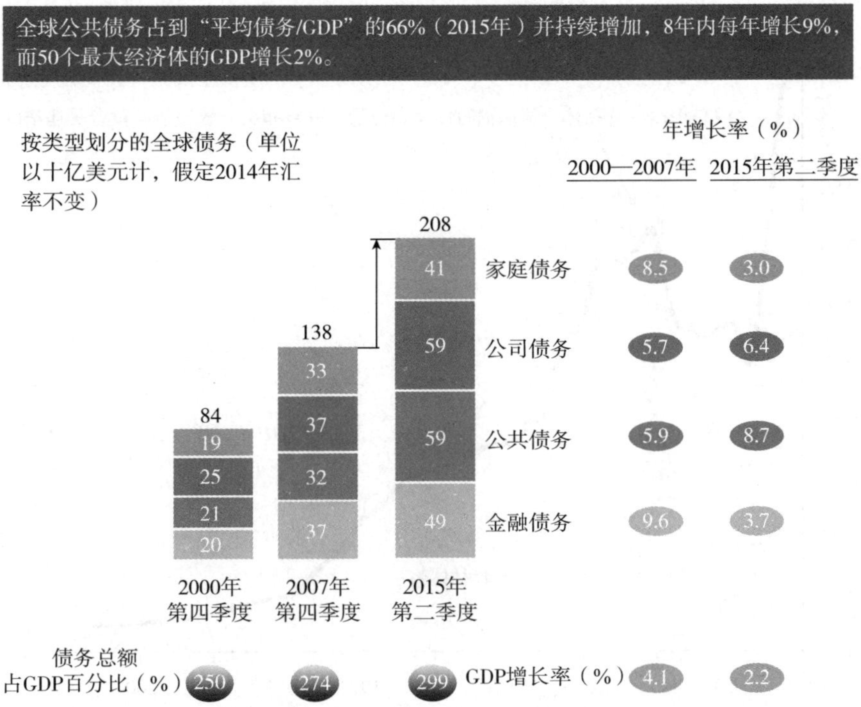

图4–4　全球债务与GDP增长情况

资料来源：麦肯锡全球研究所，国际货币基金组织。

*实践应用：*一个受到国家严重干预的经济体，最有可能的结果就是高通货膨胀。其政府本身既是法官又是陪审团，并以自身利益为由进行裁决，这不足为奇。因此，最好通过投资实物资产来做好准备：上市或非上市股票、房屋或商品等。我们一直都要这样做。我们将在下一章更详细地讨论这个问题。

（7）不存在与黄金（或不受政治决策干预的商品）挂钩的货币，意味着货币相对于实物资产将永远贬值下去。情况一直如此，并将继续如此。政府对货币贬值的压力是无情的（见图4–5）。[①]

① 该观点在罗斯巴德（2010年）中得到完美的解释。

图4–5 自1913年美联储成立以来，1美元的购买力变化情况

资料来源：劳工统计局（BLS）IPC数据。

*实践应用：*再说一次，除了偶尔的流动性需求，我们最好只投资实物资产。我再强调一遍，一直都要这样操作。我们将在下一章讨论继续这个问题。

（8）产品价格——这取决于消费者的支付意愿——决定了成本，而不是像许多人认为的那样，成本决定价格。令人惊讶的是，“成本决定价格”这种误解竟如此普遍。例如，《金融时报》最负盛名的全球金融专栏Lex曾不止一次犯过同样的错误。

伯恩斯坦公司（Bernstein）的分析师保罗·盖特（Paul Gait）为矿业公司分析过这一问题，他观察到前一时期成本和价格之间的相关性非常高。但价格最终决定了未来两年的成本（见图4–6）。

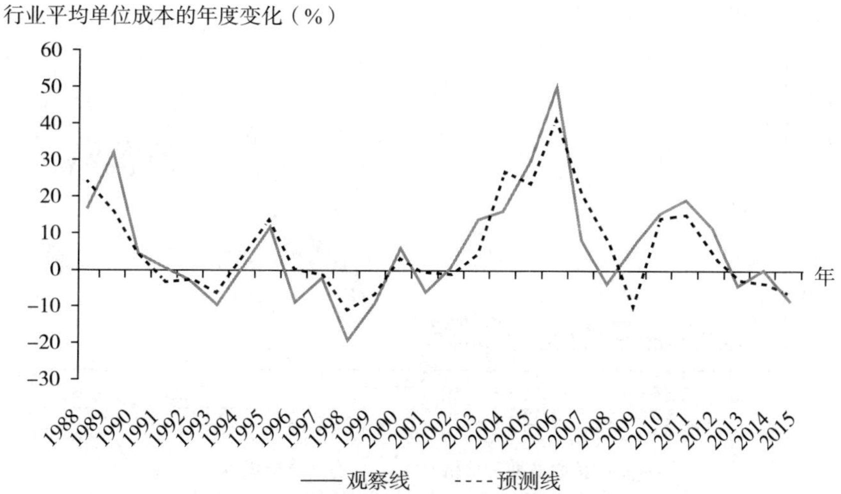

图4–6　保罗 · 盖特根据前两年价格变化观察到的工业采矿成本变化

资料来源：伍德 · 麦肯兹（Wood Mackenzie）、彭博资讯以及伯恩斯坦的估计和分析。

再次举例说明，动力煤和石油是两种大宗商品，在这两种商品中，近期成本下降也是在此前价格下跌之后发生的（见图4–7和图4–8）。

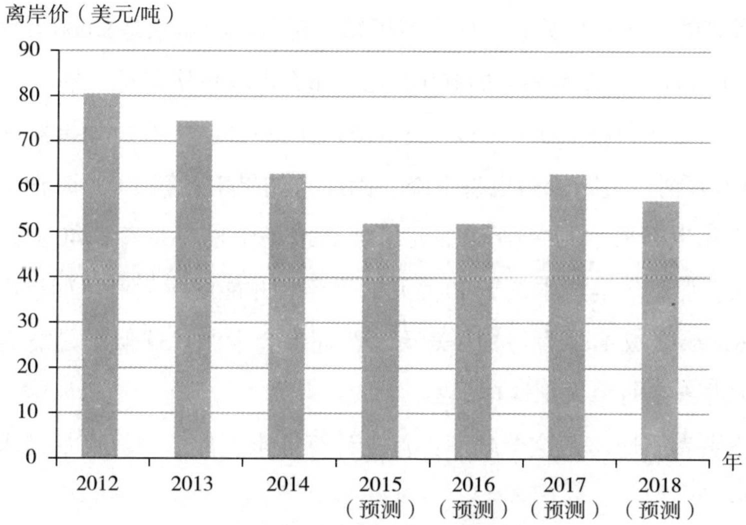

图4–7　澳大利亚煤矿平均成本情况

资料来源：伍德 · 麦肯兹和摩根士丹利研究。

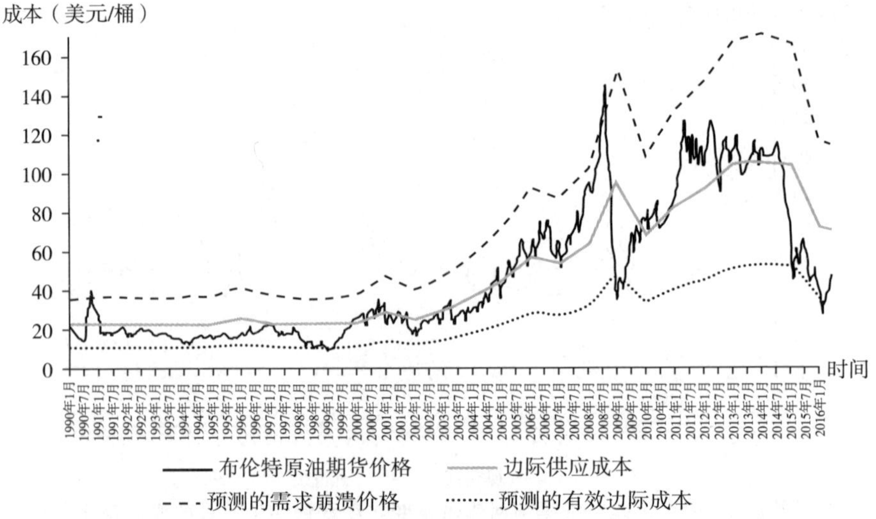

图4-8 受行业成本紧缩的驱动，前50大上游企业（勘探和生产）的边际产出成本在2015年下降了30%，降至每桶73美元

资料来源：伯恩斯坦的分析与预测。

*实践应用：*边际成本随着需求规模的变化而不断变化，它与最终和成本最高的生产商相关联。如果市场每天对石油的需求是8 000万桶，而8 000万桶的生产成本为每桶100美元，那么市场价格将是每桶100美元，每个有能力在每桶100美元以下生产的生产商都会生产。如果需求下降到5 000万桶，边际价格也将下降，因此，如果生产第5 000万桶的生产商的边际生产成本为每桶40美元，那么市场价格将是每桶40美元，这时，只有那些每桶成本低于40美元的生产者才能继续生产。如果需求降至0桶，那么成本将为每桶0美元，没有人会生产。这似乎是显而易见的，但并不是每个人都这样思考。

投资者不应忘记这个顺序：首先计算需求，然后计算满足需求所需的成本。

（9）生产成本是主观的，这意味着任何生产结构都可能因环境而不同。成本等于我最好的替代选择。由于这些替代选择是可变的和主观的，成本也便具有了可变性和主观性的特点。

*实践应用：*不要认为成本是恒定不变的。这是对于大宗商品公司、有周期性特征的公司或拥有新产品的公司来说时常发生的错误。成本随着不断变化的市场条件或技术发展而不断变化。比如，2014年和2015年油价下跌，许多油气工程师发现自己失业了，这样的行情减少了他们的选择机会，也就意味着他们愿意为更少的待遇而工作，从而使得采矿成本降低。美国页岩油和页岩气的开发也对石油产生了同样的效果，页岩油和页岩气是一种替代技术，也有助于石油的边际生产成本下降。

（10）实际上，经济模型没有用处。试图对不可预测的人的行为以及发生概率建立模型，并因此预测不可知的未来事件，就好比空中楼阁，我们所能做的只是有限的总体预测。

*实践应用：*要避免陷入这样的思维陷阱，即我们可以精确预测将会发生什么。对于经济预测来说尤其如此，因为预测经济变化不单单是概率的问题，故确切来讲，它是不可能被预测出来的。更加一般而广泛性的预测可能会有帮助，但也仅限于对长期的主要趋势。如果有疑问，那么我们可以使用可靠的计算器，用计算器只做最基本的运算，一定要避免陷入过度复杂的模型。

这不是一个详尽的想法与应用清单，但从投资角度来看，它涵盖了一些最有用的想法和应用。总体来说，它们之间没有直接的因果关系，但它们提供了一些概念的结合，让我们在投资的道路上更加得心应手。

小结：主观主义与客观价格

这似乎是矛盾的事情：一边谈论着奥地利学派经济学家的主观主义方法论——这种方法把人的活动放在中心位置，由于人的活动的不断变化，没有什么是客观的；一边又在谈论根据我的评估所得到我所投资的公司的“客观/目标”价格。

事实上，我们在投资时所做的是试图预测企业家（广义上包括我们所有人）未来的行为方向，从而改变当前的主观估值。我们对发现未来的“客观”价值感兴趣，而这只不过是这些企业家们主观估值的总和。这是一项需要企业家精神的事业：试图预测新的市场需求将在哪里出现，谁能满足它，以及代价是什么。一旦这些得到有效估计，我们的目标就是看看证券市场是否允许我们利用其他人的“企业家失误”造成的错误价格进行相应的投资。再次强调，这是一项需要企业家精神的事业。

总之，我的经验是，所有投资者都应该学会运用的长期展望在奥地利学派经济学中得到了完美补充，该学派的相关理论有着良好的逻辑框架和类似的长期视角。理解经济制度的一般运作就像手握一个指南针，它给我们提供信息，为我们提供必要的内心平静，使我们能够在不担心搁浅的情况下在波涛汹涌的海域上任意航行。

第五章　投　资

既然我们有了概念性的经济框架，我们就可以开始讲投资了。我想强调储蓄的重要作用。毋庸置疑，储蓄是投资的关键，也是未来财富的重要来源。没有储蓄，我们就没有健康的投资，也不会有国民财富。

储蓄与投资

每个人以不同的速度积累着储蓄，这些储蓄是人们基于未消费的收入所做出的不同程度的牺牲。储蓄为科技发展和财富创造提供资金，并持续地改善我们的生活水平。

虽然一些被误导的人警告所谓的一次性储蓄过剩，但储蓄过剩从来都不是坏事，它总是有助于为改善生产结构的项目提供资金。如果过多的储蓄只能得到非常低的回报，并且在一段合理的时期内仍然无法被充分利用，那么这些过剩储蓄最终将被消费在产品和服务上。

影响个人储蓄倾向的因素有很多，如收入、年龄、消费、投资机会、对未来的担忧、遗产等。没有哪两个人的储蓄倾向是完全一样的，这种倾向也会随着时间的推移而发生改变。

实际上，对许多人来说，储蓄是一个需要解决的偶然问题。我们通常问自己：对于储蓄，我们能做什么？我们如何保证本金，如何获利？这些储蓄够我们退休使用吗？

令人惊讶的是，我们花在解决上述问题上的时间太少了。当我们买房时，我们花了几个月的时间来权衡利弊。这样做是对的，买房往往是我们生活中最重要的一项投资决定。当我们买车或决定去哪里度假时，情况也是如此。在对优缺点进行详尽分析之后，我们权衡了几个不同的方案，并最终选择了一个最佳的方案。

然而，当我们决定是否购买西班牙电信公司的股票或者在决定哪种共同基金最适合我们时，令人惊讶的是，我们只需花几分钟的时间就可以做好选择。从某种程度上讲，我们往往是听取了周围人的小道消息，而不是接受真正专业的指导，也没有真正花时间去研究和思考重要的投资决定。

作为基金经理，我们已经赢得了数千名客户的信任。这是一个有意义的数据（请记住，我们没有做任何营销），也是一个不可思议的数据。在西班牙，共同基金拥有将近1 000万名的基金持有者。试想一下，一款20年期的金融理财产品，能为客户提供每年15%的年回报率，它怎么能不更加地受欢迎呢？我并不是在抱怨，只是想简单地指出：在当今社会，通过互联网，我们能够唾手可得所有必要的信息。因此，这样的结果既令人惊讶，又值得我们深思。

决定要如何投资我们的储蓄应该通过一个深思熟虑的过程，即基于我们的个人需求和项目特征来评估备选方案。就像生活中的所有事情一样，了解我们自己是做出正确决定的第一步，但这并不一定意味着我们要追求最高回报。稍后，我将试着讲述那些不适合投资的性格以及与其相关联的问题。这里，我们先关注其他问题，我简单地讲述一下投资的不同类型。

实物资产投资或货币资产投资

当考虑投资选择时，我不去对众多资产类型进行传统分类描述。相反，我将专注于简单的分类，以便缩小范围，从而直接触及问题的核心：投资实物资产或货币资产。巧合的是，我最近发现庞巴维克区分了商品与承诺，这可以归结到实物资产与货币资产。尽管我也分析了其他易替代的资产或商品，但这里我主要以股票来说明实物资产投资。①

实物资产和货币资产的这种分类并不常见，但它有助于显著改善投资环境。

对实物资产投资

实物资产反映了相关资产的所有权，尽管这些资产具有或长或短的即时性。这些资产因其提供的特定服务而创造收益，它们包括股票、房地产（住房、酒店、办公室等）、大宗商品（黄金、石油、铜等）和艺术品（从广义上讲，包括所有类型的收藏品），以及一般而言人们所需要的或认为有价值的产品或服务（如桌子，椅子，体育明星或艺术家的收益权等）。

实物资产还包括人们所学习和塑造的能力和品质，如教育、技能、社会关系等。

实物资产的基本特征如下：一是物品的所有权可以是直接的或间接

---

① 合法权利与关系是否可看作经济商品（庞巴维克，1962 年，第 25 ~ 138 页），可参见美利奴的作品（Merino，2015 年）。

的（如股票是所有权凭证），也可以是全部的或部分的（我们可以拥有某项资产的全部或某项资产极小的百分比）；二是资产收益具有可变性，收益的变化程度首先取决于人们对产品感兴趣的程度，这种感兴趣的程度将随着时间的推移而变化，并立即反映在人们愿意为商品支付的价格上；三是收益的变化还取决于生产商以合理的成本提供产品的能力，不是每个生产商都有能力高效地供应产品的。

实物资产有多种形态和形式，涵盖了绝大多数人拥有的很大一部分资产。对于低收入人群来说更是如此，他们将储蓄主要投资到所需的直接物资上，如房子、家具、汽车等。

拥有一项能够满足全社会需要的服务性资产，其主要结果是，只要社会继续保持对这些资产的兴趣，它们就能够在任何经济环境里合理地维持其购买力。实物资产的回报受众多因素的影响，但保持其合理购买力的能力既无可辩驳，又至关重要。

然而，在实物资产的种类中，我们有必要区分独特性资产（或具有明显竞争优势的资产）以及易复制或可替代的资产。这两类资产之间没有明确的界限；然而，如果把各种资产排列在一条连续的线上，这条资产线的一端就是这些独特性资产，它们具有很强的产生超额利润的能力。有些上市公司受到了极高进入壁垒的保护就是典型的例子，比如20世纪的可口可乐以及21世纪的脸书（Facebook）。

实物资产的例子包括购物中心、教育产业、工厂、农场、房屋、热电厂以及公路等（见图5-1 ~ 图5-7）。

大宗商品，尤其是黄金，处于资产线的另一端。受技术改进的影响，它们的开采成本和相应的价格会不断下降。然而，近年来，由于中国经济增长突飞猛进，大宗商品的需求日益提高，其开采成本变得更加昂贵。这在一定程度上抵消了技术进步的影响，但它不可能产生长期的影响。

图5-1 购物中心

图5-2 教育产业

图5-3 工厂

图5-4 农场

图5-5 房屋

图5-6 热电厂

图5–7 公路

其他不同种类的实物资产（如竞争优势较小的股票、房地产等）则根据它们的相对质量沿着资产线依次排列（见图5–8）。

图5–8 不同种类实物资产的排列

对货币资产投资

货币投资给予投资者以既定的货币支付固定收益的承诺。通常，这样的承诺是由货币资产的发行方运用其资产所产生的收益流做背书的，尽管有一定的限制条件。

在这种情况下，投资者没有拥有货币资产发行实体的所有权，他们只拥有一纸承诺，来自发行实体基于给定货币的合同所做的承诺。

银行存款以及政府或公司发行的债券都属于这种类型的货币资产（见图5–9）。

图5–9 货币资产

的确，在私人债务问题上，如果债务人发生了违约，那么投资者可以通过手段收回债务人资产的所有权，从而至少收回一部分资本金。但是，公共债务的情况并非如此。用杰出的但经常被忽视的哈里·谢尔曼（Harry Scherman）的话说："这种公共承诺在大多数情况下并不能代表任何形式的有形财富。"除了发行人的口头承诺，公共债务不提供任何类型的担保。我们永远无法获得政府的资产，它们花在购买坦克上的钱比任何投资者的资产都多。[Elliot Associates（美国激进投资基金）最近试图收回对阿根廷政府债券的部分投资，追诉阿根廷在全球范围内的一些资产，如阿根廷海军训练船。其诉求并不十分成功，但是在阿根廷政府换届时，双方还是最终达成了一纸协议。]

然而，这里存在的问题与其说是明显的债务违约（私人债务受债务人所持资产的保护，而公共债务没有），不如说是不那么明显的违约。具体而言，不明显的债务违约所指的是，货币贬值的损失导致支付承诺的价值损失。这个问题在平常看起来不太明显，但越是这样，对储蓄者来说就越危险，因为它可以在看似稳定的外表下隐藏很多年。作为投资者，我们每个月或每年都会按时收到利息，没有波动，也没有意外发生。直到有一天，危机无法被控制，突然爆发。

此外，所有类型的支付承诺，无论是私人债务的支付承诺还是公共债务的支付承诺，都会受到货币贬值的影响——不仅仅是例外的违约。

事实上，我所描述的这两种资产——实物资产和货币资产——没有可比性，因为它们的本质是不同的。一方面，我们讨论的是基于资产（实物资产）所有权的收益支付权；另一方面，我们讨论的是以纸币（货币资产）为基础的支付承诺。

在金融市场上，人们通常拿股票和债券进行比较的唯一原因是两者容易对比，它们分别作为实物资产和货币资产最明显的例子。本章末尾的附录一解释了这些想法如何影响投资的关键指标——贴现率。

从长远来看，哪种类型的资产更具有吸引力、回报率更高

关键问题是：哪种类型的资产作为长期投资更有吸引力？哪种类型的资产的报酬率更高？哪种类型的资产的风险更小？

回答这些问题要从基于奥地利学派逻辑的前期推理开始：任何投资者的首要目标都应该是保持其储蓄资本的购买力，这是优先事项，也是基本原则。增加资产购买力的想法至少要排在维持资产价值的后面。

实物资产发挥了这一作用，顾名思义，实物资产在任何经济环境下都将维持其购买力。这些资产的相对吸引力将取决于它们的质量，表现为它们的独特性。正如我们所看到的，最有吸引力的实物资产是上市公司的股票（和其独特之处）。

相比之下，从长期来看，受制于其计价货币的问题，货币资产没有办法保持储蓄的购买力。由于放弃金本位制以及其他任何类型的货币锚，货币会因为通货膨胀而持续贬值。这里谈到的通货膨胀是由于发行的纸币数量多于产出增长而导致的结果（实际上，产出扩张时并不需要更多的货币，任何数量的货币都是支持产出增长的最佳货币量。我们已经注意到经济的自然发展状态是通货紧缩）。

因此，从先验的角度来看，投资实物资产更有可能维持我们储蓄资本的购买力。

基于这一先验前提，下一步就要看这一结论是否会随着时间的推移而继续有效。

历史证据

尽管很难比较这些不同类型的资产，但我们还是要看看历史证据。我们将深入研究产生这些结果的理论解释。正如我们在第四章所强调的，没有经济框架基础，实证分析就没有任何价值。

历史证据可以在大量的不同类型资产的长期回报的研究中找到。上市公司的股票和公共债务是被分析得最彻底的资产。当然，我们也可以调查其他实物资产的表现。

让我们先看杰里米·西格尔（Jeremy Siegel）著名的研究，美国股票获得了6.6%的长期年实际回报率（扣除通货膨胀因素），如图5-10所示。购买力水平每年增长6.6%是基于过去200年的数据，并且随着时间的推移所得到的惊人的一致结果。从这个角度来看，历史长河中出现的重大经济危机——比如1929年的危机——看起来就像是路上的小颠簸。

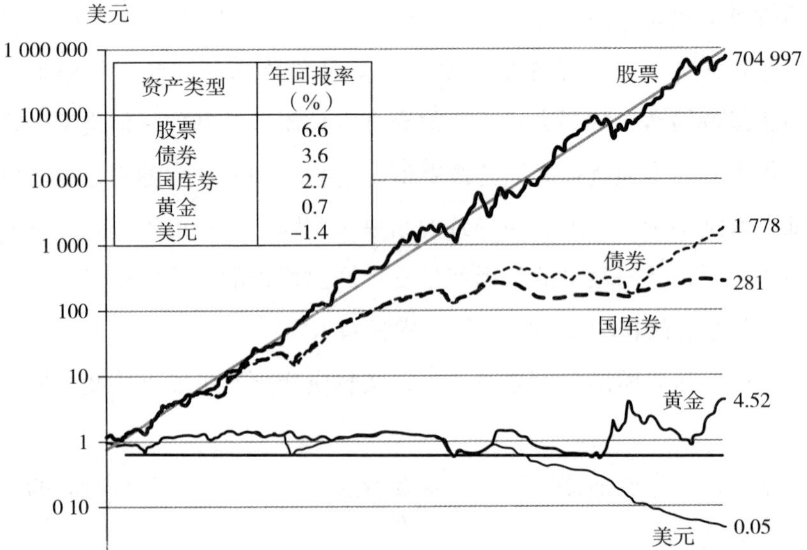

图5–10　美国股票、债券、国库券、黄金和美元的实际总报酬率

资料来源：西格尔（2014年）。

经济增长最终是资本产生回报的基础，因为它反映了经济体的行为。从长期来看，拥有合理健全结构的国家可以有序地引导储蓄转化为投资，且不过度负债。换句话说，把事情做对的国家，其经济可保持持续增长，其就业能得到改善，还可以建立起完善的金融体系，从而为新项目的实施提供资金，同时可以用国民储蓄给这些项目融资的企业家提供流动性。这些因素共同创造了一个发达的资本市场，从长期来看，它们反映了经济增长的积极表现，不仅让商业项目的初创者获得了良好的回报，也使那些通过购买上市公司的股票为这些项目的后期发展提供流动性的投资者们能够获得不错的回报。

过去100年来，全球经济平均每年增长3%，图5-11为1980年至2015年全球实际GDP增长率。这足以为储蓄和投资提供健康且有吸引力的资本市场环境。虽然有些学者不同意这一观点，但长期股票价值的增加反映了我们处在一个稳定的经济环境中，这样的环境允许更多的实物财富被创造出来。①

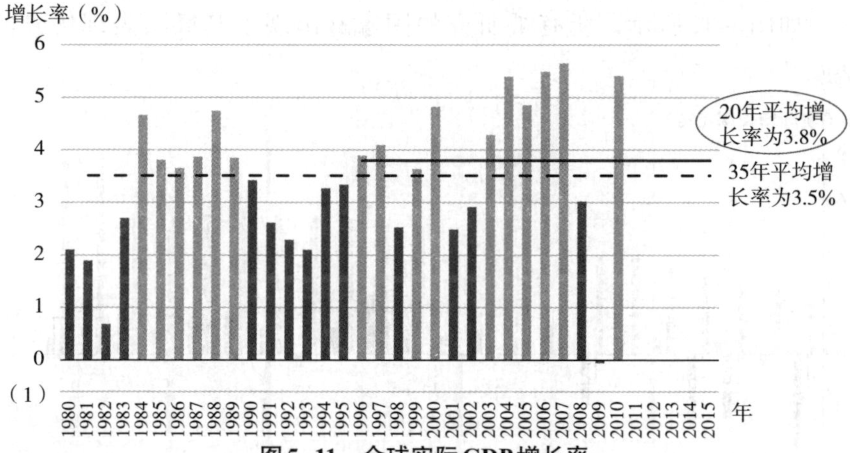

图5-11 全球实际GDP增长率

资料来源：国际货币基金组织、《国际经济展望》。斯蒂芬·罗奇（Stephen Roach），“由内向外转变的世界”，耶鲁杰克森全球事务研究所（Yale Jackson Institute for Global Affairs）。

随着时间的推移，其他资产的表现远不如股票强劲：政府债券的回报率为3.6%，国库券回报率为2.7%，黄金回报率仅为0.7%。受放弃金

---

① 里特（2005年）。

本位制和通货膨胀率不断上升的影响，过去80年固定收益资产的回报率同比下降，最近的回报率低于3.6%。与此同时，自20世纪60年代末以来，当时金本位制的最后一个货币锚被移除后，黄金有了良好的表现。

尽管每年2%～3%的差异似乎很小，但从长期来看，这种影响是惊人的。只需比较每种情况下累积资产的差异：1802年1美元的股票在2012年实际可兑换为704 997美元。换句话说，购买力增加了70万倍！与此同时，同样的1美元投资于债券，将会转化为1 778美元。当然，这是合理的回报，但显然低于股票的回报。

1美元投资于黄金（通常用于规避风险）可兑换成4.52美元，这几乎不能维持其购买力。与此同时，如果将美元藏在床垫下，则会导致其购买力毁灭性的损失，即纸币会损失95%的价值：1美元只能兑换成5美分。

如图5–12所示，所有被研究的国家都出现了其股票表现优异的情况。

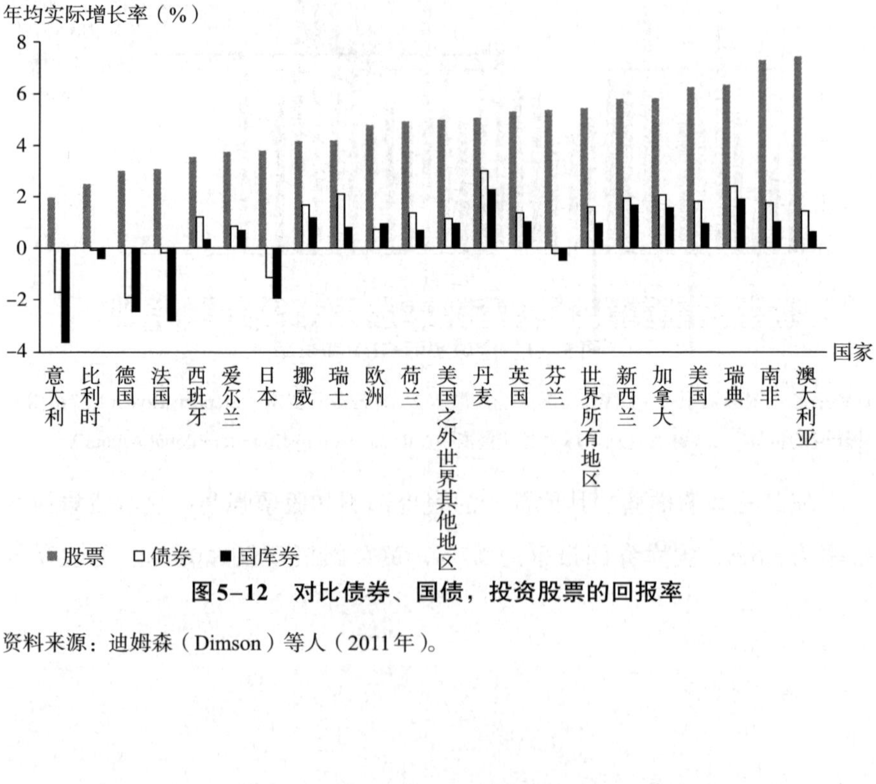

图5–12 对比债券、国债，投资股票的回报率

资料来源：迪姆森（Dimson）等人（2011年）。

对其他国家的分析是在1900年至2000年相对较短时期内进行的，但得到的结果同样很明显。与固定收益型资产相比，所有国家的股票报酬率都是最高的，这些国家包括了经历过战争和灾难性金融危机的国家，如德国和日本。我所在的国家西班牙公布了权益资产的年均实际报酬率为3.6%，这个数字也远远高于固定收益型资产的报酬率。

这项分析选用的国家，其经济规模总和占到当时1990年全球市场经济规模的89%，这意味着选取的样本非常具有代表性。此外，在股票回报率较低的国家，如德国、意大利、法国和比利时，其债券的表现更差，实际回报率为负数。

最后，在最坏的情况下，比如苏联式的革命性资产被充公，即不管资产是什么类型，都将被一视同仁。因此，相比其他类型的资产，股票并没有承担更大的风险。

总之，尽管预测存在困难，但我们可以冷静地断言，从长期来看，与任何其他替代投资相比，拥有多元化的股票组合将产生更高的报酬，并最大限度地维持我们储蓄资本的购买力，尤其是与货币资产相比。稍后，我们将对此进行理论解释，这需要与经济增长相关理论联系在一起进行解释。

我们还可以进一步证实，其他实物资产的表现都不如股票。我们已经分析了黄金的情况，如果我们分析其他实物资产，比如房地产（见本章末尾的附录二）、石油（见图5–13）或者金属（见图5–14），那么我们会发现它们虽然保持了资产的购买力，但其报酬率还是远低于股票。

这是因为这些资产易于复制或替代。由于科学技术的发展和管理效率的提高，劳动生产力持续提高，并系统地降低了产品的生产成本。因此，竞争导致消费价格不断降低。这就是这些资产几乎不能维持其购买力的原因，每年它们都需要与由于生产力的提高而导致的1%或2%的降价做斗争。

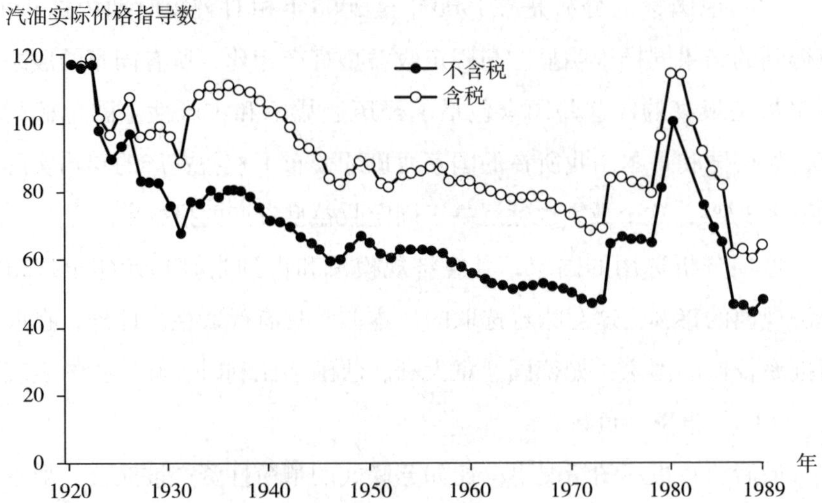

图5-13 1920—1989年汽油的实际价格指数（1982年为100）

资料来源：西蒙（Simon，1998年）。

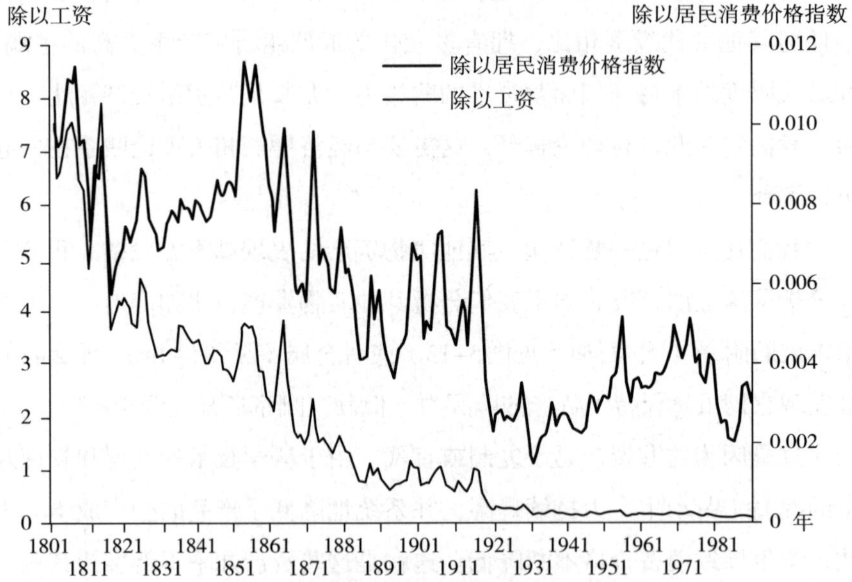

图5-14 1801—1990年铜的实际价格指数（1982年为100）

资料来源：西蒙（1998年）。

这些“其他”实物资产从长期来看承受着比货币资产更低的收益，但与货币资产相比，它们有一个显著的优势：它们具有防御性。并非所有的投资者都同样重视内心的平静，但我认为这是至关重要的。对于投资者来说，在高风险时期保持其储蓄资金的购买力至关重要。这就是为什么有时我愿意牺牲一些报酬率来换取保有长期购买力的确定性。稍后，我们还会分析，为什么在急剧变化的关键时刻，实物资产能够更好地保护自己。

波动性（非风险）

非常有趣的一点是，股票报酬率的正向差异被称为“风险溢价”。这种语言描述隐含着这样的观点，即更高的报酬意味着承担更多的风险。正如我们将会看到的那样，这与事实相去甚远。

股票更多地受到短期波动的影响，而不是长期波动的影响。我们分析的时间跨度越长，股票的波动性就越小。

在图5–15中，我们可以看到，当资产持有期在5年以内时，股票的年均复合收益率是所有资产中最高的，但亏损同样也是如此，这符合我们对股票波动性的看法。但10年期的情况就不再是这样了：对于股票投资者来说，10年期中最糟糕的情况为股票每年实际损失为4.1%，而债券每年实际损失为5.4%。

从长期来看，股票的优秀表现变得更加突出：如果股票持有期达到20年，那么股票的购买力将全部得到保障，最差的时候也比通货膨胀率高1%。如果股票持有期为30年，那么股票最差也产生了2.6%的实际报酬率。相比之下，20年期和30年期的债券最糟糕的时候是负值（分别为–3.1%和–2.0%）。

如果我们使用波动性的一般计算公式——报酬率的标准差——来计

算，我们会得到与预期相似的结果（见图5-16）。

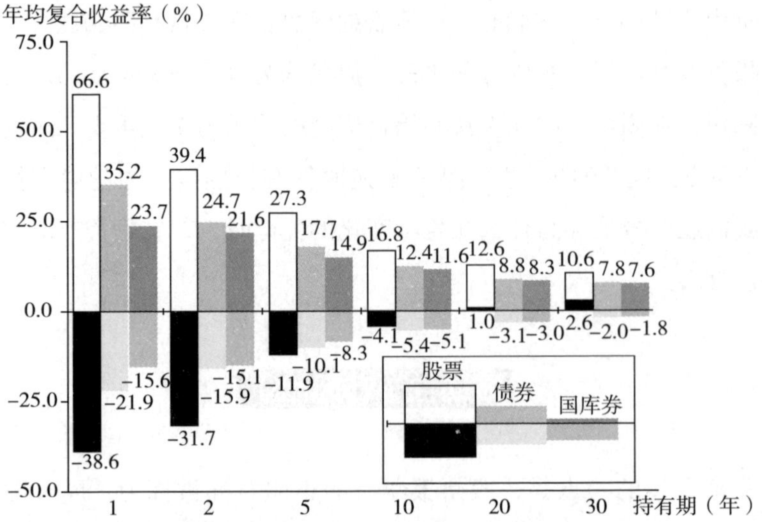

图5-15 1802—2012年持有期为1年、2年、5年、10年、20年以及30年的股票、债券、国库券的最高和最低年均收益率

资料来源：西格尔（2014年）。

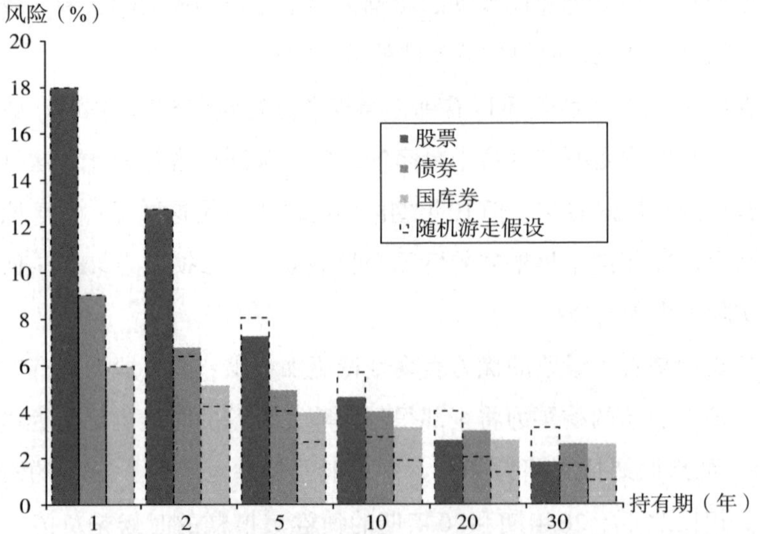

图5-16 股票、债券和国库券在不同持有期的实际平均报酬率的标准差（基于历史数据和随机游走假设）

资料来源：西格尔（2015年）。

从所有这些分析中，我们得出了一个令人惊讶的结论：对于所有长期投资者来说，股票不仅能提供更高的报酬率，而且其波动性也更小。对于读者来说，这个结论可能不直观，因此我们有必要详细分析其基本原理。

风险是什么

在分析之前，我们需要注明的是，波动性不是衡量风险的最佳指标。投资风险是由于投资判断失误而导致购买力永久丧失的概率大小。

我们已经看到，在多元化的长期股票投资组合中，发生购买力永久丧失的可能性非常小。投资于指数或指数基金，我们可以减少在股票选择中可能出现的错误。

波动性衡量的是资产价格变化的强度，这可能与潜在相关资产的变化有关，也可能无关。事实上，波动性是长期投资者最好的朋友，让投资者有可能抓住原本不存在的机会。更大的短期波动意味着更多的投资机会，长期报酬率将增加，风险更小。例如，如果市场崩盘，股票下跌50%，我们就有机会购买到更便宜的资产，承担更少的风险。其基本原理是，价格的下跌是没有充分理由的（而之后将会是均值回归），其下跌是人们行为不稳定造成的结果。我们稍后会讲到这一点。

相比之下，对于货币资产来说，这种风险（或者说永久丧失购买力的可能性）是不能被忽略的，而且可能还会非常显著。在历史上，这种情况屡见不鲜，我们目睹了持续的政府违约和货币贬值，在某些情况下，造成的资产损失已经达到了100%，比如1921年至1923年的德国。

正如我们所指出的，当股票投资由于一场革命或类似的戏剧性情况而被完全消灭时，货币资产投资也同样会被消灭。换句话说，在最糟糕的情况下，这两类资产打成了平手，任何资产都无法被保全。

为什么股票能提供更高的报酬率和更低的长期风险

这一令人惊讶的结论与我们每天在经济报纸上读到的内容以及金融顾问给我们的建议形成了鲜明的对比。我们可以基于这两类资产的基本性质，给这个观点一个相对简单的解释。

在实物资产中，特别是股票，投资者是公司资产的共同所有者，这些资产由公司的部分所有者监管，这些监管公司的所有者往往志同道合，持有相同的公司愿景，这也是公司未来成功的关键。我们不能总是这么说，因为有时他们对公司的治理不达标。公司所处的外部环境也很重要，如果发生货币贬值或者金融危机，那么公司也将受到影响。当然，公司的适应能力和公司的长期愿景将有助于公司在新的环境下继续经营，以应对货币或立法变化：它将转向以雷亚尔、比索或德拉克马为交易货币来出售其产品，或者在出现恶性通货膨胀的情况下提高产品销售价格，但最终如果公司的产品质量好并且能够满足人们的需求，那么公司将在新的环境下继续生存下去，并将继续产生利润。

货币贬值的原因是流通货币的数量增加了，这也导致了以货币定价的资产价格的上涨。通货膨胀和货币贬值是同一枚硬币的正反面。如果公司为社会提供商品或服务——办公室、住房、香肠或者手机，那么当面临通货膨胀的环境时，公司将根据新的形势调整产品价格和生产要素成本。如果价格上涨5%，那么其成本将上涨5%，因此相对情况没有发生改变。如果价格上涨50%，那么同样的事情也会发生。如果价格每天上涨1 000%，那么很显然，这远非公司理想的经营环境，但公司能够适应它，至少能够存活下来。因此，公司的股东也将保持其相对地位，相对于固定收益型资产的持有者甚至会有所提高，因为固定收益型资产的价格不能适应环境的变化。

通过股份持有资产（换句话说，成为一家生产有形商品企业的共同所有者——其商品的价格是由其他经济主体的需求和估价决定的）是我们能够保护自己免受主要投资风险（其计价货币持续贬值的风险）的有效途径。

相比之下，当持有货币资产时，我们将完全依赖于货币的价值，而货币总是会受到政府换届的影响。这里，我们会遇到时间偏好和委托代理两个问题。作为投资者，我们要注重长远目标、看重未来。政治家考虑的是“他们的未来”——一个似乎总是过于短暂的未来，它受到了本届任期和下届选举情况的限制。随着时间的推移，连任成为他们的头等大事，政治家倾向于尽可能地推迟那些必要的但执行困难且不可能在任期内完成的决定，这将导致未解决的问题不断积累，迟早会导致结构性失衡、人们对经济失去信心以及货币的通胀贬值。对我们来说，这将意味着货币投资价值的直接损失。

委托代理问题的出现是由货币资产投资者与政治家及其顾问或智囊团之间的利益错位导致的。后者可能会犯错误，他们的行为总是会产生不可预见的后果，但这些错误往往只出现在中长期，这就意味着在短期内他们不会遭受其错误决定所导致的重大风险。等风险发生后，他们又会试图用“无法预见的”外部因素或由于前任政府的糟糕决策来推卸这些错误的责任，但错误仍会存在，并继续产生负面影响。

有些货币资产具有防范货币贬值的机制，如通胀挂钩债券（inflation-linked bonds）。但在高通货膨胀时期，有些信誉低的政府将拒绝偿还这类债务，因为对政府来说，这是最沉重的债务。如果通货膨胀率接近30%的水平，那么一个处于危机中的政府肯定不会支付30%的利率。

最后，杰里米·西格尔在图5–17中给我们展示了另一种可视化的解释：在短期（如1年）内，股票是最好的投资标的，尽管在高通货膨胀时期报酬率较低；在更长的时期（如30年）内，股票收益率稳定且非常不错，接近其历史平均收益率。而美国国债和票据的情况却并非如此，它们在高通货膨胀情况下遭受了巨额损失。

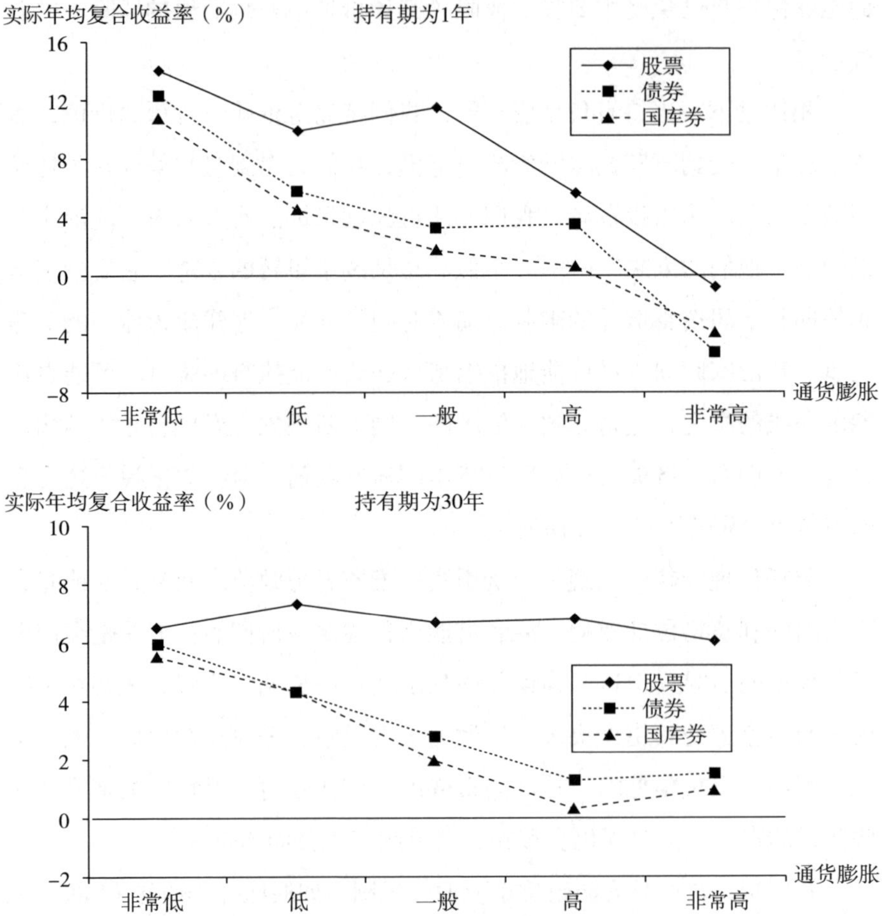

图5–17 1871—2012年持有期与通货膨胀

资料来源：西格尔（2014年）。

举例说明：我们需要对克里斯蒂亚诺·罗纳尔多（Cristiano Ronaldo）或莱昂内尔·梅西（Lionel Messi）的未来做投资。选择一，假设能在未来10年获得他们收入的10%（他们目前处在自己职业生涯的高峰期，因而还能再踢10年）；或者选择二，投资他们发行的10年期欧元债券。我们不会去详细分析这两个选择的潜在报酬——这将取决于他们俩的未来表现。然而，与他们收入挂钩的选择将会面临更大的波动性——因为他们可能会受伤或者游戏规则会发生变化，但这通常也会带来更高的回报。

而债券的问题在于，它面临货币贬值的额外风险。假设发生了金融危机，基准货币贬值。这时，他们俩要么转会到其他球队，要么换货币。在新的经济环境下，他们将尽一切努力继续将自己的创收能力最大化：他们转会去日本的联盟，或者转赚美元或人民币来获得收益，并且他们能够适应。我们将继续获得10%的收入，尽管从某种意义上讲，其购买力将有所变化，但这取决于足球在当时（金融危机）对人们的吸引力是增加或减少。

与此同时，持有罗纳尔多或梅西债券的投资者现在将获得价值较低的欧元支付，虽然这两种债券相对来说波动明显较小。投资者将遭受与货币贬值相同比例的购买力损失（减去投资者赚的债券利息）。

一般来说，在这些极端情况下，通过货币价值损失传递给债券的影响超过了股票所有者因为公司没有完全适应新环境而可能造成利润损失的影响。这种极端情况的出现往往出乎意料，但它们早晚会出现的。因此，如果我们愿意接受较高的短期波动性，作为能直接分享公司利润的实物资产投资者，我们就可以避免未来迟早会发生的金融灾难，这些灾难将会极大地影响货币资产的价值。

阿根廷

说到梅西，我们来谈谈阿根廷，一个在20世纪初是全球第七大经济强国的国家。2000年，在实行了多年的阿根廷比索盯住美元制度后，阿根廷经济的失衡导致了该国无数次的支付暂停，并实施所谓的“限制令”，阻止人们从银行账户中取出美元存款。美元兑换比索的汇率之前一直保持在1（1美元兑换1比索），之后突然下降了一半，这意味着1美元能兑换2比索。

这是一个非常极端的且有戏剧色彩的危机，导致阿根廷的公共债券和股票价格同时下跌，但这并没有持续多久。在支付暂停几个月后，股票开始快速上涨，投资者能够弥补货币贬值带来的损失，如图5–18所示。

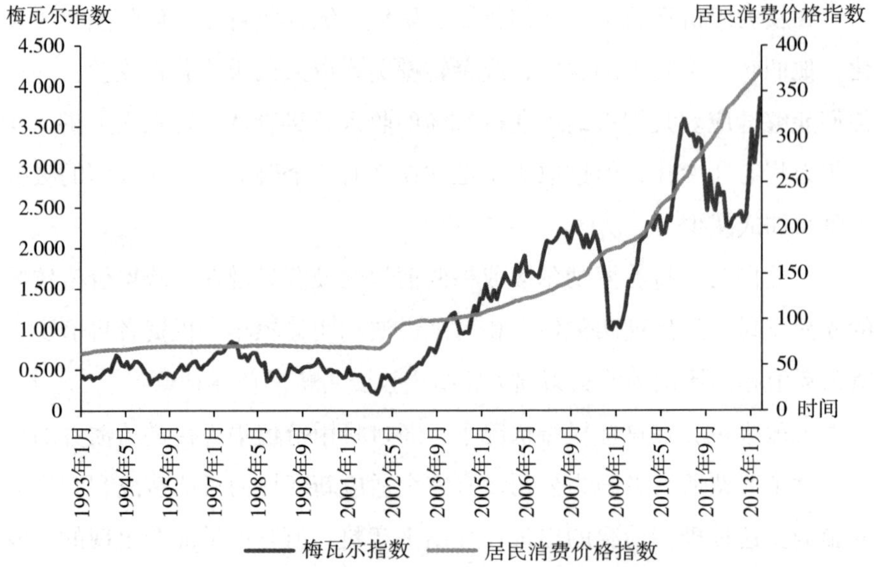

图5–18 梅瓦尔指数和居民消费价格指数的表现

资料来源：格拉（Guerra，2012年）。

我们可以看出，股票对通货膨胀的调整几乎是完美的。然而，公共债券的情况不是这样，如图5–19所示。

15年后，阿根廷公共债券已经损失了70%的价值，而阿根廷证券交易所梅瓦尔指数的价值却增长了20倍，弥补了阿根廷比索的贬值损失，2016年阿根廷比索兑换美元的汇率约为15 ：1。

阿根廷只是全球无数例子中的一个，但大多例子都是相似的。例如，2016年6月20日，《金融时报》刊登了关于委内瑞拉和埃及的两条新闻。在这两个国家，许多问题正在发生。根据国际货币基金组织的数据：2016年，委内瑞拉的通货膨胀率高达480%；而在埃及，由于对该国领导人普遍的不信任，人们开始大量购买房屋。

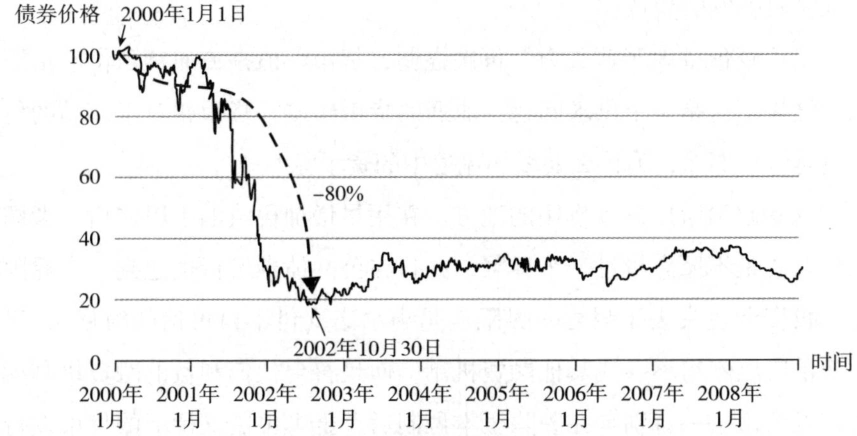

图5-19　阿根廷债券价格

资料来源：彭博资讯。

很明显，在欠发达国家，人们对政府的不信任程度要高得多，实物资产对这些国家投资者的吸引力就非常明显。

有关政治问题的更多信息

我们已经看到固定收益的资产存在的问题是通货膨胀，它破坏了货币的购买力。那么，为什么会有通货膨胀呢？默里·罗斯巴德在他的书《为什么我们的钱变薄了——通货膨胀真相》（*What Has Government Done To Our Money*？）[①]中解释了这个问题。我之前谈过，他做了关于货币的起源和演变以及政府的干预如何影响这一演变过程的既简短又精彩的描述："如果政府能找到伪造的方法——凭空创造出新的货币，它就

① 罗斯巴德（2010年）。

能快速印制自己的货币，而不用费事去提供服务或开采黄金。然后，政府可以在几乎不被人们注意到的情况下狡猾地挪用资源，且不会激起如增加税收引发的敌意。”

货币贬值摧毁了购买力。再次强调，货币贬值是流通货币供应量增加的结果。这是一个供求问题：流通的货币越多，货币相对于商品的价值就越低。那么，为什么要增加流通中的货币呢？

这是政治阶层发挥作用的地方。在用尽增加税收的手段之后，考虑到公众总是不愿意越过一个界限，并且在公共债券发行也达到一个界限后，投资者也失去了耐心（界限点是当承诺支付不再可信的时候），于是政治阶层不得不寻找其他融资机制，而最符合他们利益的融资机制就是印发纸币——特别是在废除金本位制后（金本位制支持下的货币发行是由有形、稳健和真实的黄金支持的），发行纸币的权利是由政治阶层管理的中央银行控制的。

货币发行量慢慢地增加，阻止货币贬值的弹簧被拆除，最终导致我们今天看到的结果，纸币无法长期保值。

除了明显的贬值问题，还有另一个严重的问题：流通中的新纸币不是中性的。首先，它有利于那些与政府关系最密切的人，他们将跟上迫在眉睫的政治策略。这也使我们未来的决策变得复杂，因为它将导致社会不稳定。列宁曾预言：“消灭资本主义精神的最简单方法就是在没有任何金融担保的情况下，用高面值纸币淹没这个国家。”[①]但更重要的是，它使债权人和投资者变得贫穷，并改善了债务人的状况，而这里的债务人通常是国家。这解释了政府通过通货膨胀使货币贬值的动因。

事实上，正如卡门·莱因哈特（Carmen Reinhart）和肯·罗格

① 怀特和舒勒（White and Schuler，2009 年）。

夫（Ken Rogoff）所解释的那样，全球几乎所有的国家都曾经违背过它们的支付承诺（无论是通过货币贬值、违约还是发行更多的纸币，见图5–20）。[①]

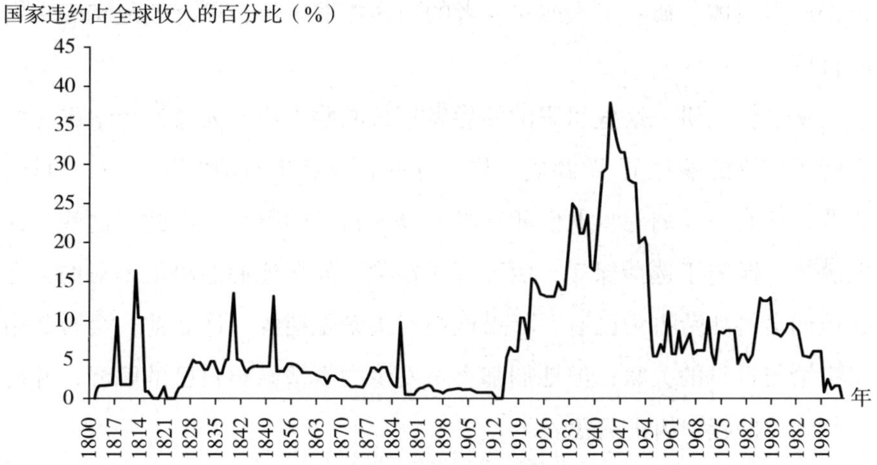

图5–20 国家违约的百分比

资料来源：莱因哈特和罗格夫（2011年）。

说说西班牙，在16世纪帝国时代（Imperial Age）的黄金时期，当时西班牙是经济强国，仍发生6次支付暂停事件。正如我们之前所强调的，最严重的例子是20世纪20年代的德国，我们还可以列举很多类似情况的例子。金本位制的消失进一步推动了货币通胀体系，形成违约付款的另外一种形式。

但是，为什么这些国家要这样做呢？首先，它们这样做是因为它们有能力这样做。很多国家是通过武力建立起来的，并且在所有国家中，武装力量被政府垄断。其次，再加上前面提到的国家所固有的两个问题：源于政治行动逻辑的委托代理问题（或代理权问题）和选举周期的时间偏好问题。

① 莱因哈特和罗格夫（Reinhart and Rogoff，2011年）。

把控国家的政治阶层与投资者有着不同的利益追求。马库斯·奥尔森（Marcus Olson）解释说，组织最好的团体确保政治权力朝着它们想要的方向发展。[①]组织良好的商业组织、公务员团体和工会相比于不依附于压力团体、孤立工人或失业者的公司能够更快、更有效地实现它们的目标。

从逻辑上讲，这些组织的领导者擅长激励人心（公共选择学派对此进行了广泛的解释）。跟我们一样，这些领导者也有他们的兴趣、目标、职业、策略、计划等。他们通常不会投入自己的财富。因此，这些人在做决策时倾向于选择保守，而不喜欢冒险。如果他们的决策是对的，那么他们会将功劳占为己有。如果他们的决策是错的，那么他们会否认错误决策与自身的关联，但他们都会对发生的事情给出自己的解释，并提出额外的措施来纠正问题。

正如汉斯–赫尔曼·霍普（Hans-Herman Hoppe）所言，时间偏好问题源于选举周期，选举周期阻碍了长期决策——选举使人们的视野受到局限。[②]哪个政治家会在选举中对公众承诺将采取紧缩政策？尽管在一些发达和成熟的社会中也会出现例外的、令人尊敬的政治家，但这种情况并不常见。在德国，情况几乎总是如此，最近在英国也是如此。

问题是：如何在形势好的时候存下钱以便以后平稳度过拮据的日子？这是任何明智的人都会做的事情。相比之下，对于想要继续执政的政治领导人来说，这却永远都不是最好的办法，因为给予他们执政权力的选民中有30%～40%（通常占总人口的25%）会吹起反对的号角。在这个决定性的群体中，最有组织能力的人将领导这个群体中的其他人。

---

① 奥尔森（2000年）。

② 霍普（2011年）。

我不是在说用其他治理方式来取代民主，像中国这样的国家已经在改善人民生活方面取得了重大的成功。相反，强调政治缺陷的目的是为了取得进一步的发展。不管怎样，正如米塞斯说过的，民主永远是摆脱无能领导人的最佳方式。

然而，我们也没有必要过分崇尚民主，就像某些人谈论的那样，有时市场的暴政优于多数人的民主。没有什么比人们在日常生活中的行为——那些在工作、交易、休闲、健康方面等做出的决定——更能表达民意的了。这些决定花费了人们大量的时间和精力，我们不能确定人们在选举投票中是否也能花费同样的心力。毕竟，唯一真正做到权衡自己投票的人是那些具有高度公民意识和很少有偏见的人，但这两点是很难共存的。

令人惊讶的是，有些人却持相反的看法：他们认为选民每次投票都非常理性并充满智慧。但不知何故，在选举期间，他们认为同一个选民似乎又变成了一个毫无主见的人，他必须得到相应的帮助才能决定应该购买什么产品和服务（投票给谁）。这种对现实矛盾的扭曲看法通常源于利益相关方（倾向于政治干预的政治家和脱离民众的“空谈家”），因为很明显，市场的暴政是我们所有人做出的经过深思熟虑的决定，而政治选举投票的决定却不是这样的。

最后，影响金融市场运行的因素有很多：经济发展、政治决策、意外冲击、技术创新等。这些因素对金融市场的影响都不同，我们做不到（也不需要）深入分析它们，因为我们很难将它们在因果关系之间建立适当的关系。我们要把注意力集中在问题的核心上。某些决策（主要是政治决策）对两类主要资产的影响在某种程度上是可以衡量的。我们通过货币贬值来衡量这种影响，货币贬值对其中一种资产——货币资产——有非常重大的影响。

小 结

本章的结论是，无论逻辑论证还是经验论证都得到了相同的结论，即我们应该把我们的储蓄资本投给那些和我们有相似观点和时间偏好的人。这是唯一合理的做法。投资的最佳选择总是着眼于长期，并且允许我们只做最少的预测，我们在投资时应该避开受政治阶层影响的货币资产，因为政治阶层不可避免地持有短视观点。

因此，我们应该投资于实物资产，特别是股票，或者那些提供能够满足人们具体需求且由具有长远眼光和最佳适应环境变化能力的专业人士或商业领袖管理的公司。（稍后我们会看到，从严格意义上讲，这些专业人士或商业领袖必须是真正的企业家。令人惊讶的是，公司高管与商业领袖或企业家往往被混为一谈，当“年度企业家”这样的奖项被授予公司高管时，这种混淆已经达到了荒谬的地步。）

除了股票，其他实物资产也能够保护我们免受货币贬值的影响（自金本位制消失以来，货币贬值更加频繁）。然而，由于这些资产很容易被替代，它们的报酬率也没办法达到股票的报酬率水平。一些拥护“奥地利经济学”的投资者在政治不确定或过度货币操纵时期倾向于投资黄金或国债，就像2016年发生的那样。值得重申的是，投资在有可能因货币操纵而遭受严重价值损失的资产（国债）以保持流动性是没有意义的。这显然是相互矛盾的，只有当这笔国债得到黄金或其他可靠储备的支持时，它才有实际意义。

货币资产提供流动性的论点也无法令人信服。其他实物资产可以很好地满足这一功能，比如一些大币值、交易量大且价格合理的公司股票，我们总能找到具有这些特征的股票。在危机中，股票的价格将会下跌的观点是站不住脚的。首先，这些危机总是暂时的，我们的视野应该放在长期；其次，投资者应该只把不会马上用到的资金拿去做投资。

投资黄金是不错的选择，但长期来看，股票（生产社会所需实物商品或提供服务的公司财产凭证）的长期表现异常出色，其报酬率远高于其他资产的报酬率，并具有较低的长期波动性和较低的短期与长期风险。

我们得出的明确结论是：我们大部分的储蓄应该要用于长期投资，并投资于股票。我们只需要持有一小部分货币资产来满足偶尔的现金需求。①

附录一

贴现率

由于投资选择是主观判断的直接结果，而且在实际投资中，我们不可能推荐客户投资货币资产。因此，澄清和阐述投资界的一个重要的基本概念是非常值得的，它就是贴现率。②

贴现率是潜在投资项目必须被贴现的百分比。它反映了这样一种观念，即从我们的投资（本金）在第一年获得的收入和第五年获得的收入是不一样的。另一种思考方式是从机会成本的角度来看的。我们投资某一项资产意味着不能投资另一项资产，贴现实际上是将一项资产与另一项资产进行比较。

---

① 除了短期流动性目的之外，唯一有意义的另一个例外是需要合理配置资产与负债，从而使它们能够同时贬值。保险公司持有负债和准确计算的储备，保险公司可以将负债和货币资产适当匹配——至少是其中的一部分。如果货币贬值，那么负债和资产会同时受到影响。在这种情况下，受害者是被保险人，他将看到被保险公司承诺支付的款项不足以支付预期或意外的情况。然而，从保险公司的角度来看，它们匹配资产和负债是“正确”行事。这又是一个代理问题：从严格意义上说，公司正在履行其义务，但它没有给客户拿出一个真正解决问题的方案。

② 有关本附录中的观点的更多技术性解释，请参见奥布里希（Olbrich）等人，2015 年。

在传统的金融实践中，这些资金流的贴现率是无风险报酬率加上风险溢价。

无风险报酬率通常是投资发生国政府发行的债券的利率。按历史经验，无风险报酬率在2%和10%之间变化：范围很大，反映的是政府发行方在过去的信誉，特别是在其发行债券后货币未贬值时的偿还能力。

风险溢价，顾名思义，是资产投资所需的额外溢价。这里的错误假设是实物资产比政府债券风险更大。从历史经验来看，风险溢价一直保持在3%左右。

资本资产定价模型（Capital Asset Pricing Model，简称CAPM）理论家（在第六章中，我们将对资本资产定价模型进行更详细的讨论）错误地认为风险溢价是一个市场参数，而不是每个投资者的个人主观因素。因此，他们认为这种溢价是可以计算的。

最后，风险溢价是由市场上股票价格的波动性来衡量的：贝塔（Beta）。市场风险的贝塔系数为1。波动较小的股票贝塔系数小于1，而波动较大的股票贝塔系数大于1。

$$\text{投资现值}=I_0+\sum_{t=1}^{N}\frac{\text{CF}}{(1+i)}$$

I_0为项目初始投资；CF为项目产生的净现金流；i为项目净现金流计算现值时的贴现率。

上述是传统的做法，但我看不出任何逻辑。就我个人而言，我从未使用过这种贴现率。在专业领域，我也只是在“风险”资产的市场定价非常高的罕见情况下才会使用它。即使我们假设将风险和波动等同起来是有意义的——实际上这是不合逻辑的，但是正如我们前面讨论过的那样，每个投资者对可承担的风险都有自己的倾向。“市场风险”是不存在的。

正如当我们在分析一家公司的未来利润时，所有的投资者都有不同的看法一样，每个投资者都将使用他们认为合适的“风险溢价”和贝塔系数，以他们认为的合适利率进行贴现，这似乎是合乎逻辑的。在第六章中，我们将更广泛、更深入地批判资本资产定价模型。

因此，作为投资者，我们每个人都应该根据自己的偏好和选择进行贴现。在读完本章后，我们现在知道，应该只投资实物资产，就算要做其他的投资选择，也是选择其他类型的实物资产。正如我们所见，有证据表明，股票投资比固定收益型资产投资的报酬率更高，风险也更小，尤其是在货币不再受金本位制的支持以后。在严重经济危机情况下，货币贬值是自然发生的趋势，对于面临选举的政治阶层来说，货币贬值也是最简单易行的捷径。在这些综合情况下，实物资产的关键优势在于它具有适应货币贬值的能力，甚至是适应更换新货币的能力。

持有股票就是持有一部分的公司所有权，这一特征使其成为在严重货币危机时刻抵御通货膨胀的最佳方式。

贴现率：我的版本

既然实物资产——据称是有风险的——是保持我们购买力的最佳方式，那么鉴于非实物资产是人们不可接受的选择，我是如何贴现我的资产投资的呢?

我再次强调：用其他实物资产来衡量。

$$\text{投资现值}=I_0+\sum_{t=1}^{N}\frac{\text{CF}}{(1+ia)^t}$$

ia表示投资其他实物资产所得到的实际报酬率。

事实上，我最好的替代投资一直是我直接管理的基金，最初我是自己管理的，后来我成为团队管理中的一员。这是显而易见的，但值得强调的是，这种操作方式在金融市场并不常见。如果我致力于投资，并且拥有多元化的优质资产组合，那么这怎么可能不是我最好的投资替代选择呢？如果不是这样，那么我怎么能让潜在客户和我一起投资呢？

我必须将任何可能的替代投资［如新的商业项目（通常来自朋友或熟人）、黄金或房产］与我更喜欢的选择（我管理的基金）进行比较。到目前为止，我对此没有任何怀疑，这就是为什么我几乎所有的家庭资产都投资在它们身上。

最后是关于贴现以及将任何投资选择与最好的投资选择进行比较。对我来说，我最好的选择是投资我所管理的基金。如果我预期从我管理的基金获得8%的回报，假设有相同的安全水平，那么我不会考虑投资任何报酬率低于8%的项目。

此外，投资我自己的基金还有一个优势：它不需要额外的关注，我也不需要为此付出额外的时间。这个因素必须被考虑进所要求的额外回报中。比如，投资房地产或投资某个具体项目需要耗费时间深思熟虑，正是因为这个，当具体投资某个项目时，我们应该要求从该项目中得到一些额外的回报。

如果我不直接管理基金，那么我的第二个非常好的选择将是投资一些注重基本面的共同基金（半被动，我们将在第六章更详细地进行讨论）或者一个由我信任的人管理的股票基金。最后，我会考虑其他类型的实物资产，如房地产、商品行业或创业项目。但这些对我来说没有太多的吸引力，要么是因为它们是可替代的资产，缺乏主导定价的能力（如房地产和商品行业），要么就是因为它们的实际风险非常高（如创业项目）。

我已经说过为什么我所管理的基金的报酬率最适合作为我投资项目的贴现率，但是这种方法需要随个人情况做调整，不具有普遍性。通常，普通投资者（没有读过本书或杰里米·西格尔的书）更愿意投资房地产。从直觉上讲，这理解起来更容易。因此，任何可能的投资都应该与投资者的最佳替代选择进行比较——或者贴现，投资者的最佳替代选择很可能是某个特定的房地产。只有在找到一个更好的选择，比如一个好的基金经理、被动指数基金、股票或创业项目后，他们才会把资金从原有投资中拿走。

从专业角度来看，人们在不同股票之间做投资决定时的方法是一样的。做出投资某只股票的决定应该对它予以贴现，或者与投资其他股票相比较。

不要投资固定收益型货币资产。只有在非常特殊的情况下，这种做法才可行，我们还要引入一定程度的灵活性。我们偶尔会需要一些灵活性的原因有以下几个。

其中一个原因可能是，其他市场参与者对未来没有如此激进的观点，这意味着在股票价格昂贵的时候，暂时持有更多流动性是有意义的。股票市场价格通常在市盈率10到20倍之间，历史平均水平为15倍。如果市场的市盈率接近20倍，那么持有流动性是值得的。市场很难在很长一段时间内维持20倍左右的市盈率，因为此时打压股市的最重要因素开始发挥作用，即价格波动对资产投资的影响，也就意味着投资者往往不愿意长时间支付高于15倍的市盈率。

这个观点是我们从历史经验中得到的，但不一定符合逻辑。也许有一天，这种看法可能会改变，市盈率的历史平均水平可能会升至20倍。此时，股票和固定收益资产的长期报酬率将会基本一致。

第二个更实际的原因是持有流动性很强的资产为客户的资金赎回或突然出现的投资机会提供了额外的灵活性。这一点不是太重要，因为客户可以通过大规模投资具有相同功能的高流动性的股票投资组合来达到同样的效果。

总之，我们应该用所能找到的最好的替代投资选择对投资资产进行贴现。对我来说，这种选择永远不会是基于纸币的货币资产，而是我所管理的基金。

附录二

人的一生中应该如何投资

随着时间的推移，情况也会发生变化。对不同的人套用相同的规则是没有意义的。在某些时候，我们不愿意接受波动性；而在其他时候，我们又能够承受更高的风险损失。从整个经济合作与发展组织[①]来看，其大部分资产投资于房地产行业，而股票和基金的投资很少，不到5%（见表5–1）。我们已经注意到，这种投资分配比例没有太多的长期经济考虑，只是主观臆断的结果。随着时间的推移，我将提出另一套投资方案。

表5–1　净资产构成情况

	西班牙	经济合作与发展组织	美国
非金融资产	**80.7%**	**74.1%**	**48.5%**
住宅	53.9%	51.2%	31.5%
其他房地产	23.7%	17.4%	12.8%
车辆	2.6%	3.2%	3.4%
其他非金融资产	0.4%	4.5%	0.8%
金融资产	**19.3%**	**25.9%**	**51.5%**
存款	5.3%	7.6%	7.0%
债券和其他固定收益性有价证券	0.2%	0.9%	2.0%
共同基金	0.8%	2.0%	7.6%
合伙企业净资产	9.0%	6.7%	4.5%

① 经济合作与发展组织（OECD）简称经合组织，是由36个市场经济国家组成的政府间国际经济组织，旨在共同应对全球化带来的经济、社会和政府治理等方面的挑战，并把握全球化带来的机遇。——译者注

（续表）

	西班牙	经济合作与发展组织	美国
股票	0.9%	2.3%	5.7%
非上市公司股票和其他自有资金	0.8%	2.1%	14.2%
非养老基金的其他金融资产	0.7%	0.9%	1.1%
人寿保险和自愿性个人养老金	1.6%	4.2%	9.4%
负债	**10.1%**	**14.1%**	**18.7%**
住宅贷款	6.1%	8.4%	13.0%
其他房地产贷款	2.6%	2.0%	2.9%
其他贷款	1.4%	2.4%	2.8%

资料来源：蒙卡达和拉洛（Moncada and Rallo，2016年）。

人生起步

一个人的主要资产实际上是自己。年轻时，我们的首要任务应该是提高技能，并且能够为我们周围的人提供有吸引力的建议，这通常意味着年轻时要在金钱上做出牺牲或在时间上进行投资。实际上，回报率最高的投资始终都是全力以赴地投资自己。

一旦我们做到了全力以赴地提高个人的发展，我们就可以考虑如何实现投资过程。

当我们年轻的时候，无论是学生还是工人，我们都应该把我们微薄的积蓄投资于股票或者投资基于股票投资的共同基金，将其当作投资过程的开始。[①]

在人生的起步阶段，我们往往能够承受更大的波动性，这使得试图

① 为简单起见，在本附录中，我们仅提及股票；但在下一章中，我们将更详细地讨论基于基金和股票方面的不同投资组合。

获得尽可能高的报酬率并试图开始获得人生的第一桶金变得合乎逻辑。即使我们遭受了损失，我们也还有时间挽回。

彼得·林奇说过，我们的第一笔投资按理说应该投资房子——我们的家。如果我们要组成一个家庭——承担所有的责任，投资房子就很有意义。但如果投资房子需要一段时间才能实现，就像现在几乎所有发达社会的情况一样，股票就是更具吸引力的投资。

投资房地产的观念在人类的生活中根深蒂固，直到近代，我们才有了各种各样其他形式的投资。我们的祖先可无法接触到当今社会所提供的无数种类的投资方式。当然，相比现在，祖先对自己的财产更具有安全感。但是，从图5-21中我们可以看出，投资房地产的报酬率仅仅比维持储蓄资本的购买力略微高出一点。著名的市场和房地产分析师罗伯特·希勒（Robert Shiller）也给出了类似的结论。

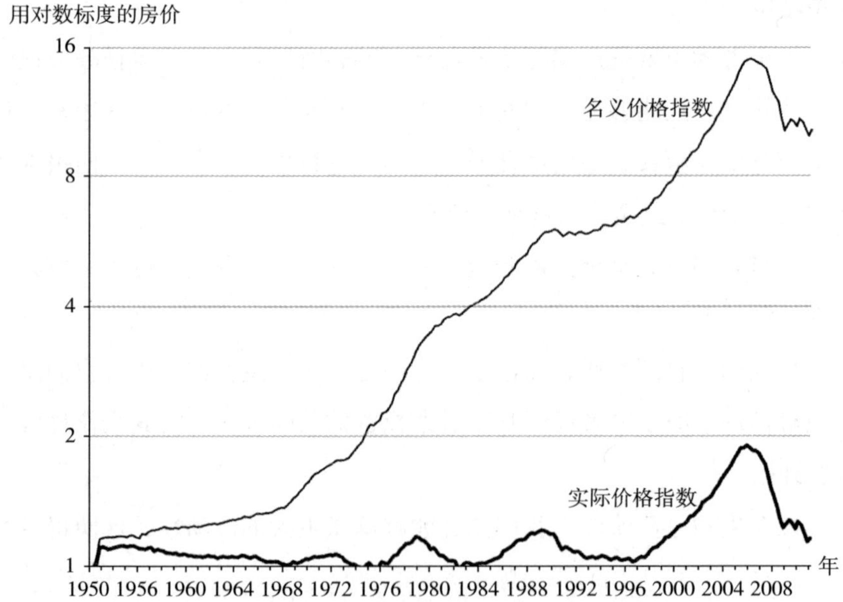

图5-21 1950—2012年美国名义房价与实际房价

资料来源：西格尔（2015年）。

值得注意的是，房子是一种商品，一种易复制的、不易老化的商品。我们已经谈到了技术的发展如何使生产力每年提高1% ~ 2%，这意味着材料和盖房的实际成本往往会下降相同的比例。

显然，房地产行业的另一个重要组成部分——土地并非如此。但是，除了像摩纳哥或中国香港等一些特殊的地区外，地球目前为我们提供了全球居民数量增长所需的足量的土地。无论如何，这种人口倍增的情况是不会再发生了。到21世纪中叶，人口增长将急剧下降。因此，土地价值似乎也不太可能出现大幅增长。

当然，随着财富的增加，人们将要求使用更好的建筑材料，这一因素部分抵消了土地价格的下降。

房地产除了是一种易复制的商品，以及其价值的实际增长很有限之外，我们还需要考虑其维护成本，我们知道房地产的维护成本可能会非常高。其交易成本虽然因国家而异，但都不是个小数目，不能被忽略掉。管理成本也是这样的，对于投资者来说，这是一件令人非常不舒服的事情，甚至代价高昂。

由于空间的限制，在大城市的市中心有一些黄金地段除外。但随着时间的推移，它们也是可以复制的，与房地产行业的其他地段相比，大城市黄金地段的总体表现也不会有太大变化。市中心也会随着时间而改变。比如，在马德里，城市重心已经向北转移，随之而来的是旧“中心”某些建筑的价值损失。

我们可以得出结论，投资房地产就像投资黄金一样：它们避开了最坏的情况，但与股票相比，其报酬率很低。

不管怎样，人生起步阶段的主要问题是有没有能力积累储蓄——要么是因为收入太低，要么是因为人们缺乏对消费的自我控制。

稳定期

在我们安定下来，并建立一个家庭后，两件事就会发生。

第一，我们没有任何存款可用。在这种情况下——我们已经说过，买房是第一选择，因为每月的房贷迫使我们必须存钱。有些人在组建家庭时没有任何积蓄。从家庭责任上讲，他们需要有存款，这个时候，偿还房贷的义务给了这样的家庭很好的借口。投资房地产不是最理想的投资，但它弥补了人格特性的缺陷或所谓的资源匮乏，这些因素阻碍了我们做正确的事情，即投资股票。抵押贷款只是缓解了消费而非引导人们积累储蓄，它反而使人们增加了对股票波动性的厌恶，尽管股票投资极具吸引力。

此外，有些年轻人无法存下钱来，因为他们的工资很低，或者因为他们当初通过负债来支付学费。就后者而言，在偿清债务后，如果他们有能力储蓄，那么他们应该投资股票，因为他们可能具备适合投资股票的性格特征。

第二，在稳定期，我们积累了少量的资本。我们面临是买房还是租房的选择。如果我们做了正确的选择，我们就会把积蓄投资股票，并在几年投资过程中积累一些投资经验和投资信心。接下来，我们最自然的做法是继续沿着这条路走下去，先租一处房产，直到我们拥有足够的股票资产，然后再开始多元化投资。

可能发生的是，我们的另一半对波动性感到厌恶，对投资股票不太放心，那么我们是时候考虑买房了。这一决策应该基于在特定时间点对这两个选择的相对估值（有时，一个市场明显比另一个市场更有吸引力）和投资者个人对波动性的厌恶程度。

通常来讲，股票市场优于房地产市场，这意味着通过出售股票来购买房子是科学的。就我而言，我一直投资股票，直到1998年才买了房子。股票在前几年表现异常地好，而房价在过去5年里却一直保持稳定，从相对价值来看，这是一个最佳时期。无论从哪方面讲，股票投资都优于房地产投资。只有在非常特殊的时刻，投资房地产才是更好的选择。所以，大多数时候，股票是我们应该选择的正确路径。

波动性不是读者们在这里应该关心的问题。我想我已经明确地解释过投资货币资产或相对不独特的实物资产（如房子）所涉及的巨大机会成本，因此我给出的建议是深入研究本书做出的解释，并努力克服厌恶波动性的情绪。阅读本书以及其他参考书目可能会对你有帮助。

成熟期

生活仍在继续，人们积累储蓄可能会变得更加困难。从这一时期开始，一般性的建议变得没那么有用，因为每个家庭的个体情况占据主导地位。从总体上讲，如果在特定的时期或者短期内不需要资金，那么股票投资仍然是主要的选择。

随着时间的推移和退休的临近，我们可以考虑持有更多的流动性资产来支付未来两三年的开支，但这将取决于可用的资本总额和我们对波动性的厌恶程度。如果我们积累的资本很多，那么在这种情况下保持流动性是不必要的，即使严重的市场崩溃也不会改变我们的生活方式和生活质量。如果我们积累的资本不是很多，那么我们应该把一部分储蓄投资于固定收益型资产，以保证日常生活所需的支出，减少短期波动对生活的影响。

我们总是说波动，而不说风险，因为我们知道波动和风险不是一回事。当我们投资股票时，我们会承受更多的短期波动，但从长期的整个时间范围来讲，其风险很小。

如果我们能够遵循这个简单的建议，那么我们将会拥有一个舒适的退休生活，以及合理、充足的储蓄。最重要的是，我们会培养出接受市场波动的坚韧不拔的性格，甚至会对这种市场波动感兴趣，因为我们知道我们可以利用这种波动来获利。

投资偏好排序

最后，我列出了一些常见资产投资的优先顺序。

1. 上市股票（在第六章中，我们将区分基金和股票）。与未上市股票相比，其优势在于更容易受到市场恐慌和兴奋导致的异常情况的影响。当有人在私募市场上出售他们的公司时，他们已经充分意识到公司在未来的潜力。对于上市股票来说，情况并非如此，投资者要么不愿意脱离投资组合，要么缺乏足够的知识和信息。[①]忍受从这些偏差中产生的波动将使我们从上市股票的投资中获利。
2. 其他实物资产。我们应该根据每项资产在其发展周期中的当前位置以及我们对每项资产所持有的信息和经验，在它们之间做出投资选择。后一个因素解释了人们往往把投资房产看作最佳选择的原因，尽管任何实物资产都足以保护我们的购买力，以及保护我们免受极端危机的影响。
3. 货币资产——仅用于短期流动性需求。尽管货币资产自1800年以来表现合理，但在货币制度放弃金本位制后，其实际报酬率大幅下降，而且面临着不可接受的政治风险的影响。

这是一个简单的投资优先顺序，但它可能有助于引导我们走上正确的投资道路。

（你可能认为我这么说是因为我自己以投资股票为生，觉得这是一

---

① 需要强调的是，投资教育会带来非常高的回报，这意味着在投资股票之前，我们应该首先考虑投资自己。

个相当自私的建议。你如果这样想就错了，我之所以投资股票，是因为在分析了所有的可能性选择之后，我相信这是保持我储蓄资本购买力的最佳方式，这就是我要解释的。如果我认为投资其他资产更好，那么我会去投资其他资产，并建议其他人也这样做。）

第六章　被动投资和主动投资

我们已经下定决心将储蓄资金投资于股票，因为我们知道，股票提供了风险与回报之间的最佳关系。现在，我们必须着手解决投资过程的下一步：决定如何投资股票。

市场提供了一系列的选择，其造成的混乱使我们只能对其理解个大概。但是我们没有理由变得悲观，因为这个问题可以简化。如果我们关注现有的投资方式，那么我们可以发现投资股票有以下几种选择。

（1）被动投资（通过投资指数基金或交易所交易基金）。

（2）主动投资：

- 投资基本面指数基金。
- 委托主动型投资经理。
- 直接投资股票。

共同基金涵盖了多种股票投资方式，尽管如此，在我的祖国西班牙，60%的人不知道共同基金是什么。因此，为了明确起见，我将对共同基金进行简要说明。共同基金是一项集体投资事业，它汇集了不同投资者的资金，以投资于各种金融工具。投资的责任通常被委托给基金经理。世界各地有成千上万的基金可供各类投资者选择。

专业的资金管理目前正处于十字路口（全球累积量可见图6–1）。投资者已经厌倦了为几乎没有增值的产品支付高额费用（在美国和英国，只有7%的基金表现优于大盘指数），而信息的可获得性使人们对不同的投资选择进行更详细的分析成为可能。

因此，在过去15年里，管理费用低的被动式管理基金已经扩大到占全球资产的35%（见图6–2），在美国这一比率达到了近40%。而这种被动式管理基金在世纪之交几乎是不存在的。[①]

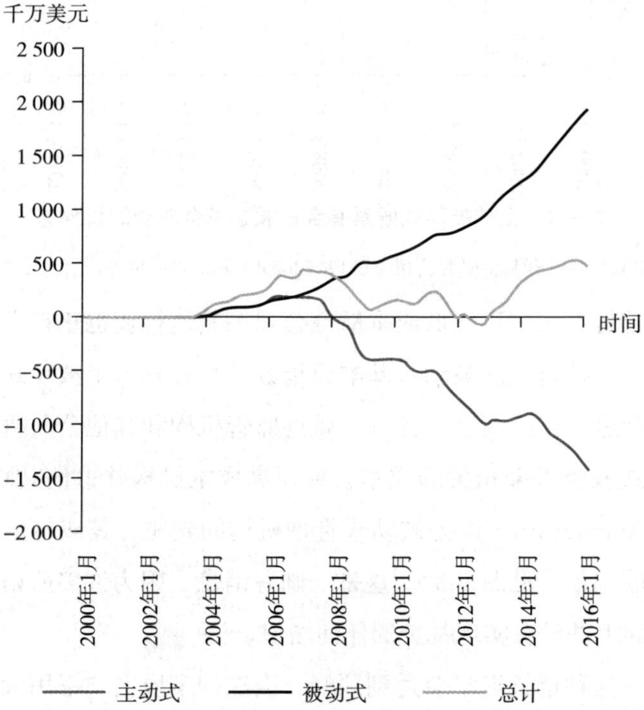

图6–1　主动式和被动式股票基金的全球累积量

① 弗雷泽 – 詹金斯（Fraser-Jenkins）等人（2015 年）。

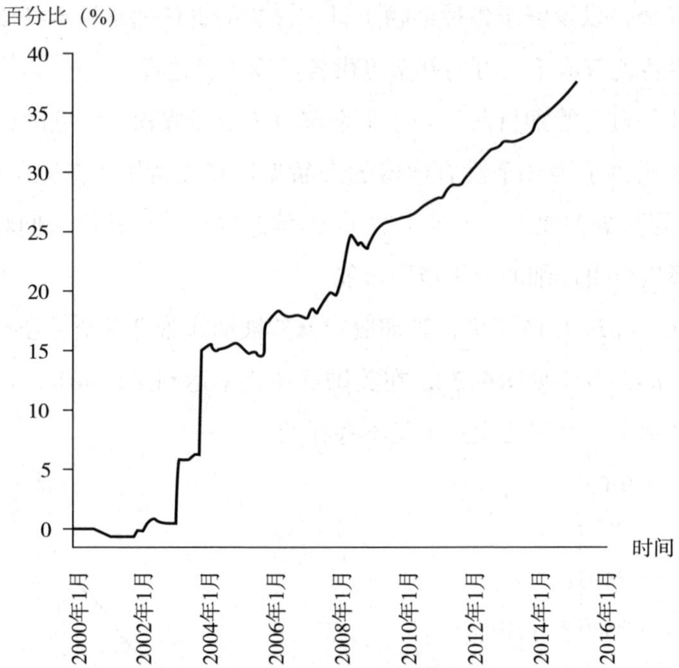

图6–2 全球被动式股票基金占股票基金总额的百分比

资料来源：新兴市场投资基金研究公司（EPFR Global）和伯恩斯坦等。

这种趋势在沃尔玛、低成本航空公司等其他行业也正在发生，似乎势不可挡。一种新型的被动式基本面指数（我称其为半被动式基金）的发展可能会进一步推高这一比例。就连监管机构和其他公共机构也在审查与主动式投资基金相关的成本，惩罚高成本机构并迫使其降低成本。先锋集团（Vanguard）作为被动式管理机构的先驱，其成本的演变就是一个很好的例证（见图6–3）。这是一则好消息，因为许多所谓的增值基金经理实际上并没有实现基金的任何增值。

然而，这种增长迟早会达到顶峰。当这种本质上“不用大脑”的投资方式所导致的低效率在市场上造成过度扭曲时，新资本将被吸引进入主动投资领域。最终，被动投资将在市场中找到合适的位置。

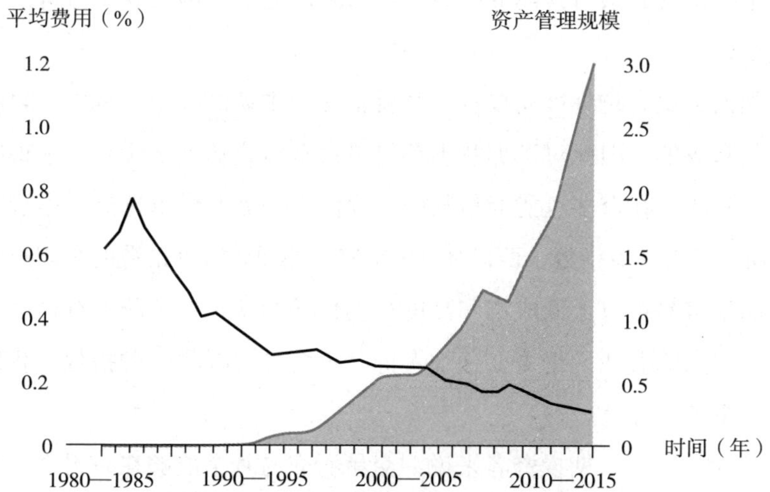

图6–3　先锋集团被动式管理的成本演变

资料来源：先锋集团

被动投资

被动投资是指投资于复制大盘指数表现的基金。近年来，人们对一种特定类型的指数基金——交易所交易基金——有着高涨的兴趣。交易所交易基金和普通指数基金是类似的，交易所交易基金在受监管的市场上交易，并可以像股票一样在当天买卖，而普通指数基金则在每个交易日结束时更新其净资产价值。

一般来说，被动式指数基金的组成权重与组成该指数的公司市值规模成固定比例，但也有一些例外，比如权重基于股价的道琼斯指数。因此，苹果或通用电气的指数基金组成权重将超过一家小公司的，这与它们的相对市值规模成固定比例。

指数基金的主要优势在于其降低了管理成本，其管理费低于25个基点（0.25%），同时又可长期保持和提高储蓄的购买力。实际上，第五章中讨论的股票与其他资产的比较结果是基于美国证券交易所指数的业绩。

然而，决定选择被动投资本身就是一个主动的决定。首先，它假定市场是有效的，因此对于那些不想付出太多努力的人来说是一个很好的选择；其次，在众多可能的指数中，我们仍然需要做出选择。尽管基于美国标准普尔500指数、西班牙IBEX 35指数或MSCI指数的全球投资组合产品很容易被打上低成本和高度自动化的标签，但市场上有很多这类指数，这意味着我们仍需要仔细考虑。不管是选择哪一种指数，我们都不能完全逃避思考。

然而，对于长期投资者来说，交易所交易基金能够在一天之内进行投资的优点并不重要。实际上，它带来了额外的不确定性，即提供这种流动性可能会导致计算基金估值的问题，进而使未来的发展复杂化。一些资产缺乏必要的流动性，无法提供近乎即时的估值，这导致一些交易所交易基金专家会针对未来大规模危机发生的潜在问题向人们提出警告。

在被动投资领域中，先锋集团是先驱者，也是最大的参与者，这得益于它本身的公共基金的结构，这意味着其利润被持续用于降低费用。先锋集团的创始人是约翰·博格（John Bogle），他是被动投资的狂热支持者。约翰·博格写过许多书，其中最著名的可能要数《共同基金常识》（*Common Sense on Mutual Funds*）[①]。

约翰·博格的建议侧重于赞扬被动投资的优点：

- 选择低成本基金。
- 明智地聘请价格昂贵的投资顾问。
- 详细分析基金业绩，并适当使用分析结果，了解发生了什么事情很

---

① 博格尔（2009年）。

重要。

- 对权威投资者持怀疑态度。
- 其他。

换句话说，其中有很多常识需要人们记住。要想打败市场是极其困难的，因为市场是我们所有人的平均水平，而不是每个人都能超过平均水平。

总之，被动投资对于那些已经决定要投资于某种类型的资产（如股票，当然也有债券和其他资产的基金）的投资者来说是一种合适的方法，他们知道在承担适度成本的情况下战胜市场会遇到的困难。

主动投资

正如我们在第四章中所解释的，市场总是趋于有效，但几乎从未达到这个目标，因为信息不仅在变化，而且每时每刻都在变化。每个人都在通过自己的日常决策为周围的人创造相关的新信息，但不是每个人都知道这些新信息，有时候甚至我们自己都不知道。

一些经济学家试图证明市场是有效的，它能捕捉所有可用的信息，使得人们任何试图获得高于市场回报的努力都是徒劳的，但这种静态效率是不可能实现的。即使可能，它也不会给我们提供相关的信息，因为它不会反映信息的动态性质：没有哪个市场能够保存只有创造信息的人知道的信息，甚至连这个创造信息的人自己可能都没有意识到它。

（下面将继续介绍一些对外行人来说可能难以理解的概念，因此读者可以选择直接跳到结尾的最后两段去阅读，那两段包含了沃伦·巴菲特的一段启发性引述。）

将有效市场理论应用于金融市场资产评估的最著名模型是资本资产

定价模型。它源于哈里·马科维茨（Harry Markowitz）所谓的现代投资组合理论，该理论认为，最好的替代投资方式是利用市场指数。市场指数只有在我们采取杠杆操作的情况下才能被打败，而杠杆操作同时意味着更大的波动性。我对这一理论将进行简短总结，因为从初始假设的分析中我们可以很快看出，花太多时间去研究它没有什么意义。这些假设是：

1. 投资者无法影响价格：他们对预期收益、波动性和相关性具有相同的预期。（在确定人的行为的本质是个人的主观意图之后，人们应该已经很清楚，支撑这一假设的前提是荒谬的——这已经足够说明一切了）。
2. 所有投资者具有相同的投资期限，为期1年（我无话可说……）。
3. 资产回报率对应于一个钟形正态分布，这是统计上最常见的，其中大多数观测值都位于其中心。回报率用数学期望来解释，而波动性则用标准差来解释。（事实已经证明，正态分布中有无数的例外，[①]甚至将波动性和风险混淆成一个基本错误。）
4. 投资者可以无限制地借贷无风险资产。资产市场是完美的；投资者可以购买资产的任何一部分。（同样，不切实际的假设将风险与波动性混为一谈，导致人们对金融市场的看法也极其乐观。）
5. 所有投资者都可以免费获得市场信息。（我又一次目瞪口呆，无话可说……）

在这些不切实际的假设下，资本资产定价模型并没有让我们走得太远就不足为奇了。帕布罗·费尔南德斯（Pablo Fernández）[②]得出的主要

---

① 塔勒布（2012年）。

② 费尔南德斯（2015年）。

结论是所有投资者：

1. 始终将无风险资产与风险资产相结合。
2. 将拥有相同风险的资产组合，即市场投资组合。
3. 将就市场投资组合和每项资产的预期收益和预期方差达成共识。
4. 将就市场风险溢价和每项资产的贝塔系数达成共识。
5. 将同意市场投资组合（在预期收益方差表上）处于最小方差边界，并且承认其是有效的。
6. 将根据股票的贝塔系数预计资产回报率。

正如费尔南德斯所观察到的，资本资产定价模型是一个荒谬的模型，因为它基于荒谬的假设。显然，这些结论并没有在现实生活中实现。

其根本问题是，该模型无法模拟人的行为，因为人的行为的目的和手段是不断变化的；而有时对于这些行为，行为者自己也无法理解。当使用静态分析和无意义的假设时，这一点尤其不现实。此外，该模型极其危险，因为它似乎有助于降低投资风险，但实际上却将资产风险的敞口扩大到高于不使用该模型时的正常水平。它提供了一种虚假的安全感，再加上其对债务的大量追索权，导致了1998年长期资本管理对冲基金的崩盘，对市场产生了极其负面的长期影响。

对该模型最大的实证打击来自法玛（Fama）和弗伦奇（French）的一项研究（见表6–1）。[①]他们指出，1963—1990年，股票收益率与其贝塔系数之间的相关性非常小，而股票收益率与规模、业绩和市净率之间的关系则更显著。

---

① 法玛和弗伦奇（1992年）。

表 6–1 弗伦奇和法玛的主要发现

公司规模	平均贝塔系数	年平均收益率（%）	公司贝塔系数	平均贝塔系数	年平均收益率（%）	公司市净率	平均贝塔系数	年平均收益率（%）
1（最大）	0.93	10.7	1（最高）	1.68	15.1	1（最高）	1.35	5.9
2	1.02	11.4	2	1.52	16.0	2	1.32	10.4
3	1.08	13.2	3	1.41	14.8	3	1.30	11.6
4	1.16	12.8	4	1.32	14.8	4	1.28	12.5
5	1.22	14.0	5	1.26	15.6	5	1.27	14.0
6	1.24	15.5	6	1.19	15.6	6	1.27	15.6
7	1.33	15.0	7	1.13	15.7	7	1.27	17.3
8	1.34	14.9	8	1.04	15.1	8	1.27	18.0
9	1.39	15.5	9	0.92	15.8	9	1.29	19.1
10（最小）	1.44	18.2	10（最低）	0.80	14.4	10（最低）	1.34	22.6

弗伦奇和法玛得出的结论是："我们的测试并不支持夏普–林特纳–布莱克资本资产定价模型的最基本预测，即平均股票收益率与其市场贝塔系数呈正相关。"

如果你没有理解上面的大部分内容，那么请不要担心。正如巴菲特所说："参加伯克希尔·哈撒韦公司（Berkshire Hathaway）年度股东大会的人中，有一半人不知道贝塔系数是什么，另一半人则根本不在乎它。"

综上所述，金融市场并不像一些人想象的那么有效，这为那些相信自己能获得更好回报的人提供了一个机会窗口。

对此，我们将拭目以待。

基本面指数基金：被动投资或加入选股标准的半被动投资

迈向主动投资的第一步并不是特别主动。实际上，它是半被动的——正如我们将看到的。

前面讨论的被动基金或交易所交易基金是基于基础指数——标准普尔500指数、西班牙IBEX 35指数、MSCI指数等，其组成部分根据其规模确定。换句话说，根据相对规模，大公司指数基金的权重要比小公司的大。这就产生了一种反常的效应，当一家公司陷入困境时，它的价格就会下跌，最终不会被计入指数；而我们作为被动指数投资人，我们的资金会伴随着它的价格一路下跌，直至不被计入。在通常情况下，这家公司会被一个因增长迅速而增加了市值的公司取代，我们并没有参与其市值的增长。简而言之，我们最终会买入价格已经上涨的股票；而一旦其价格下跌，我们就将其卖出。这完全错了。

因此，如果被动投资不能使我们信服，基于相信市场并非总是有效的且我们可以做得更好，下一个选择就是指数或交易所交易基金的改变：一个能够打败指数预定义策略的被动基金。这种投资也被称为要素投资或基本面指数基金投资。这可能包括投资于市盈率较低或股息率较高的公司的基金。

如果基本面指数基金能够获得比市场或被动指数基金更好的回报，它们就有意义。这主要是因为均值回归，这是人的行为分析中最不容易被理解的现象之一。我们将在第九章中更详细地讨论这个问题。

许多作者都证明，股票价格的波动存在均值回归：股价在经过一段糟糕时期后会出现反弹，其表现优于大盘；反之亦然，泡沫终会破灭。市盈率较低的股票表现好于大盘平均水平，而市盈率较高的股票表现较差，但两者都趋向于均值。①

① 来自西格尔（2014年）、维希尼等人（1994年），以及法玛和弗伦奇的各种文章。

詹姆斯·奥肖内西（James P. O'Shaughnessy）广泛而深入地分析了过去50年中的多种投资策略，从而使我们能够验证哪种投资策略在应对均值回归方面最为成功。

从图6–4和图6–5中我们可以看出，很多策略经常战胜市场。1964—2009年，包括所有美国股票在内的一项投资策略获得了11.2%的年回报率。这是一个相当有吸引力的回报，但我们按照以下一系列标准构建而成的替代方案进行投资组合则可能会获得更好的回报：

- 低市盈率。
- 低企业价值倍数（EV/EBITDA）（EBITDA是息税折旧摊销前利润，其本质上是对营业利润的估计；EV是企业价值，即债务加上股票市值之和）。
- 低市销率。
- 高股息率。
- 其他。

例如，一个包含企业价值倍数最低的股票的策略将获得16.58%的年回报率（相比之下，包含企业价值倍数最高的股票策略的年回报率只有5.33%）。

詹姆斯还考虑了各种策略的组合，这些组合带来了更好的回报。例如，他所谓的“价值因子3”策略包括以下标准：

- 市净率。
- 市盈率。
- 市销率。
- 企业价值倍数。
- 市值现金流比率。

■ 股票回购。

采用这些因素的最佳组合的“价值因子3”策略——低市盈率、低市销率等，将获得17.39%的年回报率。

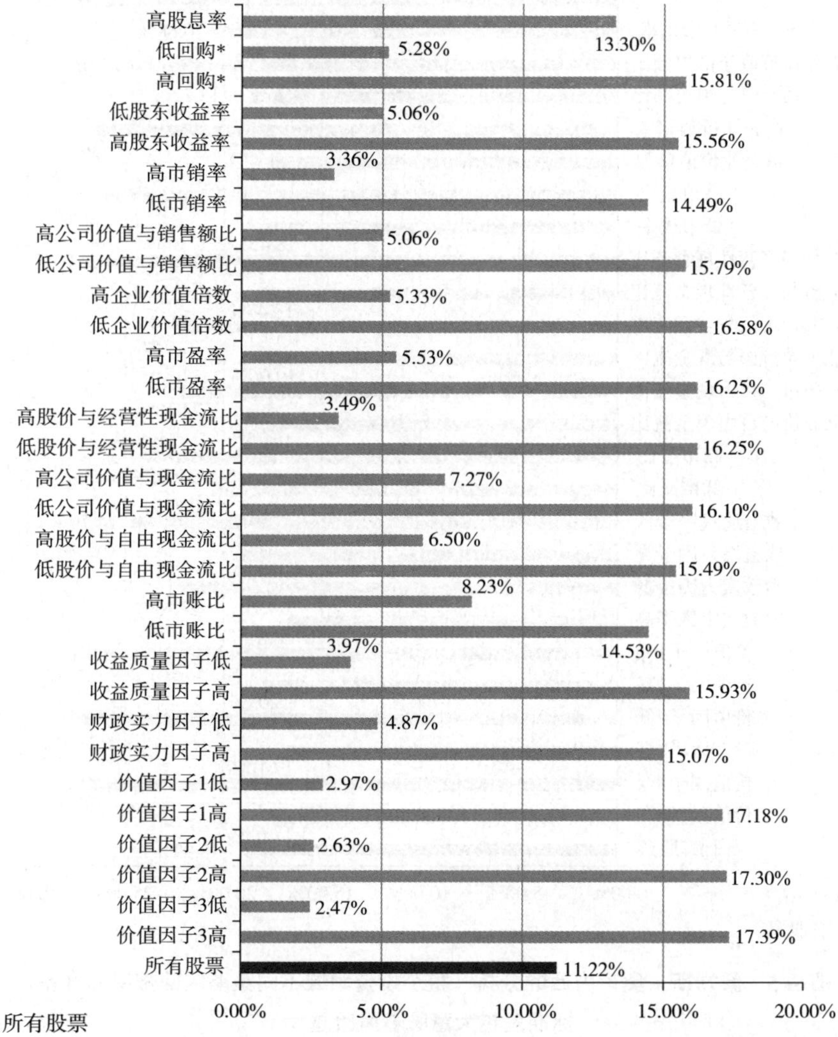

*所有股票

图6-4　詹姆斯·奥肖内西的分析：截至2009年12月31日的46年平均复合年回报率（在一系列投资产品中应用不同策略的结果）

资料来源：奥肖内西（2012年）。

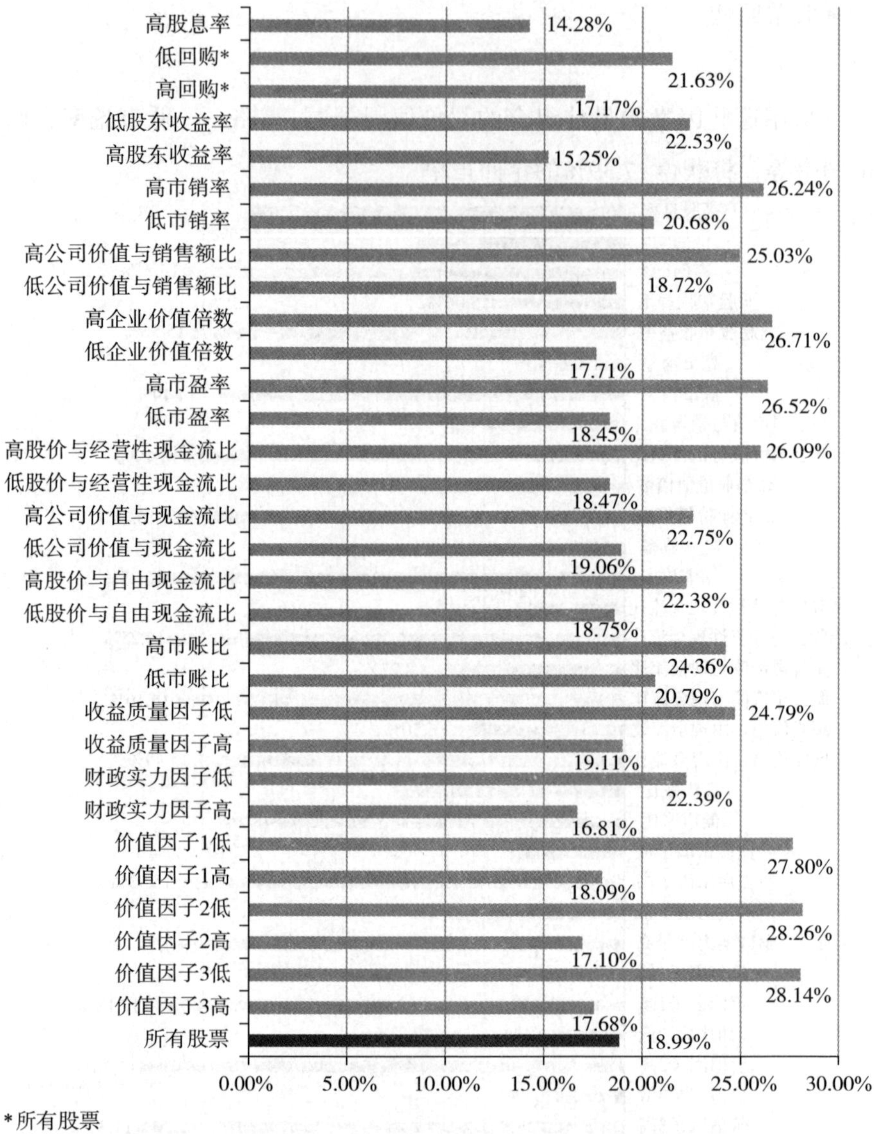

*所有股票

图6-5　詹姆斯·奥肖内西的分析：整个投资领域不同策略的回报率标准差，标准差越大意味着风险越大

资料来源：奥肖内西（2012年）。

因此，事实上，似乎增加使用不同标准的策略是可以改进被动指数基金的表现的。

令人惊讶的是，如果我们把“价格动量”的概念加入这些基于“价值”的策略中，那么结果会更好：在所有价值股中，在过去6个月表现最好的股票在接下来的一年里回报率更高。我们在此基础上推算出的一些策略将帮助我们获得23%的年回报率。

对冲基金AQR的基金经理们也得出了同样的结论：价值加价格动量是正确之路。①

“价格动量”背后的逻辑是，如果你买了一只已经开始上涨的股票，你的机会成本就会降低，从而减少了你等待市场中其他投资者意识到机会的时间。对于价值投资者来说，这个等待时间是最大的问题，因为我们有一种过早买进、过早卖出的本能冲动。无论如何，对于习惯于在股价下跌时买进股票的人来说，买进股价上涨的股票会让他们觉得有违直觉，这使得运用这种“价格动量”策略成为一项挑战。

奥肖内西提供了详细的策略排名以及相关的风险分析。②可以说，这类对过去进行分析的研究是“数据挖掘”的一个例子，但实际上，这些结果是有逻辑的，其基础是均值回归。

对人们更大的挑战是，在无尽的选项中做出选择。即便如此，从这些方法中选择一种还是很有意义的，因为这些方法每年产生的业绩能显著地超过指数的5%～10%。实际上，所有的主动型投资经理，尤其是美国价值投资者，都在不断地在最具有吸引力的策略之间徘徊。我们都在寻找廉价公司，用各种标准来分析它们。我们获得的好业绩来自反复应用这些策略，尽管有时是直觉上的或无意识的。

半被动策略或基本面策略，如被动的方法，可以帮助我们节省管理

---

① 阿斯尼斯等（2015年）。

② 奥肖内西（2012年），第597页。

成本，也有助于规避会阻止我们做出正确决策的性格缺陷。决策自动化程度越高，我们就越容易做出决策。不利的是，当市场表现不佳、策略本身不起作用时（这种情况可能会持续很长一段时间），没有人可以依靠。我们独自在旷野，没有人安慰我们。这种环境对我们来说可能是很难的。

显然，没有足够的资金来满足每一种可能的半被动投资策略，但主要的替代方案基本已经存在。在这方面，值得强调的是德明信（Dimensional）基金，它与学术界的人（尤其是法玛和弗伦奇）直接合作，能够提供高于市场回报的策略。他们不仅开发了本书讨论的一些价值策略，而且还提供了一些其他类型的策略。AQR资产管理公司就是沿着这些路线投资。智慧树（Wisdom Tree）是另一家专门从事这类服务的资产管理公司。不过，重量级企业贝莱德（Blackrock）等现在也提供半被动的投资选择。

主动型投资经理

我们下一步是考虑一个主动型投资经理是否能比这些高效的策略做得更好。答案远非显而易见，如图6–6所示。

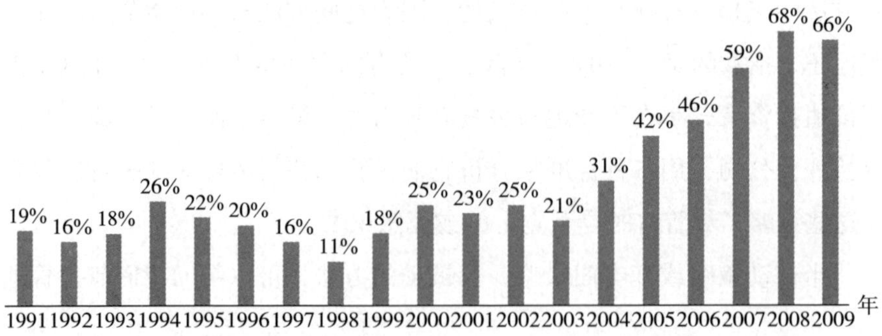

图6–6 所有股票基金中有10年以上业绩超过标准普尔500指数的比例

资料来源：奥肖内西（2012年）。

多年来，只有30%的美国资产管理公司已成功地超越了这些指数。此外，根据标普道琼斯指数，在过去的10年里，80%的欧洲基金（法国、西班牙、丹麦、瑞士和荷兰）的业绩没有超过这些指数。西班牙的成功率甚至更低。[①]（有几项关于这方面的研究，结果各不相同，但总有少数投资经理的业绩好于指数。）

更深入地说，尽管一些主动型投资经理已经获得了良好的业绩，但他们未来鲜有机会继续这样做。晨星公司（Morningstar）的两位分析师亚历克斯·布莱恩（Alex Bryan）和詹姆斯·李（James Li）的研究表明，我们不管是与业绩最差的投资经理一起投资还是与那些业绩最好的投资经理一起投资，我们未来超越市场的可能性是相同的。[②]（尽管在不到一年的时间里，由于某些股票的"价格动量"，这种持续性仍然存在）。实际上，西班牙国家证券市场委员会要求所有基金提供一个强制性警告，即要说明自己过去的业绩并不能保证未来的业绩。

此外，如果存在一些半被动策略，并且基金有优于指数的良好业绩，那么我们为什么需要一个主动型投资经理呢？

说实话，没什么必要。如果我们不知道谁的方法或结果能让我们充满信心，那么显然，我们最好还是待在被动或半被动管理的范围内。

也就是说，我当然可以推荐一些投资经理，他们的方法让我觉得信服，而且他们有足够的业绩来证实这一点。我还可以参考20世纪80年代巴菲特对他的投资朋友们进行的一项研究（见表6–2），他们通过采取正确的方式获得了卓越的业绩。[③]

---

① 关于欧洲，见《金融时报》，2016年3月21日；关于西班牙，见费尔南德斯等人（2016年）。

② 布莱恩与李（2016年）。

③ 巴菲特（1984年）。

表 6-2 格雷厄姆-多德的超级投资者们

投资者	投资期间（年）	指数业绩（%）	投资者业绩（%）
沃尔特·施洛斯（Walter Jl. Schloss）	28.25	8.4	16.1
特威迪-布朗公司（Tweedy，Browne Inc.）	15.75	7.0	16.0
巴菲特合伙有限公司（Buffett Partnership，Ltd）	13	7.4	23.8
红杉基金公司（Sequoia Fund. Inc.）	14	10.0	17.2
查尔斯·芒格（Charles Munger）	14	5.0	13.7
太平洋合作伙伴有限公司（Pacific Partners，Ltd）	19	7.8	23.6
珀尔米特投资（Perlmeter Investments）	18	7.0	19.0

资料来源：巴菲特（1984年）。

但没有什么能保证它们未来的回报将重现昔日的辉煌，正如监管机构要求我们向客户指出的那样。

然而，我们可以支持这样一种观点，即大多数取得优异业绩的投资者都是通过应用前面提到的价值标准来实现的。此外，尽管委托投资经理费用高昂、结果也不确定，但我们仍有一些理由需要主动型投资经理。

- 有些投资经理利用了市场效率的低下，并且未来他们可能会继续这样做。这是不可否认的，看看巴菲特就知道了（见表6-3）。

表6-3 伯克希尔·哈撒韦公司业绩与标准普尔500指数对比

年份	年度变化百分比		
	伯克希尔·哈撒韦公司每股账面价值	伯克希尔·哈撒韦公司每股市价	包含股息在内的标准普尔500指数
1965	23.8	49.5	10.0
1966	20.3	（3.4）	（11.7）

（续表）

年份	年度变化百分比		
	伯克希尔·哈撒韦公司每股账面价值	伯克希尔·哈撒韦公司每股市价	包含股息在内的标准普尔 500 指数
1967	11.0	13.3	30.9
1968	19.0	77.8	11.0
1969	16.2	19.4	（8.4）
1970	12.0	（4.6）	3.9
1971	16.4	80.5	14.6
1972	21.7	8.1	18.9
1973	4.7	（2.5）	（14.8）
1974	5.5	（48.7）	（26.4）
1975	21.9	2.5	37.2
1976	59.3	129.3	23.6
1977	31.9	46.8	（7.4）
1978	24.0	14.5	6.4
1979	35.7	102.5	18.2
1980	19.3	32.8	32.3
1981	31.4	31.8	（5.0）
1982	40.0	38.4	21.4
1983	32.3	69.0	22.4
1984	13.6	（2.7）	6.1
1985	48.2	93.7	31.6
1986	26.1	14.2	18.6

（续表）

年份	年度变化百分比		
	伯克希尔·哈撒韦公司每股账面价值	伯克希尔·哈撒韦公司每股市价	包含股息在内的标准普尔 500 指数
1987	19.5	4.6	5.1
1988	20.1	59.3	16.6
1989	44.4	84.6	31.7
1990	7.4	（23.1）	（3.1）
1991	39.6	35.6	30.5
1992	20.3	29.8	7.6
1993	14.3	38.9	10.1
1994	13.9	25.0	1.3
1995	43.1	57.4	37.6
1996	31.8	6.2	23.0
1997	34.1	34.9	33.4
1998	48.3	52.2	28.6
1999	0.5	（19.9）	21.0
2000	6.5	26.6	（9.1）
2001	（6.2）	6.5	（11.9）
2002	10.0	（3.8）	（22.1）
2003	21.0	15.8	28.7
2004	10.5	4.3	10.9
2005	6.4	0.8	4.9
2006	18.4	24.1	15.8

（续表）

年份	年度变化百分比		
	伯克希尔·哈撒韦公司每股账面价值	伯克希尔·哈撒韦公司每股市价	包含股息在内的标准普尔 500 指数
2007	11.0	28.7	5.5
2008	（9.6）	（31.8）	（37.0）
2009	19.8	2.7	26.5
2010	13.0	21.4	15.1
2011	4.6	（4.7）	2.1
2012	14.4	16.8	16.0
2013	18.2	32.7	32.4
2014	8.3	27.0	13.7
2015	6.4	（12.5）	1.4
1965—2015 年复合年收益率	19.2%	20.8%	9.7%
总收益率	798 981%	1 598 284%	11 355%

资料来源：伯克希尔·哈撒韦公司2015年年报。

- 我们可能不知道如何选择，甚至不知道如何为我们找到合适的半被动基金或基本面基金。[①]有了优秀的投资经理，我们就可以把策略的选择委托给他们：低市盈率、高股息率、低市账比等。最优秀的主动型投资经理总是在多种策略之间徘徊，以寻找有吸引力的股票（不管是有意识的还是无意识的），这正是他们获得好业绩的原因。我们甚至可以说，一些主动型投资经理是半被动策略的秘密选

① 举例说明，参见 5 月 7 日《巴伦周刊》关于交易所交易基金复杂面板数据的提议。快速选择成为一个非常主动的决定（见本章末尾的附录）。

择者。

诚然，这是有代价的，因为他们收取高昂的费用，但有时这些费用是值得支付的（请记住，除非我们自己做这项工作，否则帮助我们找到合适的半被动基金的人也会收费）。

- 正确的策略可能会逐年变化，这意味着我们的投资组合需要不断调整，这是一个主动型投资经理工作的一部分，但这对私人投资者来说并不容易。
- 我们谈论的是我们的毕生积蓄，因而与我们信任的投资经理保持密切联系可以让我们非常安心，尤其是当投资经理拥有一个清晰的策略时，他能给我们带来良好的业绩，那些让我们觉得有“面子”的投资经理更是如此。为被动和匿名的策略做好心理准备并不容易，即使这可能是我们在未来获得幸福的最佳途径。虽然一定程度的自动性有助于保护我们不受自身性格缺陷的影响，但来自我们投资经理的好建议也确实可以在我们遭遇疑惑或市场困难时给我们帮助，而这种情况经常发生。

从“金融的情感方面”来看，我们需要某种帮助以克服投资所带来的焦虑。迈尔·斯塔特曼（Meir Statman）还指出了其他因素，比如追求地位或希望得到公认权威的关注，这些因素会促使我们寻找“有声望”的投资者。①

- 另一个心理上的好处是对控制的错觉或视自身为成功一部分的错觉。如果我们选择一位沟通良好且能够即时反馈的投资经理，我们就会有一种控制决策的感觉，就好像是我们在发号施令，我们在做投资某只股票的决定。

---

① 塔克特和塔夫勒（2012 年）。

这些动机都不是决定性的。我们还没有解决这个问题，一些读者肯定还不完全信服。但其实只要双方相互信任，我们就有千百种可以通过主动型投资经理做投资的理由。如果我们遇到某个人或某个特定的团队，他的业绩让我们放心，那么投资或许是有意义的；如果我们没有遇到这样的人或团队，那么我们可以坚持被动策略，而不用涉足其中。

但值得强调的是，研究不能是肤浅的。深入了解投资经理或团队是至关重要的：他们的业务、投资方式，当然还有他们的人生观。我发现推荐其他投资经理真的很难，因为我没有时间对其进行严格评估。但当我这样做时，我一定是在尽可能详细地了解他们之后。如果我们能够亲自面见投资经理，那就更好了。

仅仅看良好的业绩是不够的，了解它是如何实现的更为重要。我们所有人都受制于运气的反复无常，确定潜在逻辑在业绩中扮演的角色很重要。

这不是一件容易的事，但在金融市场上有很多优秀的主动型投资经理。有时，市场会被不可否认的非理性迷惑，而能够充分利用这一点的投资者将获得非常好的业绩。

直接投资股票

最后一种选择是直接投资股票，分析并购买最具吸引力的投资选择。为什么不呢？我认识一些优秀的私人投资者，他们有一个长期的投资策略，享受着完全的自由，他们只对自己负责。在现在这个时代，我们有许多工具，能够根据自己的情况进行分析并进行股票投资。我们唯一需要的是时间和欲望。

对这些潜在投资者来说，获得良好收益的最佳途径是关注从上述策略中确定的股票，并且坚持不懈、毫不动摇。这很困难，但并非不可能。一个出发点是寻找并分析那些有着良好业绩记录的投资者选择的股票，这些投资者花了很多时间来考虑这些股票。挑选股票的部分工作已经由他们为我们完成了。从此刻起，问题就变成了如何制定自己的标准，并始终如一地坚持下去。

第七章针对的是这些大胆的投资者，但这部分内容也可能对任何寻求主动投资基金的人有用。我们将详细讨论如何克服投资过程中的问题，这是我们可以做到的！

在我们疯狂购买股票之前，我最后说一句，税收是直接投资的主要问题。直接购买股票给个人投资者带来的税收负担要大于投资基金，至少在欧洲是这样的。在欧洲，基金受监管的投资者一般不用缴税——他们只要把储蓄存在这些基金中，就可以获得资本利得或与股票相关的股息。这将大大推迟任何可能的税单。此外，在西班牙，基金之间的转账是免税的，这意味着如果我们把储蓄放在基金循环中，那么我们可能永远不会缴纳这些税。

这是我个人不直接投资股票的原因。显然，管理我自己的共同基金对我有很大帮助，因为我可以把我的储蓄投资到我们管理的基金中。

小 结

股票是最好的投资资产，而投资股票有很多不同的方式。在各种方式之间做出选择并非易事，最好的选择很可能是三者之间的良好组合：无论是被动的或基本面的指数基金，还是一些吸引我们的主动型投资经理，以及一些让我们保持“警觉”的个人选股。

没有神奇的公式可以确定准确的组合比例。对我来说，没有别的选择，只能把全部储蓄直接投资于股票——投资于我的基金则相当于直接购买股票。不过，我建议读者从指数基金开始分析，随着对市场的更好把握，读者可以逐渐建立信心，再逐渐转向更主动的其他替代方案。

每个读者的正确投资比例将取决于他们的个人情况，特别是他们愿意花多少时间来做决定。他们付出的努力越多，他们就越远离被动，这一点几乎是可以明确的。但无论最终的投资组合如何，我们可以肯定，选择股票投资将使我们走上保持储蓄购买力的正确道路。

然而，值得重申的是，如果我们没有经过充足的考虑，我们就不要轻率地购买股票，这是一个赔钱的方法。如果我们想要投资，那么每一个决定需要的时间都与我们买车、买房或者决定请医生治疗复杂疾病的时间相同。如果我们不准备投入时间，那么我们最好找一个好的专业人士向我们推荐被动、半被动或主动的投资管理方式，这需要确保我们也选择了合适的顾问。

附　录

表6–4是《巴伦周刊》的一个案例，该案例说明了我们在“被动”产品之间进行选择最终变成“主动”业务的可能程度——这是专业人士的选择（The Pros' Picks）。

表6–4　在当今混乱市场投资方式下的专家分享

交易所交易基金 / 股票代码	近期价格（美元）	市值（十亿美元）	说　明
约翰·福林斯（JOHN FORLINES）选择的 iShares 国际高收益债券 / HVXU	48.27	0.2	主要拥有欧洲公司发行的垃圾债券，但也有一些加拿大和英国债券
iShares 美国优先股指数 /PFF	38.88	15.2	优先股主要由金融公司发行，交易所交易基金的收益率为 5.6%
iShares MSCIEAFE 最小波动率指数 /EFAV	66.73	6.7	剔除市场上波动最大的股票的国际股票指数

（续表）

交易所交易基金 / 股票代码	近期价格（美元）	市值（十亿美元）	说 明
iShares MSCI 美国最低波动率指数 /USMV	44.08	12.5	与上述策略相同。在吸引新资金方面，这只交易所交易基金是今年最受欢迎的基金之一
iShares MSCI 加拿大 /EWC	24.15	2.7	主要由金融和能源公司组成的单一国家的交易所交易基金。如果油价进一步上涨，那么它应该会上涨
iShares MSCI 澳大利亚 /EWA	19.51	1.6	澳大利亚是一个大宗商品生产国，向中国大量出口商品。这种交易所交易基金是避免直接持有中国股票的风险的一种方式
大卫·克利里（DAVID CLEARY）选择的 iShares 全球材料 /MXI	49.29	49.29	包括世界各地的材料公司，如矿工和化工公司
iShares 拉美国家 40/ILF	25.37	0.7	巴西和墨西哥的区域性交易所交易基金。这是恢复大宗商品价格的另一种多元化策略
PowerShares 基本高收益公司债券组合 /PHB	18.15	0.8	一种指数跟踪基金，根据现金流和其他指标来筛选公司发行的债券，并排除信用评级最低的公司
非投资级高收益债券 /ANGL	26.77	0.2	目的是从最近被降级的公司发行的债券中获取收益

（续表）

交易所交易基金 / 股票代码	近期价格（美元）	市值（十亿美元）	说　明
弗里茨·福尔特（FRITZ FOLT）选择的 iShares 黄金 /IAU	12.34	8.0	追踪黄金价格的大型交易所交易基金，其费用比率低于 SPDR 黄金股（GLD）
金矿指数 /GDX	24.18	6.9	包括巴里克黄金（Barrick Gold）和纽蒙特矿业（Newmont Mining）在内的一揽子知名矿商，其涨跌速度往往快于金价
iShares MSCI 巴西 /EWZ	27.64	3.3	这是市场上最大的巴西主题交易所交易基金，交易量很大
EGShares 印度基础设施 /INXX	10.30	0.04	关注一小部分印度工业和材料公司的一家指数跟踪机构
纳斯达克 100 指数基金 /QQQ	105.02	34.3	作为最古老的交易所交易基金之一，它追踪纳斯达克 100 指数。纳斯达克 100 指数是成长股和科技股的同义词
先锋小盘价值股 /VBR	102.48	6.4	估值相对较低的美国小型股的低成本指数
威尔·麦戈（Will MCGOUGH）选择的 iShares 核心 MSCI 新兴市场 /IEMG	40.12	10.6	一种低成本的新兴市场指数，包括小型股，并将韩国视为其“新兴”国家

（续表）

交易所交易基金 / 股票代码	近期价格（美元）	市值（十亿美元）	说　明
SPDR MSCI 新兴市场策略因子 / QEMM	47.94	0.1	一种低成本、广泛的新兴市场交易所交易基金，它将股票与赢利能力、低波动性和价值融为一体
iShares 核心高股息 /HDV	78.75	5.1	以股息为主题，旨在捕捉基本面支持比同行更好的股息和赢利潜力的股票
iShares 核心 MSCI EAFE/IEFA	53.20	11.1	拥有欧洲、澳大利亚和日本股票，但不包括美国和加拿大股票

第七章　股票投资（一）：基础和原则

我们知道，我们必须投资于实物资产，而股票是最佳选择。我们还知道，我们可以通过指数基金、半被动基金或基本面基金以及主动管理型基金来投资股票。最后，我们还可以选择直接投资股票。

试图系统性地击败指数、超过大盘是一项高风险的业务，历史也证明了这一点。然而，我们中的一些人要么足够傲慢、被蒙蔽，要么大胆地接受挑战，毕竟我们都认为自己是比别人更好的驾驶员。

本书的这一部分是针对那些准备好挑战指数的大胆爱好者或专业人士，在面对历史和当前趋势的情况下，他们无情地转向被动投资。

投资股票并不容易。你必须买别人不想买的东西，卖掉别人想买的东西。这违背了我们的本性。如果一切顺利，那么这种努力从长远来看可能会带来巨大的回报，但这将每天考验我们的智慧。我们对此也并非无能为力，对此我将尽力解释。事实上，这是一门艺术，我们中的一些人已经把自己的职业生涯奉献给了它，在这门艺术中，我可以为自己增加更多的价值。

基础和经验

格雷厄姆

几乎所有的价值投资者的启蒙老师都是本杰明·格雷厄姆，尽管他们可能不知道。格雷厄姆是哥伦比亚大学教授、价值投资创始人。在格雷厄姆出现之前，股市投资只不过是一种四处碰运气的投机、赌博行为。由于格雷厄姆的教导，基于人们对市场中起作用的力量的广泛分析，投资现在已经成为一项严肃而苛刻的技能。

格雷厄姆最大的贡献是出版了两本经典著作：《证券分析》（*Security Analysis*）和《聪明的投资者》。[①]在第一本书中，他详细分析了审查一家公司和正确投资所需的工具；在第二本书中，他描述了投资过程，提出了对我们许多人来说至关重要的概念。

也许其中最重要的是安全边际的概念。这是一个简单但很重要的概念：我们应该通过投资内在价值显著高于市场价格的股票来最大限度地提高我们投资的安全性。50%的折扣比30%的折扣好，这种安全边际使我们防范了估值错误。

具体来说，他对安全边际最大化的主要建议是，购买价格低于公司清算价值（不包括固定资产）的公司股票。换句话说，公司的流动资产（存货、应收账款和现金等）减去所有负债后的价值应该高于其市场价格。

这是一个非常苛刻的条件，在80年前它是合理的。大萧条重创了股市，许多公司的股价都低到足以满足这一标准。对于格雷厄姆来说，公司做什么并不重要，只要股价便宜就行。

传奇人物沃伦·巴菲特一开始就是追随这位大师的脚步进行投资的，大多数优秀的投资者也是这样开始的。我想，当你刚开始投资的时

---

① 格雷厄姆（1988年，2009年）。

候，你会想快速证明自己，会在市场上搜寻任何价格便宜的股票，不会停下来思考，并且相信这条路会让你尽快赚钱。

然而，经验最终告诉我们，在这些廉价股票中，有许多是在具有挑战性的行业或面临重大竞争挑战的行业中找到的，从长远来看，它们可能永远都是无用的。对于此类股票，时间不会站在我们这边，因为它们的资本回报率很低，潜在上涨空间的实现旷日持久，而且不确定。资产负债表并不是一切。

菲利普·费雪和乔尔·格林布拉特

我把格雷厄姆描述得过于简单化了，他也考虑了许多因素，比如增长或稳定的业绩，尽管他没有那么强调这些因素。无论如何，在他之后，大多数投资者开始关注其他驱动因素，比如公司质量。随着时间的推移，他们赋予这些因素越来越大的权重。

菲利普·费雪在许多投资者的转型过程中都发挥了关键作用。正是在搭档查理·芒格的影响下，巴菲特第一次被费雪的哲学吸引。费雪是另一位成功的长期投资者，他至少写了两本极好的书：《怎样选择成长股》和《保守型投资者夜夜安寝》（*Conservative Investors Sleep Well*）。[①] 他把钱投资于长期成长型股票，这些股票具有非常强劲的竞争优势，能够持续下去并不断增长。人们为此付出的代价并不那么重要，因为如果该公司业绩良好，那么它将维持较高的市盈率。这种想法不那么直观，因此比简单地购买价格便宜的股票更难让人理解。这意味着你要为一段时间后才会产生回报的东西支付看似昂贵的价格。

这就是巴菲特最终走的道路。因此，大多数价值投资者在某种程度上也间接地受惠于费雪。对我们来说，向质量的转变是一个缓慢的过

① 费雪（1996 年 a，b）。

程，也许有些太慢了，我们一直试图尽可能地为高质量少付出些代价。

在那之前，我一直对投资廉价资产持有某种不可动摇的偏见，即使廉价资产的质量并不总能得到验证。有时，我的策略产生了良好效果，所以要想改变我的投资方法很难。

每个投资者都按照自己的节奏前进。最终彻底改变我的方法的导火索是乔尔·格林布拉特，他让我相信，我们必须果断地向质量做出决定性转变。

2008年12月，我在纽约的一家书店里偶然发现了格林布拉特的小书《股市稳赚》①，当时我并没有主动地去翻看它。我在莫尼什·帕伯莱（Mohnish Pabrai）给我的一本书《憨夺型投资者》（*The Dhandho Investor*）②中看到过格林布拉特的观点。莫尼什是一位优秀的投资者，我去年在西乔·阿兹佐利尼（Ciccio Azzollini）主持的令人愉快的投资会议上认识了他，该大会每年7月都在意大利南部的特拉尼（Trani）举办。

莫尼什也是一个特立独行的人，每年他都给朋友和熟人赠送一本书。把书作为礼物可能是一把双刃剑，你是在要求受赠者把一些时间花在他们可能感兴趣或不感兴趣的事情上。我一般不喜欢被赠予书，因为我总是有很多有趣的书等着我去阅读，而且我有一个缺点（或优点），即我会读完每一本别人赠予我的书。因为我没有无尽的时间去阅读，所以这些书最终会变成“有毒的圣杯”。

然而，你会逐渐发现，把书扔到膝盖上的最大好处是让你摆脱舒适区，这个舒适区往往局限于你已经知道的东西和那些你赞同其观点的作者。莫尼什送给我的那些书开辟了新的领域，从阿图尔·加万德

① 格林布拉特（2006年）。

② 帕伯莱（2007年）。

（Atul Gawande）最近出版的对晚期疾病护理有极好见解的《身为凡人》（*Being Mortal*）[①]一书，到帕韦特拉·梅塔（Pavithra K. Mehta）和苏奇拉·谢诺伊（Suchira Shenoy）描述专门从事低成本眼科疾病治疗的印度组织阿拉文德（Aravind）的《无限视觉》（*Irfinite Vision*）[②]，莫尼什赠送给我的书都有涉及。这些书的主题是多样的，并且会带你进入你甚至都没有听说过的生活和情境，更不用说你感兴趣的了。

2008年年底是引发变革的恰当时机。尽管我们确信我们采取了正确的方法，即以合理的价格投资来为危机做准备，但准备工作仍有继续改善的空间。拥有自己的一套合理原则是至关重要的（最好是正确的原则！），但它们需要足够灵活，以适应沿途可能出现的变化。要做到平衡是很困难的：强壮但不固执，灵活但不优柔寡断。这在理论上完全可行，但在实践中很难实现。

继续回到格林布拉特。在他的宝贵著作中，他所做的就是用充分的实例经验证明：以不错的价格买入的优质股票的业绩总是优于其他股票。为了做到这一点，他根据两个标准对每只股票进行分类：质量，用ROCE（return on capital employed，资本使用回报率）衡量；价格，用市盈率倒数（市盈率是我们为每单位收益支付的价格），即自由现金流收益率衡量。

他对回报和价格都使用了数字分类，即1，2，3，4……，其中1是回报标准下ROCE最高的股票，还是价格标准下自由现金流收益率最高的股票。然后，他将两个排名中每种股票的得分相加，得出一个明确的分类，他称之为“神奇公式”（见表7–1）。这个公式虽然很简单却很有效，两个因素总和最低的公司的长期回报率最高。此外，整个排名也是

① 加万德（2014年）。

② 梅塔和谢诺伊（2011年）。

如此，位于最低10%的公司的回报率高于倒数第二个10%的公司，倒数第二个10%的公司业绩优于倒数第三个，依此类推，直到最高10%的公司。

表7–1 “神奇公式”的结果

年份	神奇公式（%）	市场平均水平（%）	标准普尔500指数（%）
1988	27.1	24.8	16.6
1989	44.6	18.0	31.7
1990	1.7	（16.1）	（3.1）
1991	70.6	45.6	30.5
1992	32.4	11.4	7.6
1993	17.2	15.9	10.1
1994	22.0	（4.5）	1.3
1995	34.0	29.1	37.6
1996	17.3	14.9	23.0
1997	40.4	16.8	33.4
1998	25.5	（2.0）	28.6
1999	53.0	36.1	21.0
2000	7.9	（16.8）	（9.1）
2001	69.6	11.5	（11.9）
2002	（4.0）	（24.2）	（22.1）
2003	79.9	68.8	28.7
2004	19.3	17.8	10.9
	30.8	12.3	12.4

注：“市场平均水平”的回报率是一个权重相当于3 500只股票的投资组合的指数。指数中的每一股对回报的贡献都是相同的。标准普尔500指数是一个由500只市值最大的股票组成的指数。最大的股票（市值最大的股票）的权重高于市值较小的股票。

资料来源：格林布拉特（2006年）。

马克·斯匹兹纳戈尔通过分析ROCE高而价格低的公司得出了类似的结论。与格林布拉特不同，他用股票市价与扣除现金或债务后的资本使用之间的关系来代表低价。如图7–1所示，他把两者结合得最好的股票称为“齐格弗里德”（Sigfrieds），这种股票能够取得非凡的长期业绩。

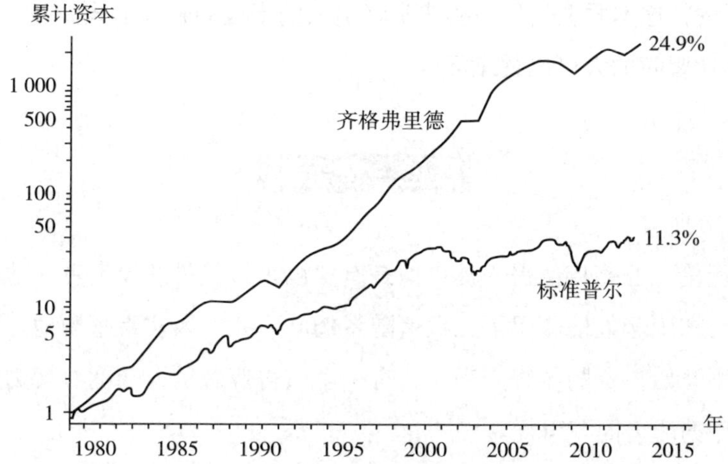

图7–1 “齐格弗里德”对比标准普尔的“平均约翰”

资料来源：斯匹兹纳戈尔（2013年）。

这是因为这些公司正面临着短期损益问题，而这些问题将在中期得到解决。他的方法的效果比格林布拉特的更好，他将其归因于格林布拉特对价格/自由现金流的使用，这意味着该公式对增长过于敏感。

斯匹兹纳戈尔是我所知道的唯一一位严格按照“奥地利”标准进行投资的投资者。

格林布拉特和斯匹兹纳戈尔都获得了令人惊讶的非凡结果，但也合乎逻辑：以合理价格收购的好公司应该在市场上获得更好的回报。与以往一样，应用这些方法的问题在于，这些公式在长期有效，但也可能在相对较长的时期内表现不佳，比如三年。这使得专业投资者和热情投资者在事情不顺利时很难对其保持信心。

然而，格林布拉特的简单实验说服了我，并激励我果断地向质量迈进。我们已经试探性地朝着这个方向前进，但缺乏必要的信念和一致性。我们需要全力以赴。

那些不想继续读下去的读者可以在这里停下来，可以通过投资使用这些公式的基金或自己投资来应用一下这个神奇公式。各种基金都采用这种方法，这本质上是另一种非常吸引人的半被动管理形式。

喜欢冒险的人可以继续阅读。

沃伦·巴菲特

沃伦·巴菲特值得一提。他是有史以来最优秀的投资者。他的投资履历和谦逊人格赢得了无数追随者的心。我个人非常感激他。对于一个刚开始投资的年轻人来说，有一个值得尊敬的人与拥有智力或努力工作的能力同等重要。

从一开始就了解他和他的方法让我的投资生涯轻松很多。他帮助我发现并明确了一些重要的概念，在“孤独投资”时期，他一直是我的支柱。

巴菲特的许多智慧都可以从伯克希尔·哈撒韦公司的年报中找到。这些材料使我们更好地了解了他的方法。尽管许多学者也汇集了他的一些有用思想，但最好的办法还是直接阅读它们。[①]

作为一名投资者，巴菲特在过去50多年的时间里实现了20.8%的年回报率。相比之下，作为基准的标准普尔500指数则获得了9.7%

① 最全面的是劳伦斯·坎宁安（Lawrence A. Cunningham）和卡罗尔·卢米斯（Carol J. Loomis），他们在总结他的观点的这段简短摘要中发挥了作用。

的年回报率。[①]这些业绩非同寻常，但值得重视的是这些惊人数字背后的原因。他拥有真正的个人和企业智慧宝库，值得我们进行更多关注。

当投资者或朋友问我有关投资的任何问题时，我都会尽我所能做出回答，但我最后几乎总是不得不坦白“巴菲特已经说过了”。他几乎对每件事都发表了意见，而且几乎总是言之有理。正如通用电气前首席执行官杰克·沃尔奇（Jack Walsh）所言：“巴菲特是所有房间里最聪明的人。”我们都知道他在投资方面的智慧见解是多么有用；然而，令我惊讶的是，他对企业管理的想法并不为人所知，把这些想法运用到管理上就如同雇用了最优秀的MBA。

值得记住的是，巴菲特投资过数百家公司，参与过无数的董事会，与无数的公司董事长、高管、政治家等打过交道。所有这些都意味着他得出了非常值得我们回顾的结论。

巴菲特的投资方法已经广为人知，但值得重述。他投资股票，就好像他要买下整个公司一样。公司的情况要符合他的投资标准，公司必须能提供具有吸引力的经济价值（提供人们想要的商品或服务）。公司是否在公开市场上交易对他来说是次要的。如果市场在未来10年内关闭，那么他仍将继续做出购买决定。他理想的持股期是永远（他一直有耐心，但关键是他不认为自己是一名宏观经济分析师或股市分析师，甚至不认为自己是一名选股者，而是一名业务分析师）。他最喜欢的一个观点是，投资者一生中应该只能投资10只公司股票。这样做意味着，在这种情况下，他们的决定将会更加慎重，只考虑投资最好的公司股票。

巴菲特还重塑了格雷厄姆想象中的人物角色：市场先生。市场先

① 伯克希尔·哈撒韦公司在2015年的年度报告。

生是我们在不同行业的合作伙伴，他每天都来敲我们的门，提出购买或出售他某个行业的股票的建议。我们必须接受我们感兴趣的提议，然后礼貌地拒绝其他提议。我们没有义务接受任何东西，因为市场先生并不总是理性的，有时他会向我们提出荒谬的建议。他情绪不稳定，反复无常，容易兴奋和焦虑。他的提议可能令人惊讶，即使商业环境几乎没有发生变化，而且重要的是不要被他的情绪波动左右。我们应该利用市场先生，而不是让市场先生领导我们。

带点讽刺意味但非常正确的事是，巴菲特并没有发现“价值投资”一词具有太多的意义。难道还有其他的投资方式吗？在没有找到投资价值的情况下，你怎么能不投资？他也没有区分成长股和价值股，因为一切都是关于以可接受的价格购买收益流的，而收益增长的速度是一个次要问题。

和几乎所有认真的投资者一样，他更喜欢在二级市场买入，而不是参与首次公开募股（IPO）。首次公开募股往往发生在卖方选择的时间和价格上，通常对他们有利。在正常的二级市场，信息则更加对称。

巴菲特会投资稳定的公司，如可口可乐和吉列（现在的宝洁公司），避免投资那些市场环境中有颠覆性变化风险的公司，如科技公司。

通过研究我们在子公司和普通股上的投资，你会发现，我们更青睐那些不太可能发生重大变化的公司和行业。原因很简单：无论是哪一种购买方式，我们都在寻找我们认为在10年或20年后几乎确定会拥有巨大竞争优势的公司。快速变化的行业环境可能会提供巨大的成功机会，但它排除了我们寻求的确定性。

我要强调的是，作为公民，查理和我都欢迎变革——新思想、新产品、新流程，诸如此类的东西会使我们国家的生活水平提高，这无疑是好事。然而，作为投资者，我们对一个正在蓬勃发展的行业的反应，很像我们对太空探索的态度：我们为这一努力喝彩，但更愿意跳过这一过程。①

变革的风险构成了巴菲特著名的能力圈的一部分：每个投资者必须知道他们能力圈的大小，并保持在这个圈子之内。做到这点并不容易，因为我们的天性就是贪多。一开始，我们必须试着慢慢地、非常谨慎地扩大我们的圈子，直到我们的圈子已建立完整，并在那之后充分尊重它（不随意跨越能力圈做投资）。

巴菲特很少投资银行业。该行业的固有负债（运用极少资本，银行可以膨胀，使资产负债表扩大15至20倍）危险地放大了任何错误。我对包括保险公司在内的金融业也极为谨慎。我只投资于西班牙的金融机构，因为我对这些机构的管理和内部运作有一定的了解，这能让我安心。

当然，他不相信市场总是有效的理论。总体来说，市场是有效的，但并非总是如此，而这种微小的差异至关重要，这让我们有利用它的空间。此外，风险既与贝塔系数无关，又与市场股价波动无关。我们甚至可以说，波动性实际上是长期投资者的盟友。

巴菲特将风险定义为长期购买力的可能损失，为了避免这种情况发生，他主张人们分析：

- 商业的长期特点。
- 管理者优化业务、有效再投资盈利以及回报股东的能力。
- 购买价格。
- 通货膨胀和税收水平。

① 伯克希尔·哈撒韦公司在1996年的年度报告。

这四个因素决定风险，而不是股价的波动性。

他经常以自己最初购买伯克希尔·哈撒韦公司股票的经历来说明这一点。这是他做过的最糟糕的投资，因为这家公司缺乏竞争优势，注定要倒闭。

随着时间的推移，他从购买廉价公司的股票转向关注优质公司的股票（换句话说，优质公司就是那些投入资本回报率高的公司），这是他过去几十年来一直坚持的标准。

他还经常承认，优秀的管理者不可避免地会遇到糟糕的事业。讽刺的是，我们注意到，糟糕的事业将保持自己的声誉，而优秀的管理者反而会失去他们的声誉。

巴菲特写过很多关于公司治理的文章，也发表过很多关于公司治理的言论，同时他还是一个坚定的批评家，例如，他批评一些公司在为高管制定激励措施时的不良做法。管理委员会的薪酬委员会根据那些自利的顾问的建议做出决定，这些顾问根据其他公司的薪酬水平提供建议。这导致工资螺旋上升，直至令人厌恶的水平，并与高管的实际表现完全脱节。要想打破这种格局并不容易，因为董事会成员是由同样的高管任命的。公司治理中最大的错误之一是，在客观的变动薪酬方案中，没有将投入资本或留存收益纳入考量。作为几种可能的解决方案之一，巴菲特主张在制定激励措施时始终考虑资本成本。

一般来说，董事会很难做出独立的决定，因为最终董事们是由董事长提名选出的，而他们也知道这一点。董事会中的任人唯亲不会创造一个有利于决策的环境，即便一个有利于决策的环境也可能不符合董事长的喜好。我只想说，在西班牙，我想不出任何一个成功的激进主义案例。我们可以肯定，有相当多的管理不善事件。巴菲特认为，董事们应该持有公司相当数量的股票，但领取极少的固定薪酬，这意味着他们不用靠职位本身生活（见图7–2）。

图7-2　巴菲特的智慧

作为一名投资者，我总是对那些有参考价值或拥有大股东的公司更有信心，这些大股东的资产与我的资产在一条线上。然而，股东和管理层之间应该有适当的分离，因为家族成员并不总是最适合管理的人。在欧洲，尤其在西班牙，我对缺乏大股东的公司几乎没有信心，因为高管的利益很少与股东们保持一致。

尤其值得注意的是，巴菲特对增长计划的重视程度微乎其微。对他来说，公司制定正确的策略更为重要，因为增长将在适当的时候随之而来。许多短期增长目标阻碍了公司做出正确的长期决策。因此，他以愿意经受不稳定的结果而闻名，他认为这是投资业务的一部分。

他对并购也有非常明确的立场：重要的是，要避免为了增长而增长的冲动，投资重点应该放在有意义的收购上，而不是超额支付。避免用劣质收购削弱优质公司是很重要的。我们有很多次看到公司剥离了一个分部或子公司，却又觉得需要购买其他东西来保持其规模。我见过的最引人注目的例子之一是葡萄牙电信（Portugal Telecom），它在以高价出售其巴西子公司Vivo（巴西移动运营商）之后，决定不把钱返还给股东，而是继续收购一家实力较弱的巴西公司，这几乎导致了整个葡萄牙电信的倒闭。

巴菲特还对公司治理的另一个重要方面——公司捐赠——与投资做了区分。这里的主要问题是高管和股东的利益不一致，而且是高管根据自己的利益和社会压力做出决定。在我的基金中，我确保明确规定基金的主要目标是在符合法律条文的情况下获得尽可能好的回报。我觉得把我的良心强加给客户会让我感觉不舒服，这就是为什么基金所获得的回报使我们每个人都能按照自己的良心行事是更好的选择。

在谈到投资和公司管理时，巴菲特经常提到他和其他人都曾落入的机构强制性。这里指的是投资者和管理者都自然倾向于像绵羊一样行事，模仿我们的竞争对手或同行正在做的事情。它是人类本性的核心部分。但对于投资者和经理人来说，它只会带来平庸的结果。

巴菲特另一个头脑清醒到令人难以置信的地方体现在他所希望的伯克希尔·哈撒韦公司的股东类型上。他不希望他的股票是流动的，他不希望股东买卖他的股票。他希望股东是长期合作伙伴并且能够无限期地持有他的股票。

我们的目标是吸引长期投资者，他们在购买时没有出售时间表或目标价格，而是计划无限期地留在我们这里。我们不理解那些想要公司拥有活跃交易量的首席执行官在想什么，因为这种情况只有在他的许多股东不断退出的情况下才能实现。在其他组织——学校、俱乐部、教堂等，当成员离开时，领导者会欢呼吗？（然而，如果有一个经纪人的生计依赖于这些组织成员的流动，那么你可以肯定至少会有一个支持者，比如：“基督教已经有一段时间没有太多活动了，或许我们应该在下周转向佛教。”）①

① 伯克希尔·哈撒韦公司在1988年的年度报告。

即使沉浸在他标志性的幽默感中，他也一直在谈论拥有稳定股东基础的好处。我一直在追求同样的东西：与我意见一致并计划继续支持我的投资者。我不想要短期投机者。别误会我的意思，投机者本身并不坏，并且远非如此，他们在为市场提供流动性方面还发挥着至关重要的作用，但我宁愿与其他人为伴。短期赎回费用是为了传递一个明确信息：仔细思考你在哪里投资，以避免迅速后悔。

然而，虽然长期投资显然应该用短期内不需要的资金来进行，但意外的需求总是会突然出现并要求我们动用储蓄。并非一切都是我们可以预见的。

巴菲特对股票回购和随后的取消有非常明确的想法。当没有其他更好的替代投资选择且股票交易价格低于内在或目标商业价值时，回购显然是有意义的。问题在于，正如彼得·林奇有意暗示的那样，高管们宁愿通过错误的收购来扩大公司规模，从而导致公司多元化甚至恶化。巴菲特认为，只有当你获得更多回报时，用自己的股票购买公司股票才有意义，而这种情况通常不会发生。

我过去“温和”的激进主义一直局限于礼貌地要求公司在投资过程中把股票回购放在心上。我之所以投资股票，是因为我认为股票的交易价格低于其内在价值。如果不是这样的话，我就不会投资这些股票。所以，回购和取消是有意义的。

同样值得强调的是巴菲特对估值的一些重要看法。他用资本回报率（不包含商誉）来定义公司质量。这是我完全采用的方法，也就是说，更高的回报意味着更高质量的公司。

这就是我衡量公司内在质量的方法。然后，我分析商誉的数量和质量，以评估管理层进行合理收购的能力。换句话说，就是把利润分配给不同的用途。值得你记住的是，当一家公司以高于账面价值的价格收购另一家公司时，它会产生商誉，随后必须摊销。这未必是一件坏事，但你必须再次小心那些仅仅为了成长目标而支付过高费用的经理人。

那么，他的盔甲上有裂缝吗？

我几乎不可能不同意巴菲特的总体投资理念。目前，我与他没有任何分歧，不过考虑到伯克希尔·哈撒韦公司已经达到的规模，他最近不得不为收购公司付出更高的代价。我的投资组合中总是有更多的轮换方案，但这是因为在欧洲注册的基金在出售股票时所缴纳的税额很低，这给了我们有更多利用市场波动的机会。

话虽如此，但我确实认为巴菲特在他的能力范围之外把他的信任过多地寄托在政客们身上。尽管他从他的父亲那里接受了教育，并且也对通货膨胀的破坏性影响发表过自己的评论，但他似乎认为，政客们能够处理像管理经济这样的艰巨任务，尽管他们的动机有时是不正当的。他承认自己无法预测经济周期，但似乎相信其他人有更好的应对能力，尤其是那些与他们所需的管理方法在时间跨度上存在不一致观点的人。我认为这个观点是矛盾的。

因此，在经济学理论方面，我看到了巴菲特世界观中的一个小缺陷，这对于良好的投资者来说并不是必要的，但是正如第四章所讨论的，拥有一个健全的经济框架对我们投资者来说是非常有用的。例如，我不像巴菲特那样认为凯恩斯是一位伟大的经济学家——尽管凯恩斯在大萧条中损失了很多钱之后确实成为一位明智的投资者。他关于总需求不足的概念特别偏颇，而且既过时又不正确，因为他的理论假定要素价格（工资）没有向下的灵活性（试着告诉那些近年来工资削减了10%～30%的人）。[①]我不再多说了，因为正如哈耶克所解释的那样，凯恩斯在晚年对自己的理论失去了信心，但那时已经太晚了；

① 关于西班牙语的点评，请参见拉略（Rallo，2011年）。

各种各样的干涉主义者已经把他当作智力偶像。[①]

巴菲特还认为，2008年政府在雷曼兄弟破产后干预市场的做法是正确的。然而，我们已经知道人们在试图将物理科学方法应用于社会科学时所遇到的困难：我们无法利用统计工具分析人的行为。这种情况是独特的、不可重复的，在这种特殊的情况下，我们无法知道如果没有干预会发生什么。我怀疑我们本可以过得更好，但我们永远不会知道。我猜他也不知道。

巴菲特投资的阿尔法（Alpha）和欧米茄（Omega）

总而言之，特别有价值的不仅仅是巴菲特的投资理念，他个人管理众多股份公司的方法以及明确的职责授权也是所有缺乏经验、无法长期维持下去的帝国缔造者的榜样。我相信这种情况不会发生在他身上。

解决质量

在格林布拉特的推动下，各个环节开始步入正轨，从那时起，我们坚持选择投资高质量的公司。没有科学的方法来帮我们找到价格与质量的完美结合。我们应该为选择高质量的公司付出高昂的代价吗？有中等质量的公司吗？显然，低价购买高质量公司是最理想的，但在现实中这是不可能的。我们必须以诱人的价格发现真正的宝石。

我认为，随着时间的推移，我们最终在贝斯因特找到了正确的平衡。根据格林布拉特的标准，截至2014年9月，我们投资组合的平均投入资本报酬率（构成投资组合的公司）超过40%，自由现金流收益率超过10%。这是一家价格诱人的好公司。

---

① 哈耶克（1994年）。

为了达到这一点，我们逐步抛售不符合新理念的股票，只购买符合质量要求的股票。这是一项缓慢的工作，需要我们卖掉廉价的公司股票，需要我们抵制对它们的依恋，但我们坚信这是一条正确的道路，我们会全力以赴。

然而，追求质量并不是盲目地遵循公式。虽然这是一个良好的起点，但它们消除了对我们这些在这一领域工作的人来说非常重要的人的因素。仅仅找到一个高ROCE和低市盈率的公司是不够的。我必须了解利润从何而来，尤其是流向何处。这是我工作的精髓，也是我大部分时间都在做的事情。可能的收购价格可以被我们很容易地在每日报纸或实时的彭博资讯上找到，但分析一个特定行业和公司的竞争地位，才能让我们确定其内在价值，这既不明显也不容易被识别。事实上，这是投资的一大谜。然而，有一种方法可以破译它。

竞争优势

很少有公司能长期保持超常的利润。市场发挥了作用，它从各个角度追逐这类公司，市场通常会得到它想要的东西。关键是要区分哪些公司能够经受住时间的考验（即使只有25年），而哪些公司正在享受更典型的短期盈利。

进行这种竞争分析的方法有很多，MBA对此有一定的深入研究。哥伦比亚大学教授布鲁斯·格林沃尔德（Bruce Greenwald）和晨星公司的帕特·多西（Pat Dorsey）对此给出了一些最清晰、最有趣的解释，他们也从一个相似的角度关注竞争分析。

格林沃尔德发展了迈克尔·波特（Michael Porter）的经典著作，该著作根据各种因素考察了竞争的激烈程度：竞争者之间的竞争，替代品和进入壁垒的存在，以及供应商和客户的谈判能力。波特是第一个解释公司与外界互动的人，但格林沃尔德简化了分析，指出进入壁垒是其中一个关键因素，而且这显然比其他因素重要得多。它占有如此重要的主导地位，以至寻求发展和追求成功战略的领导者都应该从忽视其他因素开始，只关注它。这个因素就是进入壁垒——波特的“潜在进入者”背后的力量。[①]

高ROCE和稳定的市场份额既是投资进入壁垒的结果，也是其必要的信号。6% ~ 8%的低ROCE与无障碍市场相一致，任何竞争对手都可以进入并获得一个位置，不同参与者的市场份额会反复波动（见图7–3）。

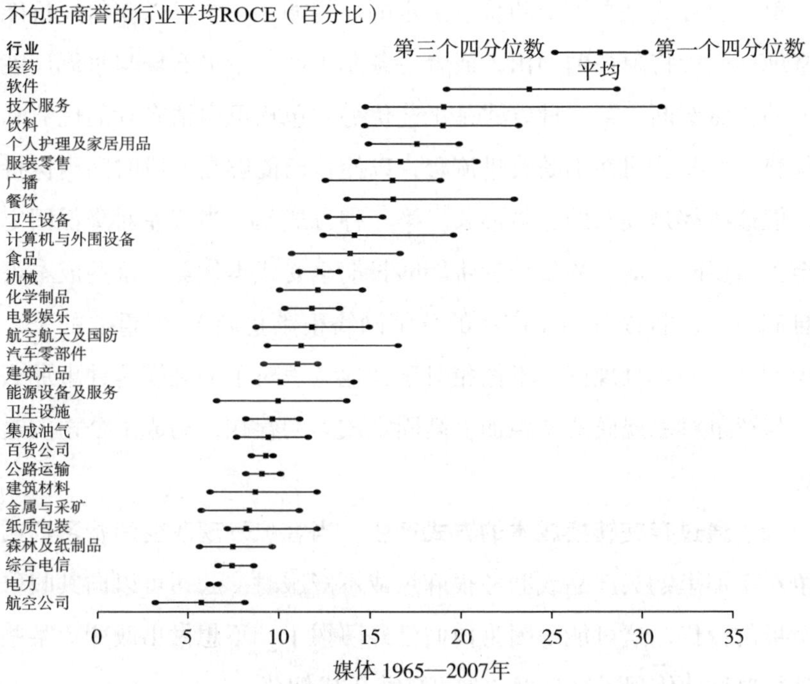

图 7–3　行业特征决定了回报的可持续性（持续时间）

资料来源：Compustat数据库，麦肯锡公司绩效分析中心。

---

① 格林沃尔德和卡恩（2005 年）。

我们一旦认定一家公司在稳定的市场中具有较高的赢利能力，下一步就是找出其进入壁垒或导致获得超常利润的根本原因。要想长期保持高额利润几乎是不可能的，但进入壁垒可以让狼群在一段时间内陷入困境。

如果我们知道并清楚地了解这些进入壁垒，我们就能够预测它们何时会消失，何时会危及公司的优势和利润。这有助于我们将错误控制在最低限度，并使我们能够在这一异常利润中分得一杯羹。

进入壁垒可以以不同的形式产生。

（1）**通过具有成本优势的方式产生**。成本优势可能以各种方式产生，第一种方式是由生产的特点决定的。例如，一个可以获得廉价能源的基地——沙特阿拉伯油田，或者一条龙生产——采石场与水泥厂就是小型的自然垄断。第二种方式是工艺优势，包括可申请专利的优势和其他优势。一些公司在不断改进流程，以使自己能够在一段时间内保持优势，但这些都是较弱的保障形式。第三种方式是，当规模对降低固定成本至关重要时，最大的参与者将能够长期享受成本优势。这些成本可能来自制造、广告或分销（广泛的分销网络很难复制）。但重要的是，要认识到公司的本身规模并不像相对于其他竞争对手的规模这件事那么重要，与竞争对手规模的差距加上高固定成本的存在，构成了公司的这种优势。

（2）**通过存在转换成本的方式产生**。当客户发现改变消费习惯或从竞争对手那里购买产品或服务很麻烦或不舒服时，公司可以向其收取高于市场的价格。这可能是因为他们已经习惯了，不想做出改变。某些消费品很典型地体现了这一点，如可口可乐或烟草。

进入壁垒的产生也可能是因为其所涉及的转换成本无法补偿其所付出的努力，无论是适时的还是可能的新风险。这些通常适用于某些必不可少的半成品，其占最终产品的价值相对较低，比如福斯油品集团等专家所生产的润滑油，润滑缺陷而停机的成本是巨大的，特别是相对于使用功效好的润滑油的成本。另一个例子是那些高度嵌入公司运营中的软件。这是我们的老宠儿之一威科集团所享有的优势。

寻找替代品的困难也会增加其转换成本。虽然互联网让人们的生活变得简单了很多，但由于产品规格不同或缺乏透明度，在产品之间进行比较并不总是那么简单。

（3）**以无形资产的方式产生。**由于存在真正的品牌差异，公司能够对竞争品进行提价。当你把苹果公司和索尼公司进行比较时，这种情况就会出现：索尼是众所周知的，但缺乏与苹果相同的吸引力（或者将可口可乐与其他可乐品牌或自来水品牌相比较）。

专利也是无形资产的一种形式（如药品），许可证（如电话）也是，它们是通过临时授权获得合法垄断的。专利会面临被争夺的风险，而许可证则可以被授予机构吊销。

（4）**通过"网络效应"产生。**用户越多，产品对客户的价值就越大。这使得新的竞争对手更难出现，因为他们需要建立这个网络，例如脸书或维萨（Visa）等信用卡支付公司。

这些行业的公司可以获得额外的利润，而其额外的好处则是不一定需要优秀的管理者。几乎任何人都可以在短期内管理这样的公司，而从长期来看，管理者的目标是继续建立并延续这些优势。

相比之下，对于一家处于更具挑战性的行业、面临激烈竞争的公司来说，管理能力可能是决定性因素。在这种情况下，一个好的管理者可以发挥重要的作用，如持续地改进流程使公司保持领先于竞争对手。

格林沃尔德[①]很好地总结了需要进行的分析，他将分析分为三个阶段（见图7–4）：

---

① 格林沃尔德和卡恩（2005年）。

- 绘制行业地图。
- 决定市场是否受到进入壁垒的保护。
- 确定这些障碍的来源。

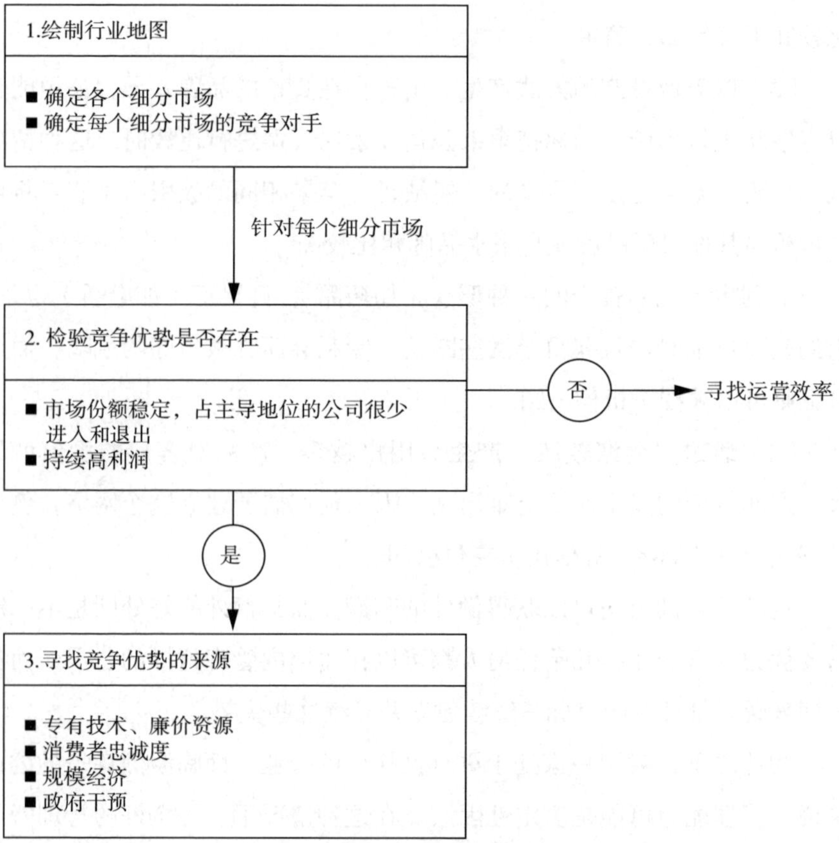

图7-4 竞争优势分析三步法

使用这种方法，我们可以全面了解我们正在分析的公司所享有的竞争优势。

如果公司没有优势或缺乏进入壁垒呢？

有时我们可能会被误导，认为公司存在一些障碍，这些障碍经不起更深入的审查。这可能会导致严重的错误，因而我们要非常谨慎。

- 差异化本身并不会自动带来超额利润。重要的是，它还包括前面提到的一些因素，即仅仅与众不同是不够的。
- 行业或公司的增长并不等同于高赢利能力，而是未来问题的潜在迹象。增长将吸引资本，将赢利能力限制在中等水平。我们知道市场是有效的，如果没有法律对竞争进行限制，那么它将以这样或那样的方式表现出来，因为公司会尽最大努力捍卫自己的利益。

增长的另一个负面影响是，它可以降低固定成本的相对重要性，降低进入壁垒并刺激竞争。

- 仅仅有一个好的新产品是不够的。它应该是可持续发展的开端。热门iPad应用程序或高票房电影都是“易变质”产品的例子。如果能够围绕该产品创造一个特许经营权，那么这种优势将持续更长时间，从而降低第二或第三部分失败的风险，如《超人2》《超人3》……否则，缺乏连续性将意味着它只不过是昙花一现。
- 先进技术也不是万能的，因为除非它创造了不可打破的障碍，否则它往往只会有利于用户，而非股东。值得强调的是，好的产品和好的技术都会立即被竞争对手复制。如果一家新型餐馆被证明是成功的，那么它将在几个月内被模仿者包围。
- 规模本身并不能保证公司盈利，甚至可能适得其反。环境和相对规模——特别是相对规模，对确定盈利的相关性至关重要。

最后，高管的管理能力本身并不是一种竞争优势，尽管拥有好的高管显然对公司的发展是好事。这就是菲尔·罗森维（Phil Rosenzweig）

解释的“光环效应”（halo effect）：人们根据过去的业绩很容易找出优秀的管理者，但困难的工作是预测哪些管理者将在未来继续取得成功（共同基金经理也是如此）。

再投资的可能性

如果这些具有吸引力的行业中的一些公司还能提供一定的增长机会，并促进资本的再投资，那么我们算是挖到宝了，这是一种与我们的长期投资理念相一致的额外好处。

如果一家公司可以在未来20年内以20%的投资回报率进行再投资，而且我们能够以合理的价格购买该公司的股票，那么我们20年内的投资回报率将接近每年20%。

然而，要记住，资本回报率高的公司再投资大量资本的潜力是有限的，因为它们往往不是资本密集型企业。

此外，随着时间的推移，市场可能会为这些能够获得高回报的“宝石”进行正确定价，这意味着我们必须等待合适的时机，以合理的价格收购它们，因为它们的价格很少会便宜。我们将在下一章中讨论这个问题。

第八章　股票投资（二）：机会、估值和管理

寻找合适的机会

以合理的价格找到优秀的公司并非易事，但在耐心等待后，这些瑰宝将会逐渐浮出水面。

通常，我们寻找的是暂时性的问题，这些问题会将公司的股价降至可接受的水平。例如，不利的汇率变动会暂时扰乱出口（像是宝马或泰雷兹公司受到欧元走强的影响），或者会暂时以业务数字化迁移所付出的成本掩盖潜在的业务增长（如威科集团）。这是一个有益的起点，但对于这样的价格下跌是否合理，人们总会有一些疑问。而只有在付出重大努力，并详尽分析各种可能性及其根源之后，这些疑问才能得到解决。

我们的工作是在尽可能降低出错风险的同时发现这些公司，这意味着在不错判业务的质量或可持续性的前提下，找到接触它们的方法很重要。我们有很多方法可以做到这一点，但最初应该在我们的能力范围内，在我们熟悉的领域中着手。在某些领域，我们可能比普通投资者有着更好的知识，例如，我们热爱新科技，或者我们有某种专业的工作经验（能源领域中的节能工程师）。我们应该尽量利用这些优势。也许我

们熟悉一家在新的细分市场上拥有强大地位的公司，或者熟悉某家有着难以逾越的进入壁垒的公司，总之是一些很少有人知道的事情。

我们不应该对自己缺乏经验感到惊慌，拥有那样的知识将有助于我们减少失败的可能性。正如企业家可以通过在熟悉的领域或行业起步来提高成功的概率一样，投资者也可以。相比之下，一个没有经验的企业家创建一家公司的成功概率要小得多，没有经验的投资者也是如此。创建一家公司、参与一个私人项目或投资上市股票，归根结底都是一样的，而了解市场是决定这一努力能否成功的关键因素。

因此，我们首先应该在熟悉的领域中寻找投资机会，并使用我们已知的工具。但是，如果我们脑海中没有什么想法，或者我们真的不是任何领域的专家，我们就应该留意其他途径。以下是一些途径的例子，这些例子大多与市场相关，而不是与公司本身相关。它们是一个很好的起点，在过去帮助我取得了很多成功，虽然不能保证我将来也会成功。

在不排除其他途径的情况下，以下几点曾帮助我找到上市公司的投资机会。

（1）股权结构。我指的是家族公司或只有一个控股股东的公司。在欧洲，它们的数量占所有上市公司的25%。根据瑞士信贷研究所（Credit Suisse Research Institute）2015年的一份报告，从2006年到2015年4月，家族公司的回报率比市场公司的平均回报率高出4.5%（见图8–1）。[①]虽然时间跨度并不长，但这还是证实了我自己的直接经验。

这些公司往往拥有相对不发达的公共或投资者关系部门，与资本市场的沟通较少，这就对它们不利。它们仍然是上市公司，享受着由此带来的流动性和更高的透明度，但它们有点儿远离市场。

与管理者不持有股份的公司相比，家族公司的利益通常与其他股东

① 瑞士信贷（2015年）。

的利益一致，这使它们能够对外部高管施加适当的控制。我在一家公司工作了25年多，我可以证明，我必须为每一欧元的工资付出汗水。这也意味着家族公司倾向于减少资本配置上的错误，因为它们有更长远的眼光。

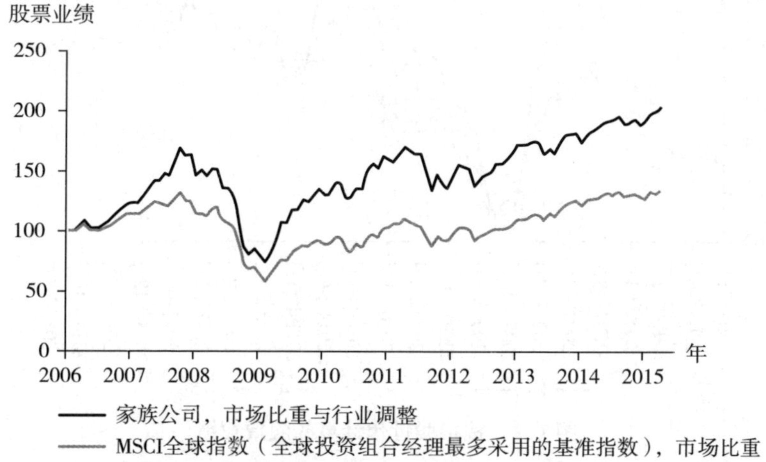

图8-1 取得高于市场业绩的家族公司（按行业调整，以百分比计）

资料来源：瑞士信贷（2015年）。

尽管如此，我们最好还是避开那些由不合格家族成员参与管理的公司。他们往往会削弱公司优势，并产生利益冲突。事实上，随着管理层从一代人过渡到下一代人，从创始人过渡到第二代人和第三代人，家族公司的历史回报率都在逐渐下降（见图8-2）。[①]

家族公司的另一个优势是，它们倾向于以准确反映公司基本情况的方式进行会计处理。它们通常更喜欢保守的资产负债表——其债务少，现金多。虽然市场不太喜欢它们，但它们对于我们的目的来说是理想的。现代金融理论主张"优化"资产负债表，即公司尽可能多地承担债务，而我们倾向于选择一种不太"优化"的方法。任何企业的首要目标

① 瑞士信贷（2015年，第10页）。

都是生存，之后我们才可以讨论利润。稳定的财务基础对此至关重要。

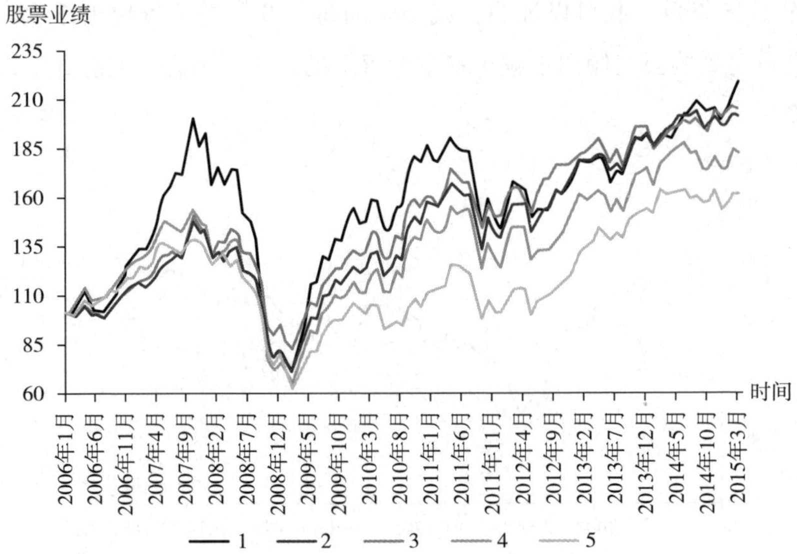

图8-2　按持股世代计算的股票业绩

资料来源：瑞士信贷（2015年）。

在欧洲，家族支持甚至更重要，因为在这里要摆脱无能的管理者比在美国要困难得多。如前文所述，在西班牙，我想不起任何一个激进主义的案例，即持不同意见的股东成功地推动了一次变革。

尽管一些家族公司最终破产了，如Pescanova（西班牙海产品巨头）、阿文戈亚（Abengoa）、帕玛拉特（Parmalat，意大利乳品巨头）等，并且这些公司有可能与其他家族公司发生过争吵或神秘交易（问题时有发生），但如果一家公司没有家族或管理者持有其大量股份，那么我需要充分的理由才会投资它。公司行为动机的协调一致性是至关重要的。

（2）资产的组织形态。控股公司或企业集团（conglomerates）在投资不相关的业务时，有时会缺乏连贯性，并可能吓退投资者。它们的股价很少能充分反映其内在价值，甚至连伯克希尔·哈撒韦公司也不例外——这是企业集团最明显的例子。因此，它们不反映所有投资业务的加总。

我们从图8–3中可以看出，这样的公司股票在市场上表现良好，它们的股价迟早会反映其投资价值，甚至会以更高的价格成交。[①]我们可能有必要持有其股票相当长一段时间，直到交易折扣消除，有时它们只是在短期内以其内在价值进行交易，但这些都是我们进行投资的好机会。

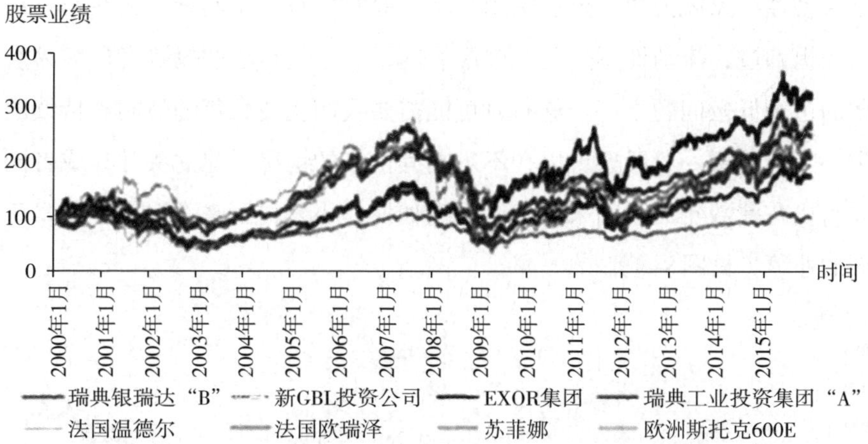

图8–3 自2000年以来金融控股公司和欧洲斯托克600的股价

资料来源：博塞特（Bosset，2015年）。

企业集团通常是顺周期的，在牛市中表现得更好，反之亦然。[②]一些大型企业集团拥有出色的公司，而投资于其母公司通常是以诱人的折扣获得这些公司股票的好方法。

（3）地理位置。当公司业务位于与其总部或交易市场不同的国家时，有吸引力的扭曲也会出现。在欧洲上市但在美国拥有重要业务的公司——阿霍德或威科集团就是其中一个例子。这些公司似乎缺乏明确的股东基础或明显的自然所有者。阿霍德没有出现在美国超级市场的华尔

① 博塞特（2015年）。

② 博塞特（2015年，第12页）。

街报告中，而欧洲的报告也没有对占其收入50%的美国业务给出适当的定价。这导致了其股价相对于克罗格公司（Kroger，美国第三大零售集团）和其他北美连锁超市的大幅折扣。

（4）小公司。显然，投资界对小公司的关注较少，但这为我们提供了发现一些伟大的“小宝石”的机会。投资小公司的主要问题是资金缺乏流动性，家族公司、企业集团和优先股等也有这个问题。我在第三章已经提到过，流动性不足是一个虚假问题，也是耐心的投资者最容易利用的市场低效问题之一。这有时可能需要我们花费数年的时间和持续的耐心等待购买一只股票，以在不影响其价格的情况下建立头寸，或者同样需要花费数年的时间来平仓。无论如何，小公司历来都取得了非常正面的业绩（见图8-4）。[①]

图8-4 小盘股与大盘股的业绩

资料来源：莱德勒（Laidler）等人（2016年）。

在西班牙，这类公司一直是我投资组合中的一个关键元素：列车制造商CAF、依莱克诺工程公司等。这是一份很长且多样化的名单，不仅仅限于西班牙。现在情况不太一样了，因为我已经习惯于研究更大的公

① 莱德勒等人（2016年）。

司，但这并不是忽视它们的理由，尤其是在较小的投资组合中。

（5）周期性公司。这可能是寻找机会最简单、风险最小的方法。经济周期需要我们有极大的耐心，但我们要知道股价下跌只是一种周期性效应，而不是由某种未知的竞争因素造成的。周期总是循环的。这意味着这里的机会很容易被分析，因为我们已经知道是什么在推动这些波动。

我们在周期中犯的最大错误是试图预测拐点的确切位置，这完全是浪费时间；相反，我们应该集中精力坚持不懈地承受股价下跌。我们永远无法确切地知道股市最低点何时到来，我们最后总是会操之过急。关键是，我们要不断购买股票，因为最好的结果来自最后那一次的投资。

然而，在研究这类公司时，我们必须非常警惕两个因素：一是公司必须是一个高效（低成本）的生产商，并且能够在商品价格低迷的情况下持续运营；二是公司不应该持有太多债务。如果不能满足这两个条件，我们的投资就会面临风险，因为公司可能无法走到周期的另一边。

关于我反复提到的周期性投资最明显的例子是西班牙公司阿西利诺（Acerinox，全球最具实力的知名不锈钢生产企业之一）。该公司在这两个方面都很成功，是一家高效的生产商而且几乎没有负债。

（6）股票类型。我遇到过欧洲和亚洲优先股折价的情况。这些类型的股票放弃投票权，以换取比普通股更大份额的股息。由于我们通常投资于家族公司，因而失去投票权对我们来说应该不是什么大事，而优先股相对于普通股的折扣有时可能高达30%~40%。

一般来说，这些公司的股票流动性较差，但宝马等一些优先股的日交易量约为500万欧元，远远超过一些中型公司，而这些中型公司并没有价格折扣。这显然是由其市场效率低下造成的。宝马、EXOR以及一些韩国公司，都是我在这方面进行投资的例子。

这些类型的优先股与美国的优先股不同，后者更像是一种债券。

（7）长期项目。投资者缺乏耐心，股市也不总是这类长期项目融资的最佳场所，这导致了错误的价格形成和可能的投资机会。耐心无疑是投资者最大的资产，比智力或任何其他能力都重要。耐心是人们执行这类长期项目投资最关键的素质。

令人惊讶的是，一些投资者在面对股票投资时竟然如此精神分裂。在他们可能成功的职业生涯中，他们愿意投资一家公司或一台新机器。我们给它两到三年的时间，然后评估项目结果。与此同时，他们预计自己对上市公司股票的投资将立即产生回报。不幸的是，使他们成为优秀私人投资者的品质并没有转化为他们在股市上的成功。

我再重申一遍，耐心是有效投资最重要的因素。一位有耐心、见多识广的投资者手中握有“圣杯”。

（8）分拆或资产分离。当一个公司的一个部门被拆分成独立实体时，一些值得探索的机会可能会出现。自2002年以来的13年里，彭博全美分拆指数上升了557%，而标准普尔500指数增长了137%（见图8–5）。[①]这种（市场）低效率是由多种因素造成的：第一，随着分拆，激励机制发生了变化，高管们在财务和职业上受到激励，希望更好地管理新公司（也许他们以前也管理过，但新的激励机制提高了积极性）；第二，他们可能缺乏关于新公司的详细信息，因为我们谈论的不是首次公开募股（通常有详细的信息披露），而是现有股东之间的配售；第三，该公司现有股东可能不希望在公司分拆后继续占有一席之地，这意味着他们将立即出售所持股份，为别人提供机会。

（9）免费午餐。免费午餐可能出现在上述任何一种情况中，或者单独出现，这是另一种让我们手握胜算的方法。当一家公司拥有一些稳定的业务（这部分已合理反映在股价上），并且还拥有一些有形资产或具有潜力的早期项目（由于实现其价值的时点在遥远的未来，市场并未给

① “分道扬镳”，《价值投资者洞察》，2015 年 11 月 30 日。

予合理的估值）时，免费或近乎免费的午餐就会出现。因为无论是在时间上还是空间上，它们的偏远意味着市场往往会忽视它们。

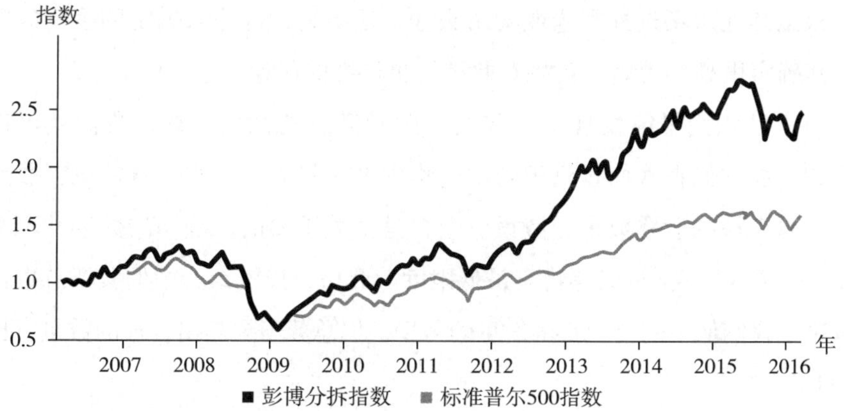

图8–5　分拆

资料来源：《价值投资者洞察》（*Value Investor Insight*），彭博资讯。

免费午餐是最具吸引力的投资方式之一，它结合了投资的安全性（安全边际）和巨大的潜在上涨空间。更重要的是，这正是我们在面对投资时应该一直寻求发展的心态。对我来说，一个明显的例子就是法拉利，该公司隶属于EXOR控股的菲亚特（Fiat）。当我第一次投资EXOR时，投资者对其两大主要资产，即瑞士通用公证行和菲亚特工业公司（Fiat Industrial）进行了正确定价，支持了其整体估值。然而，他们没有把法拉利考虑在内，法拉利隶属于菲亚特汽车公司，这家汽车制造商生产的汽车和货车价格合理，但相对缺乏吸引力。法拉利是一顿等待成熟的免费午餐。市场对其逐渐升温，该公司最终于2015年以高价在纽约证券交易所上市。

以上是一些可能产生良好机会的情况，但市场的扭曲可能以各种方式出现。例如，增长好于预期的公司，成功的重组，管理层的变动，或任何其他尚未被市场控制的潜在上涨机会，等等。放心，它们会出现的，而我们能找到它们。

有人说，企业集团、家族公司或其他情况下的折扣是一个持久的特征，不构成投资的机会，但事实并非如此。这些折扣总会降低，允许我们根据其他市场选择平仓或卖出头寸。这不是一件绝对确定的事，但可能性确实很高。稍后，我将对此进行更详细的讨论。

一旦我们最终发现了一些我们感到满意的优质股票，我们就可以开始增加它们在我们投资组合中的集中度。然而，当我们直接投资股票时，以少量的股票数来分散投资组合是至关重要的。确切的数字并不重要，尽管5只或6只股票将是最低限度。此后，投资组合中的股票总数将取决于我们从不同公司获得信息的多少，但总数不要超出合理的数量，比如15～25只。

要避免的公司类型

虽说有些领域已经成熟，正好适合收割，但另一些领域已经被过度开发。这并不是说找不到好的投资，但发生这种情况的概率要低得多，因而增加了我们遭遇失败的风险。下面是一些例子。

（1）过度关注增长的公司。如果增长是一项出色工作的结果，那么增长是好的、有益的。随着时间的推移，增长产生的资源会被重新投资以增强公司实力，但这往往是一种例外，而不是常规。执迷于高增长目标是极其危险的。企业的目标应该是让尽可能多的客户享受其所提供的产品，然而不应有利用漏洞或走捷径的情形出现。这对于大型组织来说并不容易，因而我们在分析它们时要谨慎。

这又是一个代理问题：公司的管理层为谁工作？是为自己还是为股东？增长是一个极具吸引力的信号，它能提高管理者的光环或声望，但只有健康的增长才是好事。

（2）不断收购其他公司的公司。这与前一点有关，可能使情况变得更糟。如果收购的重点不是提高主营业务的竞争优势，那么它最终可能会变成一种可悲的愚蠢行为，或者变成彼得·林奇所说的“多惨化”，即多样化恶化。增长还会带来另外两个问题：第一，越复杂的会计核算越容易掩盖问题；第二，公司每一次收购最终都会比上一次规模更大，从而提高了股票价格，也因此增加了投资风险。

值得重申的是，当一些管理者在出售了公司大部分股份后，因压力或某种渴望又购买了另一家规模类似的公司，而不是将资金返还给股东时，这种做法可能会非常有害。这让人不禁想起葡萄牙电信、西班牙的利维尔办公用品、雷普索尔石油公司和Azkoyen（西班牙一家工业、机械设计公司）以及欧洲的科莱恩（Claricnt）等案例。

（3）首次公开募股的公司。我们都掉进过这个陷阱，对此必须时刻保持警惕。佛罗里达大学金融学教授杰伊·里特（Jay Ritter）的一项研究显示，对于通过首次公开募股上市的公司来说，其5年后的资本回报率比同类公司低3%。[①]

有一个很简单的原因：卖方和我们所知的买方在信息方面存在明显的不对称。卖方已与该公司合作多年，并突然决定按照他们选择的时间和价格出售。这种交易极其不公正，以至最终只有一个赢家（顺便说一下，有人因为指出市场存在信息不对称而获得了诺贝尔奖！）。

（4）尚处于起步阶段的公司。资历是一项资产：公司成立的时间越长，它在未来持续的时间就越久。事实上，最近的一项研究表明，公司的年龄与其股票市场的回报率之间存在正相关关系。这是合乎逻辑的，因为根据市场需求和竞争水平，公司需要一定的时间才能站稳脚跟。在此之前，我们将会面临任何新公司固有的高波动性，最终结果也不确定。

---

① https://site.warrington.ufl.edu/ritter/files/2015/03/IPOs_5years_2016.pdf.

塔勒布通过将它应用到我们生活的各个方面，甚至我们自己的生活中，并非常准确地解释了这一点。[①]

尽管如此，我还是为自己犯了投资新公司的错误而感到内疚，因为这个错误总是导致亏损。在有了这些经历之后，谷歌似乎仍是个年轻小伙子，它仍然需要时间来检验。

（5）会计核算不透明的公司。无论何时，只要存在灵活会计核算的巨大空间，我们就要相信管理者与所有者的诚实是至关重要的。建筑业、基础设施或工程项目的长期承包商就是这样的例子，他们有灵活的会计核算空间，可以延迟付款或提前确认收入。

我们甚至可以将银行和保险公司纳入这一类别，银行和保险公司的会计核算具有非常大的灵活性，再加上高杠杆化的资产负债表，暂时掩盖一个问题会相对简单。

在投资这些类型的公司之前，我们必须确保自己能够信任管理者或股东（在我们能够确定的范围内）。没有人强迫我们投资这些公司，所以举证的责任落在公司身上。

（6）拥有关键员工的公司。有些公司可以被员工有效地控制，而不是股东（后者甚至可能是积极的）。例如，据报道，许多服务公司的资本回报率非常高，但这仅仅是因为其资本不是必需的，投资银行、律师事务所、基金管理公司、咨询公司、猎头公司等就是这样。

这些公司的价值创造有利于这些关键员工，而外部股东获得有吸引力回报的机会有限，尽管据称其资本回报率很高。

（7）高负债公司。有人曾经说过，先把资本给我，然后再给我资本回报。巴菲特还指出，投资的第一条原则是不赔钱，第二条原则和第三条原则也是不赔钱。过度负债是投资贬值的主要原因之一。我们不需要

① 塔勒布（2012 年）。

每次都逃离债务，当债务得到充分利用时，它可能非常有用，但它在多样化的投资组合中不应该占有太大的分量。

相比之下，市场并不特别喜欢公司持有现金，它们担心这种财务状况会导致糟糕的投资决策。我一直确保投资组合中半数以上的公司拥有充足的现金：这样我就能够安睡，并充分利用错误的市场估值。我不担心现金过多，只要资金得到合理配置就行。

（8）销售停滞或下滑的公司。尽管我们不值得为增长付出过高代价，但从另一方面来看，商品销量下降可能会给公司带来负面的影响。这些公司经常会因为交易价格较低而引起我们的注意，但从长期来看，时间并不支持它们。有时其商品销量会回升，但考虑到这种情况可能会持续一段时间，机会成本大多过高。我遇到过不少这样的公司，如德本汉姆、印刷公司等。

（9）股价昂贵的公司。这是显而易见的，但值得阐明。我想我从来没有尝试过购买一只市盈率超过15倍的股票。也许是遗传倾向，或者是我养成的习惯，但在现实中，股价昂贵的公司在历史上获得了最糟糕的业绩，因为良好的预期已经被定价，而且市盈率从16倍跃升到21倍的可能性比从9倍跃升到14倍的可能性要小得多。

这并不是说购买上述类型的股票就不能获得好的业绩，但这是我一直倾向于（并建议）避免的额外障碍。

这些并不是要避免购买股票的公司的全部例子，但它们再次成为一个良好的起点。

资本配置

假设我们找到了一家价格不错的好公司。我们现在已经完成了挑选我们最喜欢的股票的基本步骤。然而，根据好公司的定义，这家公司创造了大量的利润，管理者在如何分配这些资金方面有很大的灵活性，并有广泛的选择。因此，重要的是，管理者通过竞争优势创造价值的能力也要与适当的利润分配相匹配。

如前文所述，作为股东，我们对管理层唯一的要求就是他们要考虑回购和注销股票。我们显然认为这些股票被低估了，否则我们就不会进行投资，这意味着注销股票将创造价值。我们并不要求他们这么做，但这应该和其他主要选项一起被列在清单上，比如股息、投资于促进增长的资产以及收购其他公司以增强公司的竞争优势。董事会应根据股东的最高预期回报和由此产生的价值在这些选择之间做出决定。

我们确定资本配置的唯一方法是研究管理者的过往记录和公司的决策过程。它可以归结为基于标准的定量和定性分析，而资本配置者的经验被赋予了很高的权重。如前文所述，管理者持股的比例越高，他们的利益就越有可能与少数股东保持一致，这一环节在任何情况下都不应该被忽视。

估 值

估值是选择股票的最后一步。它包括做出必要的计算，以确定目标价格，这将作为我们的指导。这是投资过程的最后一步，可能也是最简单的一步。

我书桌上有一个计算器，可以进行加、减、乘、除——简单明了。我们没有必要做任何更复杂的事情，因为我们的大部分时间将花在分析我们感兴趣的公司上。我们的目标是成为最熟悉某家公司及其情况的少数投资者中的前几名。分析并不涉及用现金流折现（DCF）建立复杂的数学模型（例如，预测未来15年的年度收益）。相反，更好的做法是对公司有进行深入了解，并能够确定一家特定公司未来的赢利能力。我们的目标不是精确地预测公司每年的收益，而是设定一个合理的区间，在这个区间内，收益可能会根据公司的特点变动。要做到这一点，我们需要阅读、深入了解公司、提问、学习和反思，而不是构建复杂的模型。

一旦我们有了一个正常化收益的数字（在稳定的既非繁荣又非危机的市场条件下），我们就可以运用适当的倍数得出我们的估值。现金流折现是一种简洁的时髦的模型，但对估值没有什么帮助。我只会偶尔将其用于非常稳定和可预测的公司（如高速公路、天然气或电力网络等，就其本质而言，其出错的可能性很低），但在其他情况下，它几乎没有任何价值，因为它能正确预测（比如说第7年收益）的可能性极小。我们能从现金流折现中得到的收益有限，因此不需要花太多时间做那些计算。

适用于这些正常化收益的倍数将取决于公司质量。一个非常合理或许也是最合适的方法是使用过去200年的股市平均值。

这个平均值是15，相当于6.6%（$1\times100\div15$）的"盈利收益率"，并与股票的长期实际回报率一致，因而将其设置为目标回报倍数似乎非常合理。对于一些优秀的公司来说，我们可以采用较高倍数（如15～20倍）；而对于那些进入壁垒能力有限的平庸公司来说，我们应该把它降至10～15倍。对于大多数公司来说，15是一个合适的倍数。

一旦我们完成了估值，我们就应该投资于股价相对该目标估值具有最大折扣的公司，而目标估值是根据倍数进行计算得来的。其他定性因素也将影响投资决策，其中最重要的因素是公司质量，与此密切相关的则是我们对估值的信心。质量和信心将帮助我们决定投资组合中每只股票的适当权重。

总体来说，估值为我们提供了一个目标价格，这将为我们在所有的替代方案之间进行买卖决策提供指导。

正常化收益

正常化收益是我们估值的关键。正如彼得·林奇所写的，“收益，收益，收益”。计算正常化收益要求我们深入了解公司的业务及其市场地位。这些公司的财务账目为我们提供了第一张快照，尽管我们目前还没有必要对它们进行详细分析。在这个初步的近似值中，我们可以将自己限制在几个标题数字之内，这将帮助我们确定哪些公司最终可能成为一个有吸引力的机会，以便我们对其进行更深入地研究。

了解市场和公司的状况需要一些时间——几天或几周，这取决于该行业的复杂程度或新颖程度。一旦我们对公司的状况和未来有了基本的看法（我之所以说“基本看法”，是因为分析可能需要数年时间），我们就应该开始分析账目了。进行这部分分析的最初目标是验证这些账目是否准确反映了该公司的经营状况，以使我们能够开始估算其正常化收益。

（1）真实反映公司经营状况。众所周知，会计是一门灵活的学科，可以扩展以满足各种行业的需求。为了避免错误和未来的问题，我们应该关注：

- **现金流量分析**。利润表很重要，但检验账目是否可信的第一个方法是检查其现金是否真实。如果公司被认为取得了良好的业绩，但其业绩在会计年度末却没有反映在现金上，那就没有任何用处。例如，这种类型的分析有助于我们在Pescanova公司（西班牙著名海产企业）的投资上减少损失：年末，现金没有按预期增长，但债务却在增加。这使我们减少了风险敞口，尽管不幸的是没有完全减少。

  所有公司都在其年度账目上公布现金流，并且有各种各样的书可以帮助我们集中分析这个问题。[①] 在这一分析中，理想的公司将产生比其利润表所暗示的更多的现金。这是一个非常保守会计的迹象，公司的收益被“隐藏”了。

- **利润表的可信度**。这是现金流量分析的另一面。主要问题出现在会计对收入或支出过于激进，报告一年内尚未实现该有的收入和未能确认已发生的支出。能够识别这两种会计统计中的任何一种都是很重要的。

  确认成本有三个最常见的问题：一是准备金（考虑到公司的实际情况，准备金可能过低），我们可以想想2005年至2011年的西班牙银行业；二是公司固定资产折旧政策，它可能无法反映实际资产的折旧情况；三是过度的费用资本化。

  再次强调，这不仅仅是着重于负面的财务分析。有些非常保守的公司隐瞒了其部分赢利能力，或许是为了隐藏公司的潜在吸引力，抑或是为了从更优惠的税收待遇中获益。

  最后一个问题是，人们倾向于将一些经常性支出归为一次性支出。年复一年地重复这一过程会让分析结果变得模糊不清，让人更难发现其真正的赢利能力。正如列夫（Lev）和谷丰（Gu）所指出的，一次性支出占报告收益的近20%（见图8–6）。[②]

- **资产负债表**。我们对资产负债表的主要职责是调查其是否存在隐藏负债或表外债务。这些可能是养老金债务以及与关闭工厂、矿山等相关的成本，或者是对未来可能损失的准备金的任何错误计算。

  某些经常性项目（如存货或应收账款）无故增加，可能表明实际情况比利润表所显示的更具挑战性。

① 费尔南德斯。

② 列夫和谷丰（2016年）。

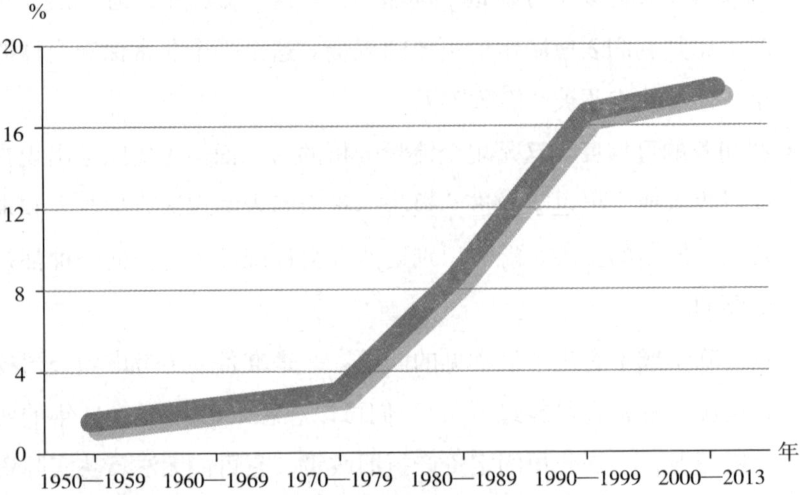

图8–6 特殊费用/收入

资料来源：列夫和谷丰（2016年）。

反之亦然：隐藏资产的存在使公司更具吸引力，比如，那些不用于业务的房地产资产或与主营业务无关的子公司，品牌或其他随着时间推移而增值的知识产权，等等。

通过努力，我们可以对公司的真实情况有一个相当准确的了解。

（2）正常化收益。一旦我们确信这些账目准确反映了公司的实际情况，我们就可以开始考虑计算正常化收益。公司可能正经历一种不寻常的情况，即受到暂时因素的影响，这些因素掩盖了其实际的赢利能力。我们需要深入研究这个问题。

- **经济周期**。高度周期性的公司永远不会处于稳定状态，因为周期性的起伏让人们很难知道什么是“正常化”收益。我们在这里的工作不是预测周期，而是理解我们现在的处境，这可能是一个极端的、好的、坏的或正常的情况。面对这一困难，我们可以采用各种不同的方法来调整收益：取过去10年的平均收益，并根据通货膨胀进行调整；取过去10年的最高和最低收益，并使用中间值；或利用任何其他常识性标准来衡量。

- **供给或需求的中断会带来异常情况。**我们知道投资者倾向于将当前情况推断为未来情况。这是一个巨大的错误，因为经济主体会对这些问题做出反应，它们会逐步得到解决。
- **公司可能仍处于起步阶段，但有能力随着时间的推移逐渐成熟。**重要的是，我们要考虑公司未来的赢利潜力——这一潜力尚未实现。
- **之前的问题可能会影响公司的一部分业务，影响到公司其他业务的整体估值。**这些“亏损”业务需要正常化，否则我们将损害整个公司。在最坏的情况下，考虑到可能的清盘所涉及的成本，我们可以将这些“亏损”业务赋值为零。

总体而言，正常化收益有助于我们优化对公司估值的计算，在一定程度上能减轻预测未来所遇到的困难。

负　债

虽然负债不会直接影响估值，但清楚地了解公司的负债水平和分析其偿债能力（规模、期限、限制等）非常重要。我们应该避开负债累累的公司，因为它们会影响我们对未来收益的预期。负债提高了我们投资的资本回报率，但支付利息增加的波动性可能使我们无法承受。我们可接受的债务水平的上限取决于公司的稳定性，公司越稳定——前景易于预测（如高速公路收费、电力网络等），债务就越容易管理。

这同样适用于商业世界和我们自己的个人情况。

不可否认地，在没有负债或其他债务情况下工作的好处是，我们可以平和地承受任何情况。负债要求我们的预测比预期的更精确，尤其是考虑到几乎不可能正确预测将要发生的事情，以及灾难性意外的不可避免性。[①]

本书的写作目的并不是要给我们上一堂关于财务或估值的课，这方面有大量的文献。我只是试图列出一些一般性的规则，使我们能够完成合理估值的任务。此外，我们可以看出，这种估值并不需要非常复杂的工具。

市场认可

一些读者可能会辩称，本章以及全书的总体内容所阐述的方法，取决于市场对我们所认定的价值低估做出回应所需要的时间。

我不否认市场可能需要花一段时间才能恢复理智，但如果我们的分析足够严谨，那么我们应该对此表示欢迎，因为这将允许我们增加头寸。

也有人可能会说，我们没有足够的流动性来增加这些头寸，但实际上并非所有股票的走势都是同步的，这些差异可以让我们调整投资组合，以适应这些相对走势。我会根据每只的表现不断调整它们的权重。如果我持有两只股票，其中一只股票的价格上涨20%，另一只股票的价格下跌20%，我几乎会自动卖出第一只股票的头寸，以便对第二只股票进行再投资。因此，即使在缺乏流动性的情况下，我们也可以耐心等待其未来的价格上涨。

表8–1根据预期总上涨（1.5倍、2倍或3倍）实现所需的时间来计

① 塔勒布（2016年）。

算年度回报率。我们可以看出，如果我们认为我们的投资组合会随着时间增值50%（1.5倍），那么即使需要10年才能实现，我们也会获得4%的年回报率。这是最坏的情况，如果投资组合的股价上涨幅度更大或实现的时间更短，那么情况会更好。

表8-1 逐年年度回报率

年	1.5倍（%）	2倍（%）	3倍（%）
1	50	100	200
2	22	41	73
3	14	26	44
4	11	19	32
5	8	15	25
6	7	12	20
7	6	10	17
8	5	9	15
9	5	8	13
10	4	7	12

资料来源：自行计算。

事实上，在我管理的基金中，从未有超过9年的负回报期。这与表8-1一致，因为我估计的上涨潜力一直在50%以上。

在任何情况下，一些因素总可以加快这个过程：

- 新的管理团队很少能快速解决问题，但他们可以推动变革，让公司走上正确的道路，让公司将注意力集中在自己的竞争优势上。
- 环境可能会发生变化。货币、技术变革或任何其他可能掩盖公司优势的事件都有可能发生改变。
- 经济周期可以改变。没有什么是永恒的，我们应该记住这一点。
- 有时价值和价格之间的差距会逐渐缩小。但经验告诉我们，由于这样或那样的原因，市场最终总会认可一家公司的赢利能力。

我不喜欢谈论“催化剂”，因为催化剂是不可预测的，否则它们会反映在股票价格上。然而，股票回购对股价上涨总是有帮助的。当我们遇到一家被低估的公司回购其股票时，我们看到的该公司及其股东是能直接影响股价的唯一催化剂。作为投资者，我们必须向其他股东说明这一点。

我觉得我在重复自己的话，但耐心是成功投资的关键因素，也是我们在等待中继续前进的关键。

理想股票

总而言之，最理想的股票是具有家族控股公司结构、在“错误”的交易市场上市、具有周期性成分与长期投资性质的中型公司的优先股。对我来说，近年来这方面一个很好的例子是EXOR，它几乎包含了所有正确的要素：家族公司、控股公司结构、优先股、好公司［凯斯纽荷兰公司（CNH）、法拉利、瑞士通用公证行——在其被出售前都是如此］，并结合了吸引力较低的公司（菲亚特）。它在意大利上市，拥有全球性资产，具有周期性和长期前景。总之，这是一颗真正的宝石，它的表现很出色。

这种股票并不常见，但这是可能的。我是在一本每人都能看到的出版物《巴伦周刊》上看到这个案例的。有时候，你需要做更多的调查，但只要你有耐心，你就能找到这样的股票。

如何才能找到这样的机会？对所有投资者来说，这不应该是显而易见的吗？我们周围的人都是盲人吗？在完成我们的投资世界之旅之前，这些问题和类似的问题应该得到回答，第九章将对此进行讨论。不过，我想先概述一下自己关于投资组合管理的几个关键想法。

投资组合管理

投资组合管理的几点思考

投资组合管理不仅仅是购买有吸引力股票的总称。从整体行动路线的角度来看，它还涉及投资组合所要达成的目标和一定程度的策略。制定一个总体策略并不总是可能的，但在某些时候是可能的，而且会非常有益。

第一步（可选，视情况而定，如我们将看到的）是尝试了解我们在周期中所处的位置。例如，如果我们判断下跌幅度已经足够大，那么我们是应该转向防御型股票，还是相反地应该更加激进。

这并不需要你清楚地了解市场和经济的总体运行状况，但分析那些我们感兴趣的股票的信息是有帮助的，这样有利于我们对正在发生的事情给出正确的结论。如果某个板块的一些股票遭受了特别的重创，那么我们很有可能会处于该板块周期的底部。

整体市场的发展也会给我们一些启示：如果出现了大量非常强劲的上涨，那么我们将走向周期性扩张的终点，而在经历了一系列巨额亏损之后，我们无疑会接近底部。

然而，谁也不能保证我们对周期性的分析会成功。在许多情况下，我们唯一可以确信的是，全球经济每年增长3%左右。如果我们能够对整个周期或行业周期有了一定程度的了解，下一步就是考虑在这种情况下，哪种类型的股票会对我们有所帮助。显然，我们需要在周期的低点买入最激进的股票，即使在这样一个消极环境下克服心理障碍是一件很有挑战性的事，反之亦然。

为整体周期或行业周期设计适当的战略可以为投资组合增加最大的价值。事实上，一些“学者”认为这是唯一能增加价值的东西，因为特定的股票选择是一个零和游戏，你不增加价值。我的经验是，人们在投资过程的各个阶段都会有所贡献，尽管通过投资组合设计可以更容易地增加财富价值。

其他相关因素：

- **多样化**。未来很难预测，有些情况甚至是我们从未想过的。我们常常是在为过去的惊喜做准备——不再是惊喜了，而不是为意料之外的事情做准备。我们可以肯定，它们会以某种方式悄悄靠近我们。因此，我们的投资组合应该准备好承受任何情况，无论是市场崩溃还是繁荣、通货膨胀或通货紧缩，一切皆有可能。它必须是灵活的、有弹性的，能够应对任何可能发生的情况。

  我们还必须使投资组合免受我们判断失误的影响，无论这些错误是我们对周期的看法，还是我们对公司的选择。我们必须设想，我们的投资组合将如何受到与我们预期相反的情况的影响，它将如何生存。

  多样化是我们为任何可能发生的情况准备投资组合的最明确方式，拥有至少10只股票会给我们提供合理的多样化。如果我们是代表其他人管理资金，那么创建一个20～30只股票的投资组合是有帮助的。在那之后，我们需要有强有力的理由来增加股票数量。

  在我的例子中，多样化的主要原因如下：首先是使用的投资工具类型——公共基金，这种投资工具受到了相对严格的法律约束；其次是投资组合中有些基于持有较小头寸的种子策略。

- **股票选择应该自下而上**。先有鸡还是先有蛋？冒着自相矛盾的风险，股票选择是管理投资组合的第一步，除非这种选择为我们提供了足够的信息，从而使我们能够在投资前直接设计策略。为了避免混淆，我只想说，如果股票及其市场本身没有给我们提供足够的信息，那么我们完全可以忽略投资组合策略，只关注并选择有吸引力的股票。

在这样做的过程中，本章和第七章所列的指导方针将使我们避免把时间浪费在那些经不起更严格审查的公司身上。此外，在实践中，灵活性是很重要的：我们要避免陷入对某行业和某地区采用既定资产配置的状况。如果新兴市场具有吸引力，我们就必须投资我们认为必要的东西——即使那意味着50%投资于新兴市场，那就投吧！

如果我们不了解银行或新技术，那么我们最好避开它们。如果我们是工程领域的爱好者，并且能看到投资机会，那就及时行乐吧！

- **特别要注意股票在投资组合中的权重**。如前文所述，多年来，我们在超过40只股票上犯了错误，但关键是它们很少是重大投资。如果我们要将基金分配一个很高的权重，那么我们必须对该投资非常确定。如果公司有高额负债，那么我们永远都不要这样做。

  请记住，辨别和接受投资错误是极其困难的：我们最终总是假定公司是无辜的，因为在花了这么多时间研究它之后，我们发现卖掉它并不是令人满意的决策，仿佛我们正在抛弃它。规避这个问题的方法之一是只持有少量的可疑股票。

- **改变股票权重**。增加资产管理价值的方法之一是改变股票头寸的规模。

  在欧洲，受监管的共同基金几乎完全免征资本利得税。这意味着股票几乎可以以零成本出售，特别是在最坏的情况下，经纪费已经大幅下降至25个基点（0.25%），这在15%或20%的价格变动下几乎是微乎其微的。

  如前文所述，不断调整的理由很简单：如果投资组合中的一只股票价格上涨10%，另一只股票价格下跌10%，那么有20%的相对变动可供我们利用。一旦我们研究了这些变动，合乎逻辑的做法是降低我们在上涨股票中的头寸，而增加我们在下跌股票中的头寸。

一些投资者宁愿等到股价达到目标价格后再抛售全部头寸，或者采取其他方法。然而，我们的简单方法极有可能增加基金的上涨潜力，因为特定股票的估值不太可能以相同的比例变动。

- **行业关注。**我们应该仅关注有吸引力的行业，我们不可能对所有行业的了解都非常充分。作为非专业的通才，我们应该区分值得关注的行业（这是我们努力的重点），而把其他行业放在一边。并非所有行业都一直具有同等的吸引力，投资者的兴趣水平可能需要数年时间才能改变。

谈到关注，我的意思是，把我们的大部分资源，特别是时间，用于最具吸引力的行业。我们应该关心其他行业，意识到它们的存在，但目前它们不应该占用我们太多的时间。

同样的方法也适用于选择行业，就像我们在寻找特定股票时那样：我们需要寻找那些（股价）表现糟糕的股票或行业，这会造成投资者对该行业的普遍失望甚至个人鄙视。这是我们探索投资是否有意义的起点。

行业或区域专家面临的一个基本问题是他们被限制在自己能够投资的特定市场。他们不得不买一些东西，不管这些东西是否有吸引力，他们最终都会这样做。同样的事情也发生在任何行业的地区销售代表身上：他们最终会做出成交的决定——即使利润不高，因为这与他们的职位紧密相关。正如安迅能集团前主席何塞·玛丽亚·恩特卡那雷斯所说的那样："与一个国家的商业代表们打交道要小心，因为他们最终总会接受工作，即使不赢利。"凭借他一贯的高洞察力和明智，他所指的是其主要业务——建筑行业。

最后，当"专家"谈论投资组合中的行业权重时，他们所谈论的是市场中各个行业的相对权重，这通常不会有太大分歧。换句话说，如果金融业占市场的20%，那么他们可能会建议金融业占投资组合的15%～22%。当我谈到行业关注时，我指的是投入资源以便决定是否投资。该决定与该行业在市场中的权重无关。

通过从吸引力较低的行业转向更具吸引力的行业，我们避免了浪费时间，而时间在投资分析中是极其稀缺的资源。而未来，我们将有时间回到那些我们曾经放在一边的行业。

基金经理的一天

谈论一致性（本质上是习惯）的好处可以说是老生常谈，但随着时间的推移，一致性是我实现最佳业绩的基础。

就我个人而言，尽管我管理的基金规模越来越大，客户数量也越来越多（更不用说我自己的家人了），但多年来我一直很幸运地保持着稳定的日常生活（见图8–7）。没有人能确定实现自己目标的理想路径是什么，这对我们所有人来说都是一个反复试验的过程，但我承认，我一直不愿意改变自己的方式，因为我很早就发现它们对我有用。这就是我要做的。

图8–7 基金经理的日常

我的一天从阅读报纸开始。在过去的20年里，我每天都阅读在马德里出版的西班牙经济和商业报纸《拓展报》（*Expansión*），以及英国的《金融时报》。这两份报纸是我的核心读物。我以前也读过另一份西班牙经济日报，但最后我放弃了，因为它与《拓展报》太类似。取而代之的是其他报纸，如法国的《回声报》（*Les Echos*）和中国的《中国日报》（*China Daily*）。

在外国经济媒体中，我一直忠于英国《金融时报》，虽然我更喜欢《华尔街日报》的社论和观点专栏，它们的干涉主义立场较少。无论如何，《金融时报》的Lex专栏都是我的必读之选，它能够对公司进行简短但足够深入的分析。如今，我从英国《金融时报》学到的东西并不多，但它给了我一个指引，让我知道市场共识在哪里，以及如何采取相应行动。我每周的核心读物有《巴伦周刊》和《经济学人》（*The Economist*），值得一提的还有《价值投资者洞察》，每月都会有几位有趣的资产经理在那里提出自己的观点。

现在我不读一般的报纸，也不听广播或电视上的新闻。我受够了那些人对问题的糟糕理解（至少是对我所知道的话题的理解），以及他们对这个世界——一个每天都在为更多人提供良好生活机会的世界——的普遍负面看法。

在阅读新闻后，我开始进行各种例行公事，这取决于具体情况：阅读公司或行业报告（我从来不阅读所谓的投资策略报告），进行公司访问或接待其他到我们办公室访问的公司人员，以及与行业专家或我们感兴趣的公司的人接触。或许我的大部分时间都是独自阅读，而阅读的热情对于一个优秀的分析师或基金经理来说至关重要。好莱坞对交易员对着电话大喊大叫的场景描述与我们的“平静绿洲”相去甚远。来到我们的办公室你会感觉就像进入国家图书馆：嘘，你不许说话！真正值得我尊敬的价值投资者是一个将毕生精力投入阅读的人。没有人可以花50年的时间学习——这就是我们所做的。

我从来都不喜欢安排正式的团队会议，我更喜欢在投资主意自然出现的时候讨论它们或者在与公司或专家会议之后发表意见。实际上，我很少花时间和所有团队成员在一起。

由于科技的发展，现在的旅行变得不那么重要了。即使如此，我也会每月旅行一两次，通常是在欧洲。

在市场收盘前，我都不会跟踪市场。当西班牙市场的开盘时间延长为9:00到17:30时，我就正式做了这个决定。

我觉得这段时间太长了，我不想停止做其他重要的事情而去跟踪正在发生的事情。这只是我一个人的反抗，从逻辑上讲，这并没有影响到世界，尽管它对我个人有明显影响，因为我把所有的时间都花在了分析上。

我通常喜欢处理投资组合的日常管理工作，交易员或其他团队成员会告诉我某只特定的股票是否经历了剧烈的波动或是否接近了我们感兴趣的价格，我会决定是买入还是卖出。

一般来说，我对市场一天的走势一无所知，不过我通常可以根据我们感兴趣的股票走势做出很好的猜测。当西班牙股市收盘时，我会查看我们股票的价格以及我们关注的其他股票的任何有趣的发展，通过这些信息为第二天的决策提供了基础。

一些基金经理发誓，他们需要在睡个好觉后再进行决策。我同意，人们至少要给自己一天时间来避免不必要的匆忙决定。

幸运的是，我已完全简化了自己在投资者关系方面的工作，而投资者关系是大多数投资经理生活中的祸根。近年来，我的基本原则是，努力维持与长期客户的关系，除特殊情况外，我不会见新客户。这样增加了年度投资会议和商业小组工作的重要性，我设法确保他们充分了解情况。

这使我能够保持一个合理的时间表，20:00以后我从不在办公室。我认为这样可以为家庭生活提供适当的平衡，同时我利用上下班路上的一个小时来阅读。阅读内容通常是多样化的，不一定严格地与工作相关，尽管通常它可以很好地补充工作。

总体来说，我做这些事的共同因素是一致性，加上对我所做的事情的长期热情，这两者一起产生了非常积极的效果，正如安吉拉·达克沃思（Angela Duckworth）所解释的那样。①不管发生什么事，每天都是同样的例行公事。我只有两次短暂地停止阅读每日新闻，一次是在2008年的事故发生后，一次是在辞职后。

这种一致性有助于培养我的技能，当这些技能变得精练时，它们会赋予我工作以外更广泛的意义。如今，我做这件事不仅是为了个人满足，也是为了更广泛的利益。对我来说，这是我在别人生活中的关键部分——他们的储蓄中——给予他们内心的平静和独立。

管理案例研究：宝马

宝马是我投资和管理方式的一个非常典型的例子。这是一家业务可以被人理解的公司，它有一个稳固的家族作为其长期参考股东。该公司有一定的增长空间，并受到周期性波动的影响，但它也有雄厚的现金储备来保护自己。

宝马的主要吸引力在于其品牌，这使得它能够维持比大多数竞争对手高得多的利润和回报，包括豪华车领域的竞争对手，如奔驰的所有者戴姆勒（Daimler）。过去10年里，宝马的平均销售利润率一直徘徊在8%～10%，这使得其纯汽车业务的投入资本回报率达到了25%。其金融部门由于投入资本回报较低，拉低了集团的投入资本回报率（15%～20%）。②

---

① 达克沃思（2016年）。

② 宝马1995年至2015年年度报告，亨德里克斯（Hendrikse，2016年）。

我最初投资宝马的另一个因素是对中国巨大销售增长的预期。在我投资宝马时，宝马汽车在中国的销量有限，但鉴于中国消费者对宝马品牌所对应的身份象征的偏爱，宝马汽车在中国的销量势必会强劲增长（宝马汽车在中国的销量从2006年的4.4万辆跃升至2015年的46.3万辆）。事实上，其增长比我想象的要强劲得多。

我也认为宝马是技术和环保方面最先进的公司之一，它提供各种各样的汽车，推出了新的X系列多功能SUV（运动型实用汽车）。

但关键因素是，这家公司是由匡特家族（Quandt）控制的，该家族成员并没有干预公司的日常管理。他们在20世纪90年代收购罗孚集团（Rover Group）时犯下了一个重大错误，但自那以后，他们学会了更加谨慎地对待不健康的多元化经营——尽管收购罗孚的好处是来自迷你（MINI）和劳斯莱斯（Rolls-Royce），这两家公司都提供了良好的长期业绩。这种家族管理体现在20年来持有类似数量的股数——大约6.5亿股，其所有增长资金都来自现金流。

我们于2005年春天首次入股该公司，并以每股35欧元的价格购买了该公司的普通股，这占到了我们国际投资组合的0.7%。当时，我们之所以购买普通股，是因为优先股的折扣不是特别大，只有10%左右。

在那一年里，宝马继续发布创纪录的业绩，同时我们通过与专家交谈并前往德国慕尼黑访问，进一步加深了对这家公司的了解。我们还参观了戴姆勒和大众。此外，为了阅读《匡特家族》（*Die Quandts*）[①]以了解这个家族动荡而引人入胜的故事，我又捡起了我的德语。因此，当2006年股价下跌时，我们利用这个机会将我们的头寸增加到投资组合的2.5%，使其成为一个重要的股票选择。我们仍在购买普通股，因为优先股的交易水平与此类似，甚至在2006年以每股43.52欧元（比普通股高

① 容布卢特（Jungbluth，2007年）。

1美分）的价格收盘。

我从2007年下半年开始购买宝马优先股（在金融危机爆发之初，优先股的跌幅比普通股更大，并再次以约每股35欧元的价格完成交易），优先股对普通股折价15%。我们购买了相当于投资组合4%的股份，尽管其流动性差得多（每日交易的股票约为5万股，而普通股为200万股），但令我们放心的是，员工奖励是用优先股发放的，优先股也有获得略高股息的法定权利。我抛售了一些普通股以避免过度增加我们的风险敞口，整体头寸达到了5%左右。

2008年至2009年年初的金融危机将宝马优先股降至每股11.05欧元的最低水平，我们利用这一机会将我们的头寸增加到投资组合的9%，这接近了最高法定限额，平均收购价格为每股20欧元。

当时，宝马的资本总额达70亿欧元，这是一次“偷窃”，因其工业部门的净现金和金融部门的账面价值已高于该金额。我们在2009年3月的公开演讲中指出了这一点。更重要的是，在这两年中，宝马的现金流一直为正。换句话说，其现金在近几十年来最严重的危机期间持续增加。

对于周期性公司来说，关键是要利用周期性驱动的价格波动。整个秋季我们都在买进，不断扩大仓位，不断降低平均收购价。我不知道股价何时会触底，但我知道我们会在哪天买进，事实证明就是这样。

2009年，我们仅持有宝马优先股，股价翻了一番，收于每股23欧元。我们全年都在抛售股票，以避免超过法定上限并减少风险敞口。截至2009年年底，宝马股票占我们全球投资组合的7.78%。

2010年，该公司股价几乎再次翻番，收于每股38.50欧元。我们继续抛售，但在相当长一段时间内，其占投资组合的比重保持在9%。2013年年底，我们将持仓比例降至7.58%，年底股价为每股62.09欧元。

总之，在我们最初投资的9年里，宝马股价上涨了75%，其业绩优于市场。但至关重要的是，由于人们在秋季没有减少购买股票，其平均买入成本下降了，我们的投资翻了3倍，从每股20欧元增至每股62欧元（加上11.87欧元的股息，相当于初始投资的60%）。我们没有预料到的是2008年市场崩盘，但也正因为雷曼兄弟，原本应该在9年内实现75%的合理回报率的投资变成一笔非同寻常的投资。正如一些扭曲的政客们所说，没有什么比充分利用一场好危机更好的了……

强劲的股市业绩背后的因素反映了宝马自身的优异表现。2005年，宝马售出了133万辆汽车，2013年的销售量为196万辆。2005年，宝马实现净利润22亿欧元，2013年实现净利润53.4亿欧元。2005年，宝马实现每股赢利4.4欧元，2013年实现每股赢利8.10欧元（见图8-8）。我们是价值投资者，但当市场没有让我们为增长付出代价时，我们没有理由对增长不屑一顾。

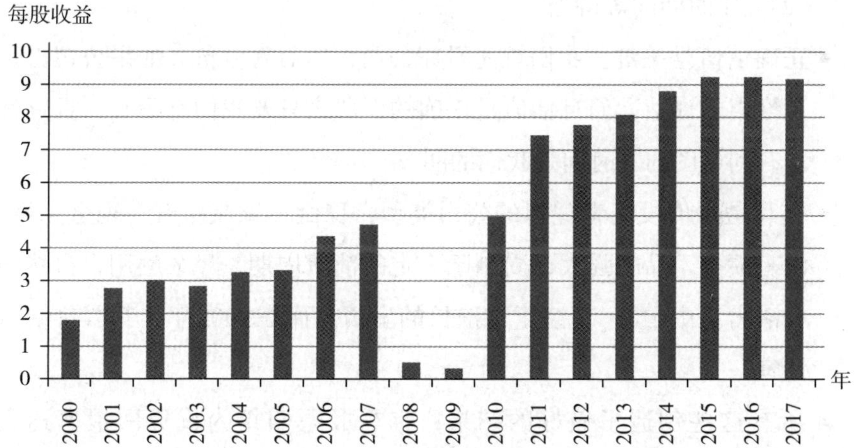

图8-8　宝马每股收益

资料来源：摩根士丹利。

综上所述，2005年至2014年人们对宝马的投资是正确价值投资类型的经典案例。它完美地体现了“方法”的所有优点：

- 荒谬的市场价格与正确的估值相比。2009年3月，宝马股票价格为每股11欧元，估值为每股100欧元。

- 市场先生在危机中失去了理智。在市场波动最剧烈的时期，市场先生情绪低落，未能对不同公司区别对待，盲目地抹杀了所有公司。宝马被归入银行和房地产公司之列，这对其股价造成了不成比例的损害。
- 市场先生短期内效率低下（2009年其价格为每股11欧元），长期内效率较高（2015年其价格为每股70欧元）。
- 能力和价值投资者性格类型的正确组合给公司带来了良好的业绩。第一，深入研究确定公司的正确估值（每股100欧元）；第二，逆水行舟的信念和勇气（当其他人都在抛售时买进）；第三，随着时间的推移保持信心（在低点买入，直至最高限额）；第四，耐心（四五年时间的等待）。
- 正确估值是关键。我们首先研究公司，然后看股价。如果公司得到了恰当的评估，而且估值是正确的，那么只要我们有耐心，投资就是有利可图的。时间是我们的朋友。
- 宝马是价值投资者理想的公司类型：稳健，家族所有，现金充裕，没有债务，品牌强大，受制于一定的消费周期，经久耐用，自然增长潜力（中国），专注于它擅长的事情。而在2009年，其股价绝对便宜!
- 所有这些创造了极好的结果：宝马股票四年内投资回报率达到300%。2009年其最低股价为每股11欧元，2009年至2011年其平均买入成本为每股20欧元，2014年其卖出价格为每股60欧元。

第九章　蛰伏在我们内心的非理性投资者

我们所有人——投资者、基金经理甚至我自己——都会或多或少地倾向于非理性。我们有非常明确的目标，比如保持储蓄的购买力，但我们无法合理利用那些可以帮助我们实现这些目标的工具。历史上，我们的非理性行为导致了与相关资产业绩无关的波动，这尤其体现在市场的那些转折点上。

有趣的是，在我们的“行业”中，客户并不总是对的：他们在顶部投资，在底部将资产卖出，这阻碍了他们获得回报的能力。从长期来看，他们的投资回报往往低于市场平均水平（见图9-1）。这不仅仅是一种观点，我们只要看看共同基金的流入和流出就知道了。

本章的目的是更好地了解我们自己，约束我们黑暗和疯狂的一面——驱使我们未经思考就开始行动，或者更糟的是，去做一些违背我们利益的事情。

- 为什么我们仍然相信固定收益投资比股票投资更安全，尽管所有的证据都与之相反？
- 为什么一些投资策略能够系统性地取得更好的成果？我们为什么不

充分利用它们？

- 为什么有些基金经理的业绩一再好于市场？

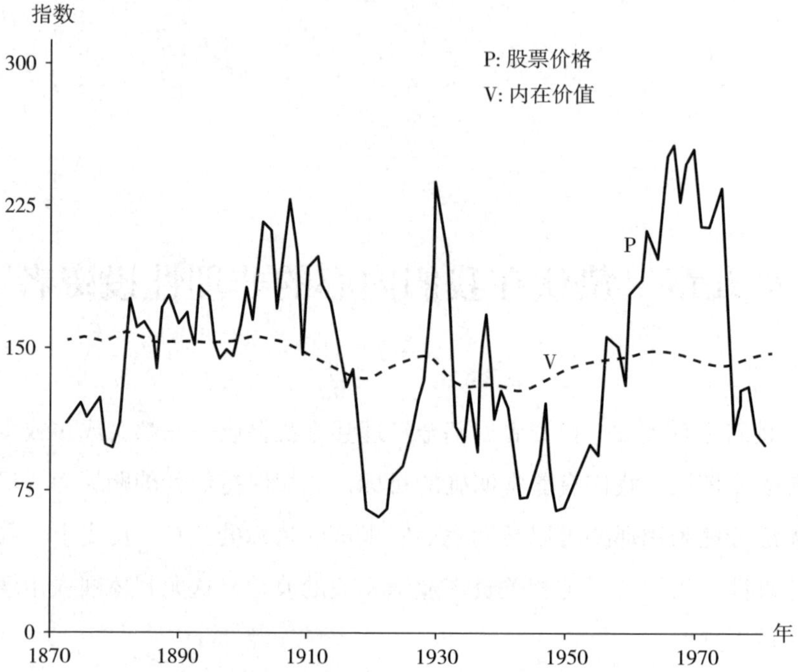

图9–1 股票价格与内在价值

为了回答这些问题，我们需要回顾一下心理学家和经济学家的研究，他们在过去50年里特别关注我们的非理性行为，得出了与经济学和投资领域相关的结论，这是我们在这里感兴趣的主要领域。

人类并不总是理性的，奥地利学派的追随者对此毫不奇怪。尽管事实是，当我们采取行动时，因为我们有特定的最终目标，所以不管我们喜欢与否，这些目标总是理性的（否则我们就不会行动）。但另一个事实是，我们并不总是选择最好的方法或适当地应用这些方法去实现目标。[①]

---

① 米塞斯（1995年，第24页）。

我们的目标可能是最大化我们的长期储蓄，或把我们的财富捐赠给有需要的人，但不管我们的目标是什么，我们都需要使用正确的方法来实现它。我们无法通过将储蓄捐赠给第三方或有意识地投资那些无法给我们带来合理回报的资产来实现储蓄的最大化。这就是非理性。

在米塞斯之前，庞巴维克探讨过非理性这个话题，尽管他是一位经济学家而不是心理学家。他对时间偏好及其相关错误（比如我们对“当前”的过分重视或是推举的时间不一致）的研究特别感兴趣。

他的利息理论是基于这样一个事实，即我们赋予当前商品比未来商品更多的价值，但在这样做的过程中，我们系统地低估了我们未来的需求以及为满足这些需求所采取的手段。①

他把这归结为三个因素：一是人们对未来需求缺乏规划；二是他们缺乏意志力；三是人类生活的短暂和不确定性。每个因素对每个人的影响不同，而且会随着时间的推移而变化。

庞巴维克是第一个通过引用心理因素来分析人们对时间估值“错误”的人。这样的错误导致人们短视地高估了当前相对于未来的价值，同时也产生了对时间价值的“不一致性”。例如，在不同的时刻给相同的时间间隔赋予不同的价值：我们更看重在今天相对于一年内收到的东西，而不是在第5年相对于第6年内收到的东西。这两种情况的间隔都是一年，但是我们的评估是不同的。

20世纪的研究者更详细地研究了非理性。问题的根源在于我们的情感和理性之间的冲突，②尤其是当我们的情感反应过度以至超过理性时。正如卡尼曼（Kahneman）所指出的，我们有两个分别用1和2来表示的

---

① 庞巴维克（1998年）。

② 参见海特（Haidt，2006年）、卡尼曼（2011年）、梅特卡夫（Metcalfe）和米舍尔（Mischel，1999年）、阿里利（Ariely，2009年）。

体系。体系1运行迅速、自动，几乎毫不费力，不需要我们的任何控制。体系2则需要我们自身的努力来控制，这涉及了计算复杂的脑力活动。

这些体系为心理学家所熟知，我们都相信我们的行为处在体系2，即在有意识的体系中，我们自由而理性地进行选择。但事实并非如此。体系1，即情感体系，比我们想象的更经常地处于主导地位。

例如，一个由直觉来解决的经典问题：

一根棒球棒和一个球总共要花1.10美元，棒球棒比球贵1美元。这个球多少钱（见图9–2）？

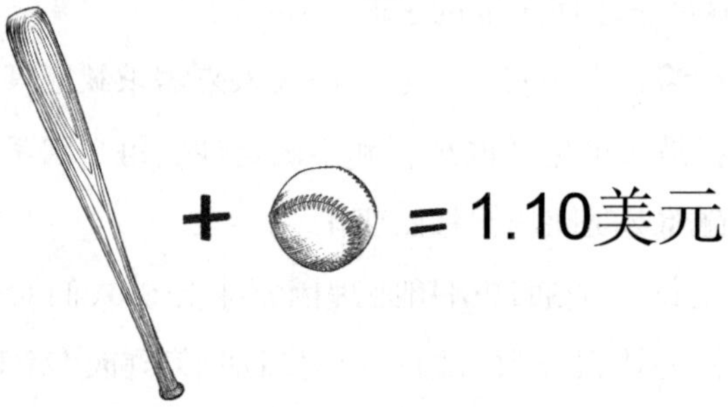

图9–2 球多少钱

一般人的直觉反应是0.10美元，但这是错误的，这样的话棒球棒的价格应该是1.10美元，总共是1.20美元。正确答案是0.05美元。只要一点点努力，我们都能找到正确的答案，但我们很容易懒惰，让直觉把我们引入歧途。针对这个问题，超过50%的哈佛、麻省理工和普林斯顿的学生给出了错误的答案，在知名度较低的大学中，这一比例高达80%！

问题不在于我们的智商是高还是低，而在于我们让自己被更原始的冲动牵着走，并且没有运用我们的智慧。我们认为我们意识到了自己的行为，但往往我们没有。这样的行为可能会带来非常负面的财务后果，所以在这一章，我们的目标是重新审视这个问题，并找到将其最小化的方法。

我们为什么不投资股票呢？厌恶波动性

第一个或许也是最重要的理性缺陷是我们极度厌恶风险（在这种情况下，我们将其与波动性混为一谈），这阻碍了我们将大部分储蓄投资于股票。鉴于本书所阐述的理论依据和历史证据，人们投资于股票是更合乎逻辑的。的确，在一些金融文化更为发达的盎格鲁–撒克逊国家，储蓄者不会这样做，他们通过养老基金将很大一部分投资配置到实物资产上，尤其是股票。然而，这在大多数国家都不会发生。例如，在西班牙，大部分储蓄都进入了实物资产，主要是房地产（占总资产的78%）。

这种对"风险"（本质上是波动性）的厌恶是所有错误中代价最大的，因为它阻止我们在承担最小实际风险的同时走上提高储蓄购买力的明确道路。

即使在金融最发达的经济体中人们也是如此。例如，一项调查显示：只有17%的美国人在考虑将他们不需要的钱投资10年以上时才会考虑股票；27%的美国人更喜欢房地产，23%的美国人更愿意持有银行现金、储蓄等具有流动性的资产。[①]直截了当地说，从长远来看，很多美国人更喜欢持有流动性资产而不是股票。结果与第五章中的结果相似。

如果我们从逻辑角度思考并考虑历史结果，那么这个绪论是荒谬的，但却是真实的。什洛莫·贝纳茨（Schlomo Benartzi）和理查德·泰勒（Richard Thaler）为这种人们对风险的厌恶提供了两个理由。[②]

（1）投资者厌恶亏损，过分看重不亏损，由此目光短浅，尤其厌恶短期亏损。收益的喜乐比亏损的痛苦和不适更短暂。此外，我们更重视有效亏损，而不是机会成本（放弃的利益）。我们不担心没有赢，尤其

---

① Bankrate.com，《巴伦周刊》，2015 年 7 月 27 日。

② 什洛莫·贝纳茨和理查德·泰勒（1993 年）。

是在我们不知道我们的邻居赢了的时候，我们担心的是亏损。[①]

这种厌恶与所谓的“框架依赖”密切相关。“框架依赖”指的是我们如何根据问题呈现给我们的方式做出不同的决定。这里，问题更多地集中在有效亏损上，而不是放弃的收益上。

我们可以考虑以下由卡尼曼和特沃斯基（Tversky）研究的风险厌恶示例。[②]

我们有两个选择：一是100%的概率损失7 500美元；二是75%的概率损失10 000美元，25%的概率没有任何损失。

这两个选项的预期损失都是7 500美元，但大多数人会选择第二个选项，因为他们显然不喜欢损失。在第一个选项中，损失是确定的；而在第二个选项中，人们有不损失的可能性。

我们的大脑很可能还没有进化得那么快，而我们仍然过于重视损失，因为往往最害怕威胁的生物比较可能生存下来。这种对损失的过分重视不仅会导致我们的收益减损，还可能使我们被“不正当”顾问打开操纵之门。

（2）我们过于关注结果，这限制了我们的长远眼光。如果我们不那么关注它们，那么我们的结果实际上会改善。损失给我们带来的痛苦比我们从同样数量的收益中获得的快乐还要多。当我们投资股票时，许多日子里的股价低于成本，我们的投资是亏损的，即使最终的结果从长远来看是非常正面的。因此，通过避免频繁地审查结果，我们将减少遭受损失的风险，并且能更好地容忍波动性。

忽视我们的情感本能，为不同资产类型的未来结果分配正确的概率，这对我们来说是一个挑战。以上这两个个性因素的结合使得人们很

---

① 卡尼曼等人（1986年）。

② 卡尼曼和特沃斯基（1979年）。

难接受股票投资的波动性和由此带来的暂时性损失。

解决一个问题需要我们意识到问题的存在，并愿意找到它的根源。一旦我们认识到我们并不完美，认识到自己缺乏必要的耐心或镇定，那么知识应该是我们的第一个支持来源。我们通过提高在投资时对潜在现实的认识来增强我们的信念，因而能将更大比例的储蓄用于投资股票。体系2需要有足够的装备来制服体系1。

不可否认，有时候犯错最多的是同一批“专家”，但我们在决策中运用的知识越多，我们的头脑就会越平静。耐心是可以培养的。

耐心是投资过程的关键，它能帮助我们控制那些更短视的冲动。因此，任何有助于加强它的措施都是受欢迎的。一个实用的工具是对投资采取系统性的方法。例如，以一定的频率投资一定的金额——不管情况如何，都在每月的第一天投资。数量和频率无关紧要，重要的是做出坚定不移的定期投资决定。人们采用这种方法通常可以获得比基于直觉的决定更好的结果，或者至少与其相当。[①]

另一种有用的方法是将监控投资组合的频率间隔开来。如果一年一次或者三年一次，那就更好了。这似乎是一种推卸责任的行为，但如果我们对战略进行了分析并对此有信心，我们就需要做这项工作。我不知道自己在个人基金里投资了多少钱。当我有一些现金时，我会在同一天投资于基金，直到有更多的存款时，我才会想起它。有时我把月报表作为一个提醒，但有时我会直接把它们丢入垃圾箱（见图9–3）。投资时，业绩最好的投资者或客户是那些在做出合理投资后没有持续监控它的人。

作为一名投资专业人士，我必须每天跟踪价格走势，但如前文所述，我会等到市场收盘后才启动电脑，这是我一天中唯一一次查看当天

---

① 卡尼曼（2011年，第222页）。

的交易情况。在当天剩下的时间里，我不知道价格如何变化。除非交易台或团队中的某个人警告我，我们观察名单上的一只股票正在我们感兴趣的范围内波动，我们有必要买进或卖出。我的办公室里没有彭博终端，我们整个办公室都共用一个彭博终端。

图9–3 不要看

一些知名投资者间隔几周甚至更长时间都不看价格；另一些投资者则只会在考虑一晚上之后才让自己执行命令。任何符合我们需要的制度都是可以被接受的，重要的是，我们不会被每天发生的事干扰。

一些知识和一些锦囊妙计可以显著改善我们对风险和损失的短视厌恶。我最引以为豪的成就之一就是帮助许多家人、朋友和熟人减少了短视，他们中的许多人现在意识到，股市波动对他们的长期储蓄是一件好事。

使用经过验证的策略进行投资，或者至少在投资廉价股票时这样做

均值回归是奥肖内西在分析不同策略的表现时得出的最清晰的结论，如第六章所述。价格昂贵的股票最终会变得更便宜，这个过程会产生不好的结果；而价格便宜的股票最终会回归平均水平，从而改善它们

的业绩。如果一些读者仍然对市场是否能有效率地运行持有疑问，那么根据他的分析，结果似乎很明显，市场确实存在失效的漏洞，等待着人们去利用。

鉴于这些策略中存在如此明显的均值回归，令人惊讶的是，它们没有被市场逐步修正，而我们作为投资者仍有利用它们的空间。这个解释再一次回归我们每个人的身上。均值回归的概念本身很难理解。正如卡尼曼所指出的，弗朗西斯·高尔顿（Francis Galton）在万有引力定律或微分学出现5年后提出了均值回归的概念。[①]对他来说，消化均值回归这个概念是需要努力的，直到今天，它仍然是一个难题。

第一个问题是，我们倾向于根据过去，尤其是最近来推断未来。我们很难相信事情会改变。这就是所谓的“代表性”问题，[②]但情况会发生变化（见图9-4），而且在某种程度上是可以预测的。以赫什·舍夫林（Hersh Shefrin）为例，他将代表性问题与均值回归结合起来。[③]

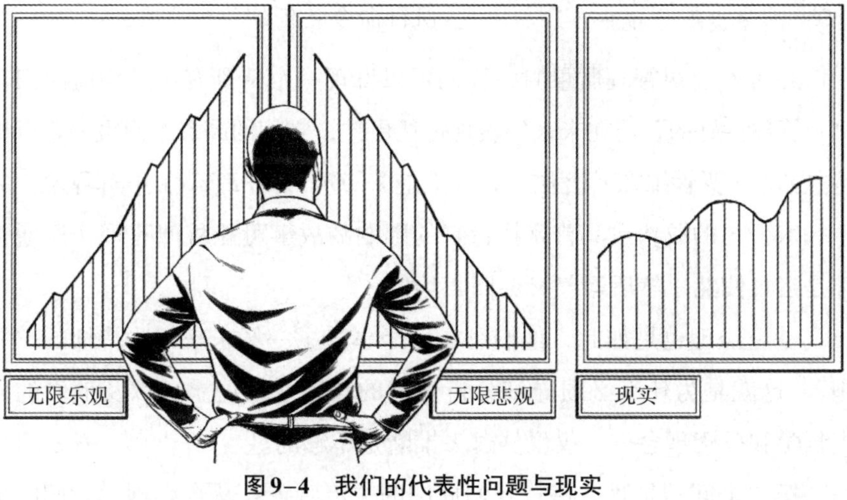

图9-4　我们的代表性问题与现实

① 卡尼曼（2011年，第179页）。

② 邦德（Bondt）和泰勒（1985年）。

③ 舍夫林（2000年，第14～16页）。

舍夫林的目的是预测大学生的成绩，学生的中学平均毕业分数是3.08。假设有三名在校新生，他们的中学平均成绩分别为2.20、3.00和3.80，我们做了一项调查以预测他们的大学成绩，最终预测出这三名学生的大学平均成绩分别是2.03、2.77和3.46。

实际上，他们的大学平均成绩分别是2.70、2.93和3.30（见表9–1）。换句话说，人们往往认为坏学生将继续坏，好学生将继续好。这在某种程度上是正确的，但实际情况是平均值有很强的回归，这在这些预测中并没有得到充分反映。

表9–1　舍夫林的大学平均成绩

学校成绩	预测大学成绩	实际大学成绩
2.20	2.03	2.70
3.00	2.77	2.93
3.80	3.46	3.30

资料来源：舍夫林（2000年）。

在考察公司管理质量时，我们可以发现一个特别有趣的均值回归实例。管理良好的公司在未来的表现往往更差，它们的高资本回报率难以维持。菲尔·罗森维在其著作《光环效应》（*The Halo Effect*）中解释说，关于一家公司的成功或其首席执行官的影响的故事可能貌似有理，但通常都是运气使然，然后运气又会回归均值。①

基金经理也是如此，他们可能已经享受了一场未来无法持续的“领跑”。这就是为什么必须详细分析他们的长期业绩记录，以及他们的人生哲学和投资理念——仅仅从过去推断是不够的。

第二个问题是难以违背我们周围的主流观点：从众心理。我们的祖先再一次拽着我们：从历史上看，离开群体而独自狩猎或生活通常不是

① 罗森茨威格（2009年）。

一个好办法；这个群体通常是正确的，或者至少是安全的。外在环境比我们的大脑变化得更快。[①]事实上，当我们感到被排除在群体之外时，这种感觉会激活大脑中与我们经历身体疼痛时相同的区域。在集体之外的感觉很痛。[②]

詹姆斯·蒙特尔（James Montier）提供了所罗门·阿希（Solomon Asch）在1951年做的一个著名实验。[③]如果我们被问到图9–5右边的三条线中哪一条和左边的是一样的，那么答案是显而易见的。但是，如果我们将至少三人放在一起询问，而参加这项试验的另外三个人不知道谁是真正的被测试者，他们故意回答错误，那么被测试者将在三分之一的情况下按照大多数人的答案回答！如果进行多个回合测试，那么至少在其中一个回合中，四分之三的人会赞同大多数人的观点！

图9–5　阿希线

当我们购买没人想要的股票或一组市盈率较低的股票时，我们是在强迫自己去做一些有违直觉的事情。我们可能完全同意购买廉价股票的必要性，相信这一策略是有效的。但当我们听到这些公司的名字时，我

① 詹姆斯·索罗维基（James Surowiecki）的书《群体的智慧》（*The Wisdom of Crowds*）是关于这一主题的有趣读物，它证实了多样化的群体比孤立的个体更容易成功。

② 艾森伯格（Eisenberger）等人（2003 年）。

③ 蒙特尔（2009 年）。

们突然感到头晕目眩，我们抓住了上千个不买它的借口，其中最主要的原因是没有人买它们，这么做几乎是痛苦的……

避免这种情况的一种方法是致力于提前行动，采用与克服我们厌恶损失相同的方法（有一个明显的缺点，即我们可以随时退出，这意味着这种策略不会奏效）。正如前面提到的，我们总是在股价上涨时卖出股票并在股价下跌时买进股票，这几乎是一种半自动的反射行为。我们关注股价变动的原因，如果我们认为它被夸大了，就像通常情况一样，我们会采取行动。当我们在股价上涨时卖出股票时，我们有时会将其称为“随机骗局”——参考塔勒布和他的书《随机漫步的傻瓜》（*Fooled by Randomness*），[①] 因为谁知道我们是否刚好很走运呢？因此，价格上涨这一简单事实降低了价格持续上涨的可能性。谁知道我们归因于自己的技能所得到的成果是否仅仅出于偶然呢？正如塔勒布所观察到的，我们往往把判断和运气混为一谈。一个可能的解决方案是，假设运气总在我们的成功中起作用，以此激励我们在运气耗尽之前自动行动。

一个令人惊讶的“从众”心理的例子

气候变化是一个不可避免的“从众”心理的例子。我们得到的信息主要集中在消极方面，这种观点扭曲了现实，创造了一种主流舆论，它就像一股强大的浪潮一样拖住了我们。我们需要适度的怀疑，以避免陷入困境。

我对鼓吹一种论点胜过另一种论点毫无兴趣：要么是人类正在严重影响地球的气候，因此我们必须采取措施减少这种影响；要么是这种影响在多种原因的背景下很小，即使影响更大，人们行动的成本也

① 塔勒布（2007 年）。

大于收益。我唯一感兴趣的是了解到底发生了什么以及要如何解释这一现象。我投资了排放二氧化碳的公司、不排放二氧化碳的公司以及从"二氧化碳战争"中受益的公司，我经常从媒体那里听到的那些形成公众舆论的消息，似乎都并不是故事的全部……

自1996年以来的20年内，全球二氧化碳排放量从每年240亿吨增加到370亿吨，增长了54%，这是人类历史上20年来绝对增幅最大的一次（见图9-6）。

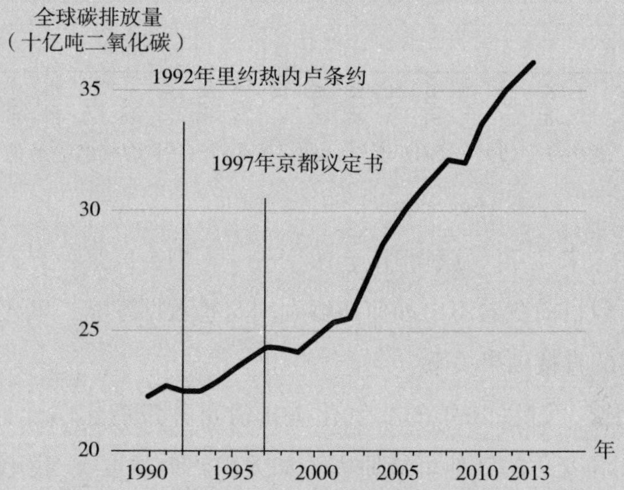

图9-6　二氧化碳排放量

资料来源：《金融时报》。

如果二氧化碳排放量和全球气温上升之间确实存在直接的因果关系，那么从统计角度看，20年的时间似乎就足以让我们确定其因果关系。然而，从图9-7由美国国家航空航天局（NASA）基于低层大气计算的温度图（比陆地计算的结果更不容易被扭曲）可以看出，全球气温在这段时间内几乎保持不变（这可能是一个误导性的观点，但至少从图9-7的分析来看是这样的），除了1998年和2016年两次被称为"厄尔尼诺"的现象期间。

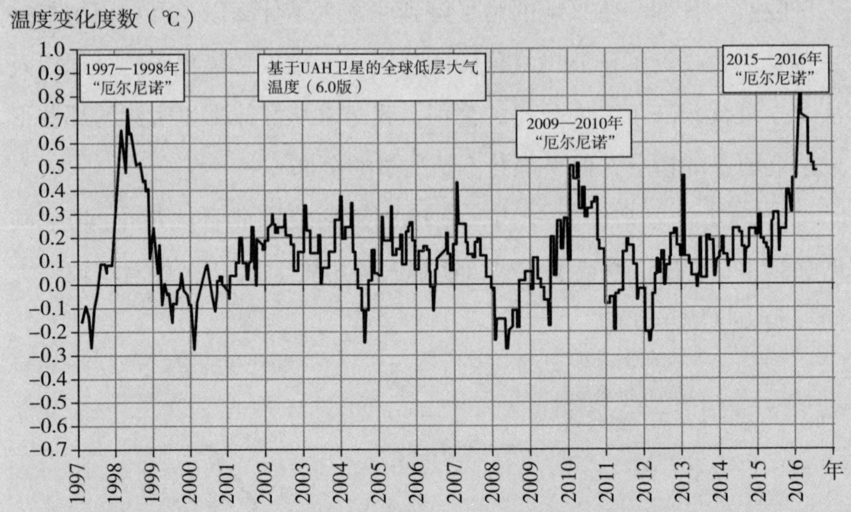

图9-7 1997—2016年与1981—2010年的平均气温的差值

资料来源：罗伊·斯宾塞（Roy Spencer），卫星大气温度。

也许未来几年，这种情况会改变——人们会以某种方式阐明其因果关系，但目前我看不出如何能够利用这些数据建立二氧化碳与全球气温之间的直接因果关系。

很明显，过去20年的二氧化碳排放量并没有影响地球的温度。考虑到气温变化的其他可能原因（如太阳辐射强度），我不明白公众对此缺乏讨论的背后利益所在。我觉得完全无法理解的是：为什么媒体没有引导人们对气候变化持怀疑态度，甚至没有正确地报道数据呢？为什么科学家们没有对这些数据提出质疑呢？

我想已经有太多的既得利益者导致我们难以看透背后的原因。这是一个难以忽视的事实。

与此同时，适度的怀疑将使我们能够找到一条不同于以往的道路。一旦有人最终发出警告“国王赤裸着身体！”，我们将因此受益。保持怀疑的态度——不一定是玩世不恭——是处理每日新闻信息的最佳方法。无论我们看上去多么孤立，我们都不应忽视这一点。

第三个因素是参考点。我们倾向于将当前价格作为立即行动的参考点。如果西班牙电信公司的股票交易价格为每股12欧元，那么我们很难想象它的价值会变成每股30欧元或每股5欧元。这在股票分析师中是一个非常常见的错误。他们在分析西班牙电信公司后不可能得出这样的结论：尽管西班牙电信公司的股票交易价格为每股12欧元，但其内在价值为每股20欧元。不过，他们通常会说每股13.5欧元或每股10欧元，因为他们很难将其与当前参考点（本例中为每股12欧元）拉开距离。

有趣的是，这种看似不合逻辑的行为包含了情感体系1和理性体系2的元素。[①]我们确实能够做出明确和有意识的尝试来打破参考点，但它仍然对结果有一定的影响。一些投资者通过先做分析和估值，然后再看价格，以此来解决这个问题。这样人们可以更容易地避免参考点。

这三个特征——推断、从众心理和参考点——阻碍了我们遵循过经验证的投资策略或在股价较低时买入股票。再次强调，当我们在做决策时，能帮助我们摆脱情感包袱的解决方案在于，我们需要知道问题的存在。因为知道问题的存在有助于我们深入了解潜藏背后的现实——主要体现在财务方面，也有助于我们执行反射或半自动投资，从而改善我们的投资过程。

但这还不是我们问题的终结，我们的大脑仍然可以捉弄我们。其他不合逻辑的行为也会妨碍我们做出决定。

有时我们陷入了一个陷阱，即在拥有很少证据的基础上迅速做出决定，从而忽略了深入分析的需要。正如卡尼曼所解释的，我们更容易被一个连贯的好故事（甚至是最新的故事）吸引，而不是一个完整的故事。[②]自动化的情感体系脱颖而出。

---

① 卡尼曼（2011年，第120页）。

② 卡尼曼（2011年，第87页）。

如果我们过度自信，那么这一问题可能加剧，特别是在我们的努力或投资取得初步成功之后。这种成功促使我们加倍下注，使我们最终失去一切。对于狂热的投资者来说，这是最大的危险，他们在牛市中被收益冲昏了头脑。将牛市与投资能力混淆会导致我们过度增加投资风险。这并不是否认非专业人士不可能在投资上取得成功，但在一个顺风顺水的市场所造成的混乱中，非专业人士需要格外小心。

认为我们比竞争对手更有能力，而且认为自己将一直做对，这是非常危险的，但很常见（见图9–8）。正如巴菲特所说，我们必须努力保持在自己的能力圈之内。这是一个小圆圈，我们必须意识到它有多小。随着时间的推移，我们可以逐渐建立起这个圈子，但总有一条我们不应该跨越的界线。

图9–8　危险的自以为是

当认为自己可以预测一些事情（对经济或市场前景，或某些短期市场价格）时，我们就会产生一种特别灾难性的控制错觉。在这一点上，我已经说得很清楚了，但值得重申的是，这些事情是无法预测的。我们能做的最好的管理是一些模糊的长期估计（这与预测不同），并在此基础上做出投资决策。

我们为公司制定预算（我希望大多数读者都能认同这一点）：我们不知道市场将如何表现，也不知道客户的资金流入和流出将是什么样子的，而这些都是决定收益的关键因素。幸运的是，费用比较容易被控制，但这并不是我们业务的关键因素。因此，我们完全不可能预测公司未来的业绩。

但我们知道的是，如果我们有一个良好的管理程序，那么收入和利润自然会随之而来。我们没有设定具体的销售或利润目标，这点并不适用于所有的公司，但我已经提到过，对实现目标的焦虑是当今公司最大的错误之一，因为它可能导致短视的短期决策。虽然有时拥有目标是必要的，但我们更喜欢那些没有这样的目标而只是努力把事情做好的公司。

这与一种错觉有关，即我们会认为自己可以解释发生了什么，以及早知道它将发生。随着事情的发展，人类有一种非常强烈的倾向去改变自己对事实的理解。如果股价大幅下跌，那么我们将承认这是显而易见的，我们会忘记自己之前曾有过不同的想法，这适用于所有情况。

有些矛盾的倾向是人们认为任何成功的事情都因自己做得很好。当我们投资组合中的一只股票的价格上涨时，我们认为自己的分析是准确的，即使这种上涨可能完全是随机的。事实上，结果本身并不重要，重要的是它伴随着正确的过程。如果这个过程是正确的，那么我们可以把它与运气区分开，然后我们就能够复制成功，而不会犯不必要的错误。

如实地说，对于过度自信所产生的问题的解决方法是保持谦虚，尊重我们的能力范围。这个范围通常不是很大，但它不应该成为一个问题；范围大小不是关键，重要的是我们要尊重它，而不是冒险走出它。

禀赋效应

另一个重要且常见的问题来自我们对自己财产——那些我们认为属于自己的东西——的特殊拥护。如果我们已经拥有了一个物体，那么我们会给予它额外的价值，而我们又很难使自己与它分离。当涉及投资失误时，这就变成了一个更大的问题，因为我们的依恋让我们很难认识到这个错误并卖出股票，这可能需要我们接受一些损失。我认为这是我们作为投资者最常犯的错误，如对于旗帜电信、葡萄牙电信等的依恋。

Pescanova公司就是一个很好的例子。在伊比利亚投资组合中，我们一度持有这家公司4%的股份。Pescanova公司在一个不断增长的行业中占据着极好的地位，享受着一些进入壁垒，但其债务每年都在增加，没有产生明显的现金流或有资金流动的迹象。我们有一种感觉是出了什么问题，这就是为什么我们逐渐将股份减持至投资组合的1.5%。

但我们的持仓没能降至1.5%以下。虽然股价已经下跌，但考虑到我们对投资建立的某种信念，我们心理上还是不允许自己将该股票全部抛售。合乎逻辑的做法是完全卖出这个头寸，而且很明显，如果我们当时需要从头开始建立头寸的话，那么我们永远也不会买进这只股票，但我们就是无法放手。

此外，还有一个额外的复杂因素，因为当我们的投资价值下跌时，这往往是创造巨大投资机会的时候。如果一项投资在较高的价格下具有吸引力，那么当价格跌了20%时，它的吸引力将更大。在这种情况下，我们必须做出的最具挑战性和最重要的决定之一就是，能够区分是增加头寸、坐视不管还是卖出股票。我们的自然倾向是增加头寸，而不是停下来考虑可能会有一些影响投资前景的重大变化以及出错的风险。

事实上，面对错误是最困难的事情之一。我的经验告诉自己，当选择做正确的事情时，我们在时间、资源和自尊方面已做的投资往往使得面对错误成为最困难的情况之一。我们总是倾向于认为它们只是暂时的问题，会自行解决。“决策的沉没成本”使人们很难改变。或许还有其他一些因素在起作用，比如人们希望从花了数周时间对公司进行的分析中有所收获，并以某种方式从中获利，尽管具体细节不是很清楚。

减轻损失的方法相对简单：我们需要做出决定，就好像我们没有持有任何股票一样，就好像这是我们第一次对某只特定股票做出决定一样，即忘记我们目前的头寸。如果我从现在开始分析，那么我会买这只股票吗？解决方案很简单，困难在于要减少我们的损失以及所有相应的影响。

这种禀赋效应的积极一面是，它将我们引向我们所知道的东西，而当人们为了寻找新想法而做出太多改变的时候，这并不是一件坏事。我们都知道，从长期来看，我们在自己的能力范围内做投资是一项明智的决定：你已经认识了那些魔鬼（细节）。

倾向于确认我们已知的事情

另一个经常困扰我们的危险是，我们倾向于寻找支持我们信念的证据，以避免意见冲突。这是我们的情感体系用来节省时间和精力的一种几乎是自动的先天倾向。当我们支持我们最喜欢的足球队或政党（因为它们不会犯错，所以我们也把它们当作足球队来对待）时，这可能是有益的；但当我们想要做出理性的决定时，这就没有意义了（我不知道投票是否总是非常理性的）。

的确，我们的信念可能是有根据的、正确的。这意味着浪费时间去关注那些贡献有限的事情没有多大意义。但无论如何，要避免将自己孤立在泡沫之中的危险，最好的解决办法是听取争论双方的意见，即买卖双方的观点。我们甚至可以尝试“理智地摧毁”一家对我们有吸引力的公司，看看反对理由是否是实质性的。如果我们对自己发现的一项好的投资能够听取相互矛盾的意见，那么我们在做出投资决定时，至少可以提前知道我们的竞争优势在哪里。

机 构

显然，机构和专业人士与其他任何投资者一样，都面临着同样的问题，而很少能非常有效发挥作用的投资委员会更是加剧了这一问题。

国际货币基金组织的布拉德利·琼斯（Bradley Jones）的一份报告分析了大型投资者——捐赠基金、主权财富基金、中央银行、大型养老基金——的行为，强调了某项资产最近的绩效表现与购买表现好的资产的投资决策之间存在强烈的正相关关系。[①]这种相关性适用于所有资产类型，无论是债券、股票还是其他任何资产。这可能看起来令人惊讶，因为负责管理这些机构的人理应具备很高的资质以及长远眼光，但事实并非如此。

老板、同事和客户的期望造成的竞争压力会引起人们的焦虑和对短期的过度关注，甚至对成功的专业人士来说也是如此。这样的压力会让人害怕赔钱，甚至失业。[②]

许多投资经理会编造“故事”来说服自己、客户和上级，包括他们的投资理念和具体投资。这些故事让他们很难从错误中吸取教训，因为它们是为了确认已走的道路是合理的。另一些人则试图将责任归咎于他

---

① 琼斯（2015 年）。

② 塔克特（Tuckett）和塔夫勒（Taffler，2012 年，第 29 页）。

们所投资的公司（尽管他们声称自己能够正确评估这些公司）或者是帮助他们做出决定的经纪人，而不承担属于自己的责任。没有人会正视自己的错误。

也许最好的方法是与自己、客户和老板建立一种坦诚而健康的关系：投入时间教育他们，而不是屈服于他们的压力。

此外，在投资委员会中，群体思维（塔克特称之为群体情感）也发挥了作用，这增加了我们对他人的依赖感——具有与群体一致和避免冲突的强烈倾向。詹姆斯·索罗维基在其著作《群体的智慧》中，解释了群体决策比个人决策更为正确的原因，但是这只适用于由不同背景的个人组成且愿意表达自己观点的群体做出的决策。[①]如果不是这样，那么我们将面临群体思维的风险。

除了尝试在群体中纳入不同的观点外，降低风险的另一个方法是让每个委员会成员在别人发言之前写下自己的观点。还有一种选择是根据群体业绩来制定奖励措施，这是我们一直采用的制度。

另一个固有的问题是，尽管最好的做法很可能是什么也不做，让既定的策略顺其自然，但人们还是倾向于采取行动，会去做一些事情或者表现得好像我们在做一些事情。这种情况在机构中更常见，因为管理这些机构的专业人士的薪酬是与他们的业绩成正比的。当他们的业绩达不到要求时，他们会极力解释自己已经采取措施并通过做某些事情来纠正问题。

信息超载和其他问题

随着时间的推移，我们接触到的信息量呈指数增长。当我在1990

① 索罗维基（2005年）。

年刚开始工作时，我们必须给一些公司写信，以便它们向我们发送自己的年度报告；或者我们亲自去查看西班牙国家证券市场委员会的纸质记录，以便能够分析它们的业绩。如今，只要按下一个按钮，我们就能在电脑或手机上获得所有这些信息。

虽然这似乎是一个优势，但它可能会导致我们接触到过量的数据和我们不需要的意见。确定重要的东西并不容易，但总体来说，有几种方法可以帮我们把“小麦”和“谷壳”分开。例如，我们每天从媒体上收到的90%的信息都是背景噪声，这就是为什么我建议人们尽可能少接触它。如前文所述，我已经15年没有定期看电视新闻或阅读一般报刊了，读一点儿经济学和专业新闻就足够了。

同样，尽管互联网为我们提供了无限的信息，但它也是让人无限分心之源。几年前，尼古拉斯·卡尔（Nicholas Carr）在其著作《浅薄》（*The Shallows*）中解释说，我们在网上阅读信息时很难集中注意力，因为我们不断受到干扰，这限制了我们集中注意力的能力，而这种能力会随着时间的推移而减弱。[①]因此，找个安静的时间来阅读和思考是很重要的——如果有必要的话，那么请让自己远离尘世。

此外，我必须充分强调我是如何被我们收到的所有信息的负面倾向搞得不知所措的。没有人不想一家人可以平静地享用晚餐。这些负面信息导致我们对世界的看法不断被扭曲。例如，在过去25年中，全球经济以每年3% ~ 4%的速度稳步增长，超过10亿人摆脱了贫困。同样，正如史蒂芬·平克（Steven Pinker）所指出的，暴力正处于人类走出丛林以来的最低水平，但根据我们每天收到的信息，没有人会相信这一点。[②]

马特·雷德利（Matt Ridley）为这种消极性提供了一个貌似合理的

---

① 卡尔（2010年）。

② 平克（2012年）。

解释，这种消极性与不断发展的现实视角有关：在我们发展过程中发生的所有好事——经济增长、预期寿命增加、发达国家的重新造林、不平等现象减少、切实消除饥饿等——都不是由任何人计划的，而是我们一起实现了它们，过程缓慢但没有停止。[①]但人们对此并不感兴趣。我们只想知道战争、革命、凶杀等事件，通常这些事件的主角要比发展积极事态的主角明确得多。

这种消极性只是我们厌恶风险的另一种表达方式，也是我们本性的固有部分，因为它在我们发展的过程中产生了良好的结果。例如：在婚姻关系中，做一件坏事只能通过做5件好事来补偿；或者当我们分析一个人的性格时，谋杀行为只能通过25个英雄壮举来补偿。[②]媒体充分利用了这种消极性对我们情绪的影响来吸引我们的注意力。

当面对信息超载时，无数情况下的事实证明：信息越少，决策越好。因为在现实中，我们所犯的错误与我们过于频繁地关注市场波动时所犯的错误相同，这促使我们在不应该采取行动的时候采取了行动。

尽管如此，和以前一样，但是有一些方法还是可以在我们面对过多信息时帮助我们改善结果的。一个选择是坚持相同的阅读框架（当阅读新的内容时，我们必须离开以前读到的内容，以阻止自己拟合）或只进行主动搜索（受我们自己想法的启示），避免受到社交网络或其他所谓助手的过度影响。

在没有适当统计计算的情况下，用小样本进行决策是我们已经提到的一个问题。人们将逸事与证据混淆起来是很自然和常见的，但这仍然是人们轻率错误的来源之一。为了避免陷入这类错误，我们需要进行更深入的研究。

---

① 雷德利（2015年）。

② 威廉·海涅曼（William Heinemann），引自海特（2006年，第2章）。

小 结

毫无疑问，我们情绪化的一面使我们很难做出正确的投资决策（就像我们在生活中的各个方面一样）。要想克服这一点，我们需要更好地理解自己的缺点并改正这些缺点。我们仅仅进行良好的竞争和财务分析是不够的，还需要做更多的工作。综上本章所述的要点，我们可以得出结论，正确的投资决策应完成以下步骤。

1. 我们需要认识到这个问题的存在：有时情绪会引导我们做出不合理的决定来实现我们想要的目标，因此正确面对它们对我们来说很重要。
2. 我们分析在做决策时所带来的情感缺陷的内容，找到我们应采取的措施。
3. 我们通过其他投资者的经验，加深对投资过程的了解。
4. 我们在投资方式中建立简单且几乎自动的机制，以尽量减少自己的情感偏见。另外一种投资方式我已经间接提到过，也是我个人使用的，就是我在有资金的同一天投资基金，坚持自动这样做，而不考虑市场下一步会如何变动。
5. 我们在做出最终投资决定之前，充分分析与其他投资者相比，自己究竟在何处带来了价值。通常情况下，这不是因为我们更聪明，而是因为我们更好地了解自己。这会转化为耐心等美德，总体来说，这是情绪的恢复能力。

我们的情绪是我们从投资中获得好结果的主要障碍。这就是为什么我们花必要的时间去了解自己的弱点很重要；否则，投资没有任何意义，因为结果将是平庸的。

但我们有理由乐观：我们可以从错误中吸取教训。我从投资日产（Nissan）和后来的错误中做到了这一点，我们可以学会克服自己的缺点。我认识无数人，他们具备正确的知识，并以其他投资者为榜样，学会了容忍市场波动和采取正确的投资方法。

在此基础上，我们可以勾勒出理想投资者的一些特征：有耐心，愿意长期投资，享受过程，不太关注结果，不被情绪左右，信念坚定，愿意学习。我们当中没有人会完全成为这样的投资者，但我们可以不断努力，尽可能地成为这样的投资者……

结论与展望

制定一个合理的投资流程是一项个人挑战。我的方法是寻找世界上最好的投资者、真正的大师。我非常仔细地选择和研究他们，阅读和倾听他们，并试图从他们身上搜集我想要的一切。这是我发展我自己的方法和途径，是一个伟大的“秘密”。该方法已经通过我日常生活的经验得到了改进，而我的日常生活也促成了它的最终形成。该方法也是你培养坚定而连贯信念的方式：它使你变得勇敢，不再随波逐流；让你拥有耐心，接受不确定性。最终，当所有人都失去理智时，你却能保持头脑清醒。

有了适当的知识框架，并具备投资过程所必需的性格特质，我们就能实现保持和提高储蓄购买力的目标。

奥地利学派为我们提供了这样一个知识框架，它准确描述了现实，为我们分析经济发展提供了坚实的基础。这是一项经济分析，它不能预测一个国家的经济增长或消费行为，但会为我们区分市场干预的影响提供基础，并为我们应对这些影响做好准备。

市场运行得好是因为它只代表自由行动的个人之间的交流。一些市场参与者或其他人总会预测到市场何时会出现混乱，并通过自己的行动加以解决。

这为我们的投资过程提供了基础，也就是在别人看不到的地方寻找价值。

实物资产，尤其是上市公司的股票，最能长期维持我们储蓄的购买力。股票市场并不像我年轻时经常想的那样是投机者的天下；相反，这是全人类的美德和苦难共同发挥作用的地方——展现我们真实的自我，而且在这里，由于行为科学的分析，我们可以发现，人类非理性（或情感）的一面能够使我们获得回报，让我们在未来获得内心的平静和独立。

事实上，我们分析的重点是人类本身。我们分析的公司是由人创造和发展的，它们把自己的产品和服务卖给其他人。我们不是在分析奇怪的生物、神话或传奇市场，而是在分析人。

有些人设法创建和发展难以复制的优秀公司，而另一些人则面临着彻头彻尾的失败。对于潜在的投资，我们更感兴趣的是前者，尤其是当外部环境使这些股票以自己可接受的价格获得时。这些公司应该成为我们宝贵时间聚焦的对象，我们应该分析它们的竞争地位和未来发展潜力。

因此，我们需要牢牢控制住最原始的情感冲动。我们必须耐心、好奇、谦虚和大胆。耐心是因为别人可能需要一段时间才能意识到我们所看到的，这就是我们为什么必须有长远眼光。好奇是因为我们必须关注周围发生的一切。谦虚是因为错误很常见，但关键是我们要从中得出正确的结论。大胆是因为有时我们会看起来像一个自杀式的司机，朝着与车流相反的方向行驶。

我们还需要始终如一。一步一步、一天一天，就像准备正在进行的考试一样，我们必须迫使自己坚持学习一门不断扩展和变化的学科。

资产管理

资产管理正转向被动管理，以低成本买入指数并跟随市场走势。很少有主动资产管理公司能获得比指数更好的业绩，因而从总体上来看，大多数主动资产管理公司不应该得到它们收取的额外费用。

"被动"投资模式的发展将为我们这些认为市场并不总是有效的人创造一些非常令人兴奋的机会。我再说一遍，市场不总是有效。市场趋向于有效，但不可能总是有效。

市场受到不断变化的消费者品位和技术创新的影响，这些为我们提供了以前难以想象的产品和服务。这使得市场很难达到完全有效的程度：市场总是在努力，朝着这个方向前进，但它从来没有达到这个目标。

我们不能忘记，市场是由不断决定如何行动的人组成的，我们已经看到这些决定可能是荒谬的、不合逻辑的，或者仅仅是由信息不足导致的。人们会犯错误，投资者也是人，同样可能会犯错误。

因此，我们总是能够发现投资机会，而被动管理的发展意味着市场中的更大一部分人基本上是"不明智的"，他们会购买所有人都在购买的东西。"从众"心理正好验证了他们的行为。正如经常发生的那样，对一个人来说有意义的事情，在普遍化之后往往不合逻辑。被动管理在全面管理中的比重越大，主动管理者的机会就越多。我们的目标是充分利用这些机会。

讲得更直白些，利用市场优势有两种方式：一种是困难的方式，另一种是简单的方式。

- 困难的方式包括预测波动性和短期或中期市场走势。我们已经看到，准确预测市场走势在短期内实际上是不可能实现的，尽管我们可以对某些经济因素的长期轨迹产生一些感觉。西班牙的信贷和房地产市场泡沫就是一个例子。但这些长期性预测需要我们对经济过程有深入的了解，我们可以努力提高我们的知识水平，但最终它很少有实际的用处，利用它达到成功的机会是有限的。

- 简单的方式是充分利用波动性。对任何投资者来说，这都是相当容易实现的，因为归根结底是要人们培养正确的个性特质来利用市场波动：当别人感到恐惧时，你把船推出去；当别人贪婪时，你把船控制住。最重要的是，你要有耐心。

第二种方式应该是主要途径，尽可能少用第一种方式。我们永远不会知道市场将如何表现，但我们必须知道当市场以某种方式表现时我们该如何反应。

我自己的未来

有时，我的孩子会问我到底是做什么的。我的职业对他们来说不是很清楚，因为他们看到我做的唯一的一件事就是阅读，几乎没有别的事。我们很少在家里讨论这个问题，但当我们讨论的时候，我告诉他们，我有责任照顾信任我的人的储蓄，这样他们就可以在生活方面享受内心的平静。我告诉孩子们这是一份非常令人满意的工作。

有时，我会在内部会议上被问到，或者自己问自己：你还要工作多久？你不会厌倦这一切吗？这些问题很合理，因为我已经存了足够的钱，不用再工作了。然而，正如前面提到的，有一个简单的回答。在以下情况下，我怎么能停止“工作”呢？

- 这份工作刺激而多样，我做得相当好。它符合我的个性，它使我能够满足我们所有人都有的（或至少我是这样）冒进的因素，并使我取得可衡量的客观结果。

- 你为客户提供的服务是他们在别处很难找到的，因此你会受到客户的重视。客户重视这一点，因为回报给他们带来一定程度的信任和镇定，这让他们觉得自己的生活得到了控制。对我来说，这不仅仅是工作。
- 这份工作受到客户的重视，因此报酬极高。这点加强了金钱可以买到的最宝贵的东西——个人的独立性。
- 这份工作履行着社会角色，就像所有创造利润的公司和个人一样。

  值得人们记住的是，用尽可能少的资源为社会提供服务是很重要的。利润越多越好，因为我们要么提供高价值的服务，要么使用很少的资源，要么两者兼而有之。

  当竞争对手意识到这些利润的重要性时，他们会竭尽所能将利润降至正常水平。

  这份工作的另一项“社会”功能是增加市场流动性，扮演交易对手的角色：我们买别人不想买的东西，然后卖掉所有人都想要的东西。这种流动性不仅有助于提高价格的稳定性，而且还支持投资、融资，这是改善每个人生活条件的关键。
- 我们利用获得的利润可以帮助那些正在为实现目标而挣扎的组织或者人们，我们的良知迫使我们去帮助那些缺乏资源去实现目标的人们。

再者，如前文所述，我已经对我的家人、朋友、熟人和信任我的陌生人有一种责任感。我相信生活需要有一些超越眼前的意义。对我来说，这意义来自做好工作，让我周围的人对他们的储蓄感到安心，以及用我赚取的利润来支持那些可能需要帮助的人。

此外，在最令人兴奋的时刻——当你感觉到一项非常有前途的投资就在你掌控之中，而且只有你的性格类型才适合去实现它时，你会有一种幸运从天而降的感觉，而这一刻，时空幻化。我相信我会在未来很长一段时间内继续这样做，至少在我觉得有必要写第二本书之前，我都会这样做。

附　录

附录一　二十六条建议和一项指导原则

二十六条建议

1. 如果你想了解经济学，那么请学习德文以及奥地利学派大师的智慧。
2. 只有当清楚了解经济环境可能对市场产生何种影响时，我们才应该担心经济环境。这种情况最多每5年出现一次。
3. 拥有资产，但不要成为债权人。借贷是一种要偿还东西的承诺，有时会随风而逝。
4. 投资你所了解的东西。数量并不重要，重要的是知道自己的极限，即使仅是你当地的房地产市场。
5. 没有人需要投资任何东西。通常人们最好是什么都不做。
6. 如果你不知道该怎么做，你就投资指数基金。如果你完全不知所措，你就投资一只便宜的全球指数基金吧！
7. 使用任何存在的工具以拥有股份。
8. 如果你直接投资股票，那么你需要花时间分析你想投资的公司的竞争优势。剩下的就是市场噪声，我们要不惜一切代价远离这些噪声。

9. 这是在研究公司而不是股票市场。买股票应该像买整个公司一样。如果我们不打算买下整个公司，那么我们一只股票都不要买。
10. 历史悠久的好公司比新公司有更多的生存机会，专注于它们将使我们避免很多麻烦。
11. 确保公司在未来10年或多或少能够维持相同的地位。如果你不确定或认为新技术或新消费趋势会影响它的市场地位，那么你最好还是放手。
12. 如果一家公司每年都在创造价值并提高业绩，那么我们不要担心为什么市场没有意识到这一点。这是另一个以好价格继续投资的机会。
13. 经过充分研究的股票价格越低，投资的潜在收益就越大，风险也就越小。反过来说也是正确的：资本的潜在回报越低，风险就越低。
14. 了解过去，但要小心推断。事情总会发生变化，未来的问题可能出现在人们最意想不到的地方。
15. 投机者和波动性是我们亲密的朋友：它们越普遍，我们的长期业绩就会越好。
16. 缺乏流动性也是我们的盟友。其他投资者为流动性付出了太多。
17. 了解是什么激励他人采取行动，他们如何采取行动，以及我们自己采取行动的原因，是审慎和成功投资的本质。
18. 如果我们没有适合投资的性格，那么我们最好不要参与其中，或者继续努力。这并不容易，但只要有正确的指导，我们就有可能改善投资态度。
19. 拥有坚定的信念很重要（最好是正确的信念！），但我们必须对新的想法和做事方式保持开放的心态。当我们停止学习时，我们的一只脚就已经迈进坟墓。

20. 投资次级市场股票涉及买卖双方可能存在的最大的信息不对称。在初级市场上，卖方知道资产的价值（所有房主都知道他们房子的价值）。对于次级市场股票来说，小投资者花在分析上的时间太少，而机构投资者又受到其机构本质的限制。
21. 正确的做法不仅仅是预测公司将要做什么。更重要的是，你要知道如何区分市场认为会发生什么和真正会发生什么。
22. 走人迹罕至的路。买别人没买的东西。用意大利作曲家法布里齐奥·德·安德烈（Fabrizio de Andre）的话来说：要刚愎自用，违背常规！
23. 享受这个过程。旅途的过程比到达终点更有趣。
24. 思考，但不要建立模型。
25. 阅读。
26. 振作起来。人们出生在2016年的境遇比出生在1963年的要好得多。

一项指导原则

把近期不需要的所有储蓄全部投资到股票上。

附录二 阅读材料及财富之源

细读普通书店书架上的那些书会令人沮丧，即使是那些专门研究经济学的书。大多数书都支持干预主义方法，这点令人惊讶。21世纪，由于我们所有人的广泛决策，全球很大一部分人已经并将继续摆脱贫困，享受体面生活的人比历史上任何时候都多。

面对如此明显的现实，我们很难解释人们为什么还有如此多的消极情绪，尽管我们可能会在米塞斯关于知性的论点中找到解释。然而，我认为我们应该专注于解释眼前的事情。太阳早晨升起，晚上落下，我们生活水平的提高归功于天才的人类：工程师、创新者、发现天才的人以及那些用自己的积蓄为天才的创业提供资金的人。

生活水平的提高绝对不能归因于那些为了保持特权市场地位而潜伏在政治权力阴影下的商人。人们的生活水平也没有因为工会而提高，工会的奋斗是为了自己的福祉。如果那些是真的，那么我们可以通过在津巴布韦（Zimbabwe）或海地（Haiti）等国建立这样的组织来提高人们的生活水平。

生活水平的提高是由于创新者的努力，他们的创新有助于提高我们的工作质量和劳动生产力，这些创新者得到了为使这些项目在未来取得成功而牺牲目前物质消费的储蓄者的支持。总而言之，人们的生活水平提高了，因为各种形式的资本积累增加了劳动者的价值：人们创造的资本越多，其价值就越低，而使用资本的这项工作就越有价值。

这就是为什么在资本更多的地方（比如瑞士），工人的工资和生活水平都更高。如果人们的工资可以由法律规定，或者在工会的影响下提高，那么任何不发达国家都会立即这么做。让我们把工资从每月100美元增加到每月500美元。或者，正如某些发达国家的一些人所说，让我们把最低工资提高到每小时15欧元。为什么只是每小时15欧元呢？为什么不是每小时25欧元或50欧元呢？

如果没有资本积累，那么以上这些是不可能的，而正是这些资本使这种增长成为可能，就像一直以来的情况一样。资本是不情愿这么做的，因为它总是喜欢尽可能少地支付劳动报酬，但事态的发展势头导致了这种情况的发生：随着资本积累的增加，人们除了支付更高的相对工资，别无选择。

因此，我们都应该争取尽可能多的资本积累：首先，促进技术发展，这有助于改善每个人的生活条件，并有助于保护我们免受来自地球的危险（陨石、破坏性病毒、气候变化等）；其次，提高劳动者相对于资本的绝对和相对地位。

相反，限制资本积累将导致劳动力要素的穷困，相对于稀缺的资本要素，劳动力要素将失去价值。

我们都应该强调这一点，这是不言而喻的，因为它很简单、乐观、真诚。我们决不能允许知识分子歪曲事实。

本书参考文献和延伸阅读清单中的作者们不仅包括一系列不同问题的专家，还包括反对干涉主义的各种思想家。仔细阅读这些文献将使读者能够从一个准确描绘我们的地球和居住在地球上的人类的角度把握经济发展的微妙之处。这是一个现实的尽管有点儿乌托邦式的愿景，因为它不符合主流的干涉主义思想（别忘了，发达国家的公共支出现在已经达到GDP的50%左右）。

这些文献内容帮助我带着批判精神进入书店或者阅读报刊，这使我从许多烦恼中解脱出来，并腾出时间花在更有趣的阅读上。

最后，我特别喜欢的关于投资过程的书也已列出来。在这个过程中，有些人对我产生了直接的影响，而另一些人则间接地影响了我，他们使我对现实的看法更加清晰。衷心感谢所有的作者。

参考文献

[1] Acemoglu, D. and Robinson, J., *Why Nations Fail*, Random House, New York, 2012.

[2] Ariely, D., *Predictably Irrational*, HarperCollins, London, 2009.

[3] Asness, C., Frazzini, A., Israel, N. and Moskowitz, T., 'Fact, fictions and value investing', *Journal of Portfolio Management*, 42 (1), 2015, DOI: 10.2139/ssrn.2595747.

[4] Bagus, P., 'Five common errors about deflation', *Market Processes*, III (1), 2006, 105–123.

[5] Benartzi, S. and Thaler, R., *Myopic Loss Aversion and the Equity Premium Puzzle*, National Bureau of Economic Research, 1993.

[6] Bogle, J., *Common Sense on Mutual Funds*, John Wiley & Sons, Hoboken, NJ, 2009.

[7] Bosset, P., *Investment Companies. Look Beyond the Discount to NAV*, HSBC, December 2015.

[8] Bregolat, E., *The Second Chinese Revolution*, Ediciones Destino, Barcelona, 2007.

[9] Bryan, A. and Li, J., *Performance Persistence Among U.S. Mutual Funds*, Morningstar Manager Research, 2016.

[10] Buffett, W., '*The superinvestors of Graham-and-Dodsville*', *Hermes*, *Magazine of the Columbia Business School*, 1984.

[11] Carr, N., *The Shallows*, W. W. Norton and Co., New York, 2010.

[12] Credit Suisse, *Family Firms, an Opportunity for Minority Investors*?, July 2015.

[13] De Bondt, W. and Thaler, R., 'Does the stock market overreact?', *Journal of Finance*, 40, 1985, 793–805.

[14] Dimson, E., Marsh, P. and Staunton, M., *Equity Premiums Around the World*, CFA Institute Research Foundation, 2011.

[15] Duckworth, A., *Grit. The Power of Passion and Perseverance*, Vermilion, London, 2016.

[16] Eisenberger, N. I., Lieberman, M.D.and Williams, K.D., 'Does rejection hurt? An fMRI study of social exclusion', *Science*, 2003.

[17] Fama, E. and French, K., 'The cross-section of expected stock returns', *Journal of Finance*, 47, 1992, 427–466.

[18] Fernández, P., 'CAPM, an absurd model', *Business Valuation Review*, 34 (1), 2015, 4–23.

[19] Fernández, P., *Valuation and Common Sense*, IESE, Madrid, 2017.

[20] Fernández, P. *et al.*, *Profitability of Investment Funds in Spain*, *2000–2015*, IESE, 2016.

[21] Fisher, P. A., *Common Stocks and Uncommon Profits*, John Wiley & Sons, Hoboken, NJ, 1996a.

[22] Fisher, P. A., *Conservative Investors Sleep Well*, John Wiley & Sons, Hoboken, NJ, 1996b.

[23] Fraser-Jenkins, I. *et al.*, 'The state of fund management: Quants have destroyed the active-passive distinction', *Bernstein Research*, 9 November 2015, pp.21–28.

[24] Gawande, A., *Being Mortal*, Metropolitan Books, New York, 2014.

[25] Graham, B., *Security Analysis* (5th edn), McGraw-Hill, New York, 1988.

[26] Graham, B., *The Intelligent Investor* (4th edn), Harper & Row, New York, 2009.

[27] Grant, J., *The Forgotten Depression. 1921: The Crash That Cured Itself*, Simon & Schuster, New York, 2014.

[28] Greenblatt, J., *The Little Book That Beats the Market*, John Wiley & Sons, Hoboken, NJ, 2006.

[29] Greenwald, B. and Kahn, J., *Competition Demystified*, Penguin, Harmondsworth, 2005.

[30] Guerra, A. L., 'Performance of actions in inflationary contexts: Empirical analysis of the Argentine stock market', Rosario Stock Exchange, 2012.

[31] Haidt, J., *The Happiness Hypothesis*, Random House, London, 2006.

[32] Hayek, F. A., *The Road to Serfdom*, University of Chicago Press, Chicago, IL, 1994a.

[33] Hayek, F. A., *Hayek on Hayek*, University of Chicago Press, Chicago, IL, 1994b.

[34] Hayek, F. A., *The Fatal Conceit*, Routledge, London, 1998.

[35] Hendrikse, H. C., *Will BMW Celebrate the Centenary?*, Morgan Stanley, March 2016.

[36] Hessler, P., *Country Driving*, HarperCollins, New York, 2010.

[37] Higgs, R., Depression, *War and Cold War: Studies in Political Economy*, The Independent Institute, Oakland, CA, 2006.

[38] Hoppe, H. -H., *Democracy, the God that Failed*, Transaction Publishers, Piscataway, NJ, 2011.

[39] Huerta de Soto, J., *Money, Bank Credit and Economic Cycles*, Ludwig von Mises Institute, Auburn, AL, 2006.

[40] Huerta de Soto, J., *The Austrian School*, Edward Elgar, Cheltenham, 2008.

[41] Jones, B., *Asset Bubbles: Re-thinking Policy for the Age of Asset Management*, IMF, February 2015.

[42] Jungbluth, R., *Die Quandts*, Campus Verlag, Frankfurt, 2007.

[43] Kahneman, D., *Thinking Fast and Slow*, Farrar, Straus and Giroux, New York, 2011.

[44] Kahneman, D. and Tversky, A., 'Prospect theory: An analysis of decision making under risk', *Econometrica*, 47 (2), 1979, 263–291.

[45] Kahneman, D., Knetsch, J. L. and Thaler, R., 'Fairness as a constraint on profit seeking: Entitlements in the market', *American Economic Review*, 76, 1986, 728–742.

[46] Laidler, B. *et al.*, *The Small Cap Handbook*, HSBC, February 2016.

[47] Landes, D. S., *The Wealth and Poverty of Nations*, Abacus, London, 1999.

[48] Lev, B. and Gu, F., *The End of Accounting*, John Wiley & Sons, Hoboken, NJ, 2016.

[49] Lewis, M., *The Big Short*, Penguin, Harmondsworth, 2011.

[50] Lynch, P., *One Up On Wall Street*, Simon & Schuster, New York, 1989.

[51] McCloskey, D. N., *Bourgeois Equality*, University of Chicago Press, Chicago, IL, 2016.

[52] Mehta, P. K. and Shenoy, S., *Infinite Vision*, Collins Business, London, 2011.

[53] Menger, C., *Principles of Economics*, Ediciones Orbis, Barcelona, 1985.

[54] Merino, J. B., 'Theory of exchange. Proposal of a new theory of interpersonal exchanges based in three simpler elements', *Market Processes*, XII (1), 2015.

[55] Metcalfe, J. and Mischel, W., 'A hot/cool system analysis of delay gratification: Dynamics of willpower', *Psychological Review*, 106 (1), 1999, 3–19.

[56] Moncada, I. and Rallo, J. R., *Inequality in Spain*, Institute Juan de Mariana, Madrid, 2016.

[57] Montier, J., *Value Investing*, John Wiley & Sons, Chichester, 2009.

[58] Olbrich, M., Quill, T.and Rapp, D. J., 'Business valuation inspired by the Austrian School', *Journal of Business Valuation and Economic Loss Analysis*, 10 (1), 2015, 1–43.

[59] Olson, M., *The Logic of Collective Action*, Harvard University Press, Cambridge, MA, 2000.

[60] O'Shaughnessy, J., *What Works on Wall Street* (4th edn), McGraw Hill, New York, 2012.

[61] Pabrai, M., *The Dhandoo Investor*, John Wiley & Sons, Hoboken, NJ, 2007.

[62] Pinker, S., *The Better Angels of Our Nature*, Penguin, Harmondsworth, 2012.

[63] Rallo, J. R., *Los Errores de la Vieja Economía*, Unión Editorial, Madrid, 2011.

[64] Reinhart, C. M. and Rogoff, K. S., *This Time is Different*, Princeton University Press, Princeton, NJ, 2009.

[65] Reisman, G., *Capitalism*, Jameson, Ottawa, IL, 1996.

[66] Ridley, M., *The Evolution of Everything*, Fourth Estate, London, 2015.

[67] Ritter, J. R., 'Economic growth and equity returns', *Pacific-Basin Finance Journal*, 13, 2005, 489–503.

[68] Rosenzweig, P., *The Halo Effect*, The Free Press, New York, 2009.

[69] Rothbard, M. N., *History of Economic Thought* (Vols I and II), Unión Editorial, Madrid, 2000a.

[70] Rothbard, M. N., *America's Great Depression* (5th edn), Ludwig von Mises Institute, Auburn, AL, 2000b.

[71] Rothbard, M. N., *What Has Government Done To Our Money?*, Ludwig von Mises Institute, Auburn, AL, 2010.

[72] Shefrin, H., *Beyond Greed and Fear*, Harvard Business School Press, Cambridge, MA, 2000.

[73] Siegel, J. J., *Stocks for the Long Run* (5th edn), McGraw Hill, New York, 2014.

[74] Simon, J. L., *The State of Humanity*, Blackwell, Malden, MA, 1998.

[75] Skousen, M., 'Who predicted the 1929 crash?', in Herbener, J.M. (ed.), *The Meaning of Ludwig von Mises*, Kluwer Academic, Amsterdam, 1993.

[76] Smith, A., *The Wealth of Nations*, Penguin, Harmondsworth, 1982.

[77] Spitznagel, M, *The Dao of Capital*, John Wiley & Sons, Hoboken, NJ, 2013.

[78] Stiglitz, J. E., Orszag, J. M. and Orszag, P. R., Implications of the New Fannie Mac and Freddy Mae Risk-based Capital Standard, *Fannie Mae Papers*, Vol.I, Issue 2, March 2002.

[79] Surowiecki, J., *The Wisdom of Crowds*, Abacus, London, 2005.

[80] Taghizadegan, R., Stöferle, R., Valek, M. and Blasnik, H., *Austrian School for Investors*, mises.at, 2015.

[81] Taleb, N. N., *Fooled by Randomness*, Penguin, Harmondsworth, 2007.

[82] Taleb, N. N., *Antifragile*, Random House, New York, 2012.

[83] Tuckett, D. and Taffler, R.J., *Fund Management: An Emotional Finance Perspective*, Research Foundation of the CFA Institute, 2012.

[84] Vishny, R.W., Lakonishok, J.and Schleifer, A., 'Contrarian investment, extrapolation and risk', *Journal of Finance*, 49 (5), 1994, 1541–1578.

[85] von Böhm-Bawerk, E., *Shorter Classics of Eugen von Böhm-Bawerk*, Vol.1, Libertarian Press, Grove City, PA, 1962.

[86] von Böhm-Bawerk, E., *The Positive Theory of Capital*, Ediciones Aosta, Madrid, 1998.

[87] von Mises, L., *Theory and History*, Unión Editorial, Madrid, 1975.

[88] von Mises, L., *Human Action* (5th edn), Unión Editorial, Madrid, 1995.

[89] von Mises, L., *Socialism*, Ludwig von Mises Institute, Auburn, AL, 2006.

[90] White, M.V.and Schuler, K., 'Who said "debauch the currency" : Keynes or Lenin?', *Journal of Economic Perspectives*, 23 (2), 2009,

213–222.

[91] Woods, T.E., *Meltdown*, Regnery Publishing, Washington, D.C., 2009.

延伸阅读

[1] Adams, J., *Risk*, *Routledge*, London, 1995.

[2] Anderson, B. M., *Economics and the Public Welfare*, Liberty Press, Indianapolis, IN, 1979.

[3] Armentano, D. T., *Antitrust: The Case for Repeal*, Ludwig von Mises Institute, Auburn, AL, 2007.

[4] Bastiat, F., *Economic Harmonies*, Instituto Juan de Mariana, Madrid, 2010.

[5] Baumol, W. J., *The Free-Market Innovation Machine*, Princeton University Press, Princeton, NJ, 2002.

[6] Bernstein, P. L., *Against the Gods: The Remarkable Story of Risk*, John Wiley & Sons, Hoboken, NJ, 1996.

[7] Boldrin, M. and Levine, D. K., *Against Intellectual Monopoly*, Cambridge University Press, Cambridge, 2008.

[8] Bresciani-Turroni, C., *The Economics of Inflation*, Routledge, London, 2003.

[9] Brooks, J., *The Go-Go Years*, John Wiley & Sons, Hoboken, NJ,

1998.

[10] **Brooks, J., *Once in Golconda*, John Wiley & Sons, Hoboken, NJ, 1999.**

[11] **Buffett, W., *Berkshire Hathaway: Letters to Shareholders* 1977–1983, 1984–1988, 1989–1995, 1995–2015.**

[12] Chang, J., *Wild Swans*, CIRCE, Barcelona, 2006.

[13] Christensen, C.M. and Raynor, M.E., *The Innovator's Solution*, Harvard Business School Press, Cambridge, MA, 2003.

[14] Clews, H., *Fifty Years in Wall Street*, John Wiley & Sons, Hoboken, NJ, 2006.

[15] Cunningham, L. A., *Warren Buffett's Essays*, Valor Editions, Hendaye, 2015.

[16] Dawkins, R., *The Selfish Gene*, Oxford University Press, Oxford, 1999.

[17] de Soto, J. H., *The Mystery of Capital: Why Capitalism Triumphs in the West and Fails Everywhere Else*, Basic Books, New York, 2000.

[18] de Soto, J. H., *The Theory of Dynamic Efficiency*, Routledge, London, 2010.

[19] Deci, E. L., *Why We Do What We Do*, Penguin, New York, 1996.

[20] Diamond, J., *Guns, Germs and Steel: The Fates of Human Societies*, W. W. Norton & Co., New York, 1999.

[21] Dorsey, P., *The Little Book That Builds Wealth*, John Wiley & Sons, Hoboken, NJ, 2008.

[22] Epstein, G., 'The Fannie and Freddie Chronicles, cont.', *Barron's*, 7 January 2012.

[23] Feynman, R. P., *Six Easy Pieces*, Penguin, London, 1998.

[24] Frank, R. H., *Choosing the Right Pond*, Oxford University Press, Oxford, 1986.

[25] Garrison, R. W., *Time and Money: The Macroeconomics of Capital Structure*, Routledge, London, 2002.

[26] Gawande, A., *The Checklist Manifesto*, Metropolitan Books, New York, 2009.

[27] Glaeser, E., *The Triumph of the City*, Penguin Press, New York, 2011.

[28] Gordon, D., *The Essential Rothbard*, Ludwig von Mises Institute, Auburn, AL, 2007.

[29] Greenspan, A., *The Age of Turbulence*, Penguin, New York, 2007.

[30] Greenwald, B., Knee, J. A. and Seave, A., *The Curse of the Mogul*, Portfolio, Penguin, 2009.

[31] Hagstrom, R. G., *The Warren Buffett Way*, John Wiley & Sons, Hoboken, NJ, 1994.

[32] Hagstrom, R. G., *The Warren Buffett Portfolio*, John Wiley & Sons, Hoboken, NJ, 1999.

[33] Hagstrom, R. G., *Latticework*, Texere LCC, New York, 2000.

[34] Hayek, F. A., *The Foundations of Freedom* (6th edn), Unión Editorial, Madrid, 1998.

[35] Hayek, F. A., *Law, Legislation and Freedom*, Unión Editorial, Madrid, 2006.

[36] Hayek, F. A., Ashton, T. S., Hacker, L. M., de Jouvenel, B.and Hutt, W. H., *Capitalism and Historians*, Unión Editorial, Madrid, 1974.

[37] Hazlitt, H., *The Inflation Crisis and How To Resolve It*, Ludwig von

Mises Institute, Auburn, AL, 2009.

[38] Hoppe, H. -H., *The Economics and Ethics of Private Property*, Ludwig von Mises Institute, Auburn, AL, 2006.

[39] Huang, Y., *Capitalism with Chinese Characteristics*, Cambridge University Press, Cambridge, MA, 2008.

[40] Jay Nock, A., 'The criminality of the state', *The American Mercury*, March 1939.

[41] Kindleberger, C., *Manias, Panics and Crashes*, John Wiley & Sons, Hoboken, NJ, 1996.

[42] Klein, P. G., *The Capitalist and the Entrepreneur*, Ludwig von Mises Institute, Auburn, AL, 2010.

[43] Kuan Yew, L., *From Third World to First: The Singapore Story:* 1965—2000, HarperCollins, New York, 2000.

[44] Leoni, B., *Freedom and the Law*, Unión Editorial, Madrid, 1974.

[45] Lev, B. and Gu, F., *Intangibles*, The Brookings Institution, Washington, D. C., 2001.

[46] Lindsay, B., *Against the Dead Hand*, John Wiley & Sons, Hoboken, NJ, 2002.

[47] Loomis, C. J., *Tap Dancing to Work*, Penguin, New York, 2012.

[48] Lynch, P., *Beating the Street*, Simon & Schuster, New York, 1993.

[49] Machlup, F., *The Stock Market, Credit and Capital Formation*, Ludwig von Mises Institute, Auburn, AL, 2007.

[50] Mackay, C., *Extraordinary Popular Delusions and the Madness of the Crowd*, John Wiley & Sons, Hoboken, NJ, 1996.

[51] Marmot, M., *The Status Syndrome*, Bloomsbury, London, 2004.

[52] McGregor, R., *The Party*, HarperCollins, New York, 2010.

[53] Moon, Y., *Different*, Crown Business, New York, 2010.

[54] Murray, C., *Coming Apart*, Crown Forum, New York, 2012.

[55] Neff, J. and Mintz, S.L., *John Neff on Investing*, John Wiley & Sons, Hoboken, NJ, 1999.

[56] O'Driscoll, G. P. and Rizzo, M. J., *The Economy of Time and Ignorance*, Unión Editorial, Madrid, 2009.

[57] Pinker, S., *The Blank Slate: The Modern Denial of Human Nature*, Penguin Press, London, 2002.

[58] Porter, M. E., *Competitive Strategy*, The Free Press, New York, 1980.

[59] Porter, M. E., *The Competitive Advantage of Nations*, The Free Press, New York, 1990.

[60] Poundstone, W., *Fortune's Formula*, Farrar, Straus and Giroux, New York, 2005.

[61] Proust, M., *In Search of Lost Time*, *Gallimard*, *Paris*.

[62] Rand, A., *Atlas Shrugged*, Penguin, New York, 2005.

[63] Riedel, J., Jin, J.and Gao, J., *How China Grows*, Princeton University Press, Princeton, NJ, 2007.

[64] Risso-Gill, C., *There's Always Something To Do: The Peter Cundill Investment Approach*, McGill-Queen's University Press, Montreal, 2011.

[65] Rogers, J., *Investment Biker*, Random House, New York, 1994.

[66] Rogers, J., *Adventure Capitalist*, John Wiley & Sons, Chichester, 2003.

[67] Rogers, J., *Hot Commodities*, John Wiley & Sons, Chichester, 2005.

[68] Roth, B., *The Great Depression: A Diary*, Public Affairs, New York, 2009.

[69] Rothbard, M. N., *The Essential von Mises*, Unión Editorial, Madrid, 1974.

[70] Rothbard, M. N., *The Ethics of Freedom*, Unión Editorial, Madrid, 1995.

[71] Rothbard, M. N., *The Panic of 1819*, Ludwig von Mises Institute, Auburn, AL, 2007.

[72] Rothbard, M. N., *The Mystery of Banking*, Ludwig von Mises Institute, Auburn, AL, 2008.

[73] Rothbard, M. N., *Towards a New Freedom*, Unión Editorial, Madrid, 2013.

[74] Rothbard, M. N., *Power and Market*, New York University Press, New York, 1977.

[75] Scherman, H., *The Promises Men Live By: A New Approach to Economics*, Random House, New York, 1938.

[76] Schroeder, A., *The Snowball. Warren Buffett and the Business of Life*, Random House, New York, 2008.

[77] Seely Brown, J. and Duguid, P., *The Social Life of Information*, Harvard Business School Press, Boston, MA, 2000.

[78] Serrano García, J. B., *The Calm Investor*, Ediciones Diaz de Santos, Madrid, 2013.

[79] Shearn, M., *The Investment Checklist*, John Wiley & Sons, Hoboken, NJ, 2012.

[80] Smithers, A. and Wright, S., *Valuing Wall Street*, McGraw-Hill, New York, 2002.

[81] Sowell, T., *Applied Economics*, Basic Books, Philadelphia, PA, 2009.

[82] Steely Gordon, J., *The Great Game*, Suribner, New York, 1999.

[83] Thaler, R. H., *The Winner's Curse*, Princeton University Press, Princeton, NJ, 1992.

[84] Thornton, M., *The Economics of Prohibition*, Ludwig von Mises Institute, Auburn, AL, 2007.

[85] Train, J., *The Money Masters*, Harper & Row, New York, 1980.

[86] Train, J., *The Midas Touch*, Harper & Row, New York, 1987.

[87] Train, J., *The New Money Masters*, Harper & Row, New York, 1989.

[88] Tsai, K. S., *Capitalism Without Democracy*, Cornell University Press, Ithaca, NY, 2007.

[89] Vogel, E. F., *Deng Xiaoping and the Transformation of China*, Harvard University Press, Cambridge, MA, 2011.

[90] von Mises, L., *Bureaucracy*, Unión Editorial, Madrid, 1974.

[91] von Mises, L., *The Ultimate Fundamentals of Economic Science*, Unión Editorial, Madrid, 2012.

[92] Walter, C. E. and Howe, F. J. T., *Red Capitalism*, John Wiley & Sons, Hoboken, NJ, 2011.

[93] Welch, J., *Jack*, Headline, London, 2001.

[94] Wilson, E. O., *Consilience*, Abacus, London, 2003.

[95] Wu, J., *Understanding and Interpreting Chinese Economic Reform*, Thomson/South-Western, Mason, OH, 2005.